Die wunderbare Reise des
Nils Holgersson
mit den Wildgänsen

Friedrich Hechelmann

Die wunderbare Reise des
Nils Holgersson
mit den Wildgänsen

nach dem Roman von
Selma Lagerlöf

KNESEBECK

Inhalt

1. Kapitel ..... Der Junge 7
2. Kapitel ..... Akka von Kebenekajse 26
3. Kapitel ..... Auf dem Bauernhof 43
4. Kapitel ..... Haus Glimminge 48
5. Kapitel ..... Der große Kranichtanz auf dem Kullaberg 61
6. Kapitel ..... Im Regenwetter 71
7. Kapitel ..... Am Ronneby-Fluss 79
8. Kapitel ..... Die Südspitze von Öland 87
9. Kapitel ..... Die Kleine Karlsinsel 95
10. Kapitel ..... Zwei Städte 105
11. Kapitel ..... Der Eisenhammer 118
12. Kapitel ..... Der Bruderteil 130
13. Kapitel ..... Vor den Kirchen 141
14. Kapitel ..... Die Überschwemmung 145
15. Kapitel ..... Der neue Kettenhund 154
16. Kapitel ..... Stockholm 159
17. Kapitel ..... Der Adler Gorgo 169
18. Kapitel ..... Västerbotten und Lappland 177
19. Kapitel ..... Die Sage von Härjedalen 187
20. Kapitel ..... Ein kleiner Herrenhof 192
21. Kapitel ..... Das Gold auf der Schäre 203
22. Kapitel ..... Bei Holger Nilssons 210
23. Kapitel ..... Der Abschied von den Wildgänsen 219

Kapitel 1

Der Junge

Es war einmal ein Junge. Er war ungefähr vierzehn Jahre alt, blond und groß gewachsen. Besonders tüchtig war er nicht, am liebsten schlief oder aß er, und sein größtes Vergnügen war, irgendetwas anzustellen.

Es war an einem Sonntagmorgen, und die Eltern machten sich fertig, um in die Kirche zu gehen. Der Junge saß auf dem Tischrand und freute sich darüber, dass Vater und Mutter fortgingen und er ein paar Stunden lang tun konnte, was er wollte. ›Jetzt kann ich Vaters Flinte herunternehmen und schießen, ohne dass es mir jemand verbietet‹, sagte er sich.

Aber es war fast, als habe der Vater die Gedanken seines Sohnes erraten, denn als er schon auf der Schwelle stand, um hinauszugehen, hielt er inne und wandte sich zu ihm. »Da du nicht mit deiner Mutter und mir in die Kirche gehen willst«, sagte er, »solltest du wenigstens zu Hause die Predigt des Tages lesen. Versprichst du mir das?«

»Ja«, antwortete der Junge, »ich versprech's.« Aber er dachte natürlich, dass er nur so lange lesen würde, bis er keine Lust mehr hatte.

Dem Jungen kam es vor, als ob seine Mutter sich noch nie so rasch bewegt hätte. Im Nu war sie am Bücherregal, nahm das Predigtenbuch herunter, schlug die Predigt des Tages auf und legte das Buch auf den Tisch am Fenster. Sie schlug auch die Bibel auf und legte sie neben das Predigtenbuch. Schließlich rückte sie noch den großen Lehnstuhl an den Tisch, in dem sonst außer dem Vater niemand sitzen durfte.

 Kapitel 1

Der Junge dachte, dass sich die Mutter wirklich zu viel Mühe mit diesen Vorbereitungen machte, denn er hatte nicht vor, mehr als eine oder zwei Seiten zu lesen. Aber zum zweiten Mal war es, als ob der Vater ihm mitten ins Herz sehen könnte, denn er trat zu ihm und sagte in strengem Ton: »Und sieh zu, dass du ordentlich liest! Wenn wir zurückkommen, werde ich dich über jede Seite ausfragen, und wenn du etwas übergangen hast, geht es dir schlecht.«

»Die Predigt hat vierzehn und eine halbe Seite«, sagte die Mutter, als wollte sie das Maß feststellen. »Du musst dich gleich daranmachen, wenn du fertig werden willst.«

Damit gingen sie endlich, und als der Junge in der Tür stand und ihnen nachsah, fühlte er sich in der Falle. ›Jetzt sind sie auch noch froh darüber, dass sie es so gut eingerichtet haben, und dass ich, solange sie weg sind, über der Predigt sitzen muss‹, dachte er.

Aber der Vater und die Mutter waren sicherlich nicht froh, sondern ganz betrübt. Sie waren arme Leute, und ihr Hof war nicht größer als ein Garten. Als sie hierhergezogen waren, hatten sie nicht mehr als ein Schwein und ein paar Hühner füttern können; aber sie waren außerordentlich strebsame und tüchtige Leute, und jetzt hatten sie auch Kühe und Gänse. Sie waren gut vorangekommen und wären an dem schönen Morgen ganz froh und zufrieden in die Kirche gewandert, wenn sie nicht immer an ihren Jungen hätten denken müssen. Der Vater klagte, dass er so träg und faul sei; in der Schule habe er nicht lernen wollen, und er sei ein solcher Taugenichts, dass man ihn allerhöchstens zum Gänsehüten gebrauchen könne. Die Mutter konnte nichts dagegen sagen, aber sie war hauptsächlich betrübt, weil er so wild und böse war, hartherzig gegen die Tiere und boshaft gegen die Menschen.

»Ach, wenn Gott ihm doch die Bosheit austreiben und ihm ein anderes Herz geben würde!« seufzte die Mutter. »Er bringt schließlich noch sich selbst und uns ins Unglück.«

Der Junge überlegte lange, ob er die Predigt lesen solle oder nicht. Aber schließlich hielt er es doch für das Beste, diesmal folgsam zu sein. Er setzte sich also in den Pfarrhauslehnstuhl und begann zu lesen. Doch als er eine Weile die Wörter halblaut vor sich hingeplappert hatte, war es, als schläfere ihn das Gemurmel ein, und er fühlte, dass er einnickte.

Draußen war das herrlichste Frühlingswetter. Es war zwar erst der zwanzigste März, aber der Junge wohnte weit unten im südlichen Schonen, im Dorf Westvemmenhög, und da war der Frühling schon in vollem Gange. Die Bäume waren zwar noch nicht grün, aber überall sprossen frische Knospen hervor. Alle Gräben standen voll Wasser, der Huflattich blühte am Grabenrand und das Gesträuch, das auf dem Steinmäuerchen wuchs, war braun und glänzend geworden. Der Buchenwald in der Ferne dehnte sich gleichsam und wurde zusehends dichter, und über der Erde wölbte sich ein hoher blauer Himmel. Die Haustür war angelehnt, man konnte das Trillern der Lerchen im Zimmer hören. Die Hühner und die Gänse spazierten auf dem Hof umher, und die Kühe, die die Frühlingsluft bis in den Stall hinein spürten, brüllten hin und wieder: »Muh, muh!«

Der Junge las und nickte und kämpfte gegen die Müdigkeit an. ›Nein, ich will nicht schlafen‹, dachte er, ›sonst werde ich den ganzen Vormittag mit der Predigt nicht fertig.‹

Aber was auch der Grund sein mochte – er schlief dennoch ein.

Er wusste nicht, ob er kurz oder lang geschlafen hatte, aber er erwachte von einem leichten Geräusch hinter seinem Rücken. Auf dem Fensterbrett, gerade vor ihm, stand ein kleiner Spiegel, in dem man fast die ganze Stube überschauen konnte. In dem Augenblick nun, als der Junge den Kopf aufrichtete, fiel sein Blick in den Spiegel, und da sah er, dass der Deckel von der Truhe seiner Mutter aufgeschlagen war.

Die Mutter besaß eine große, schwere Eichenholztruhe mit eisernen Beschlägen, die außer ihr niemand öffnen durfte. Darin verwahrte sie alles, was sie von ihrer Mutter geerbt hatte und was ihr besonders ans Herz gewachsen war. Darunter waren einige altmodische Bauerntrachten aus rotem Tuch mit kurzen Leibchen und gefälteten Röcken und perlenbestickten Bruststücken. Auch weiße gestärkte Kopftücher und schwere silberne Schnallen und Ketten waren darin. Die Leute wollten solche Sachen jetzt nicht mehr tragen, und die Mutter hatte schon wiederholt daran gedacht, sie zu verkaufen, hatte das aber doch nie übers Herz gebracht.

Jetzt sah der Junge im Spiegel ganz deutlich, dass der Deckel der Truhe offen stand. Er konnte nicht begreifen, wie das zugegangen war, denn die Mutter hatte, bevor sie fortging, den Deckel zugemacht. Das wäre ihr niemals passiert, dass sie die Truhe offen gelassen hätte, wenn er allein zu Hause blieb. Es wurde ihm ganz unheimlich zumute. Er fürchtete, ein Dieb könnte sich hereingeschlichen haben, und wagte nicht, sich zu rühren, sondern saß ganz still und starrte in den Spiegel hinein.

Während er so dasaß und wartete, dass der Dieb sich zeigte, begann er sich zu fragen, was das wohl für ein schwarzer Schatten sei, der auf den Rand der Truhe fiel. Als er genauer hinsah, wollte er seinen Augen nicht trauen. Denn was dort anfangs einem Schatten geglichen hatte, wurde immer deutlicher, und bald stellte er fest, dass es nichts anderes als ein Wichtelmännchen war, das rittlings auf dem Rand der Truhe saß.

Der Junge hatte wohl schon von Wichtelmännchen reden hören, aber er hatte sich nie gedacht, dass sie so klein sein könnten. Das Wichtelmännchen, das dort auf dem Rand

 Kapitel 1

saß, war nur etwa zwanzig Zentimeter lang. Es hatte ein altes, runzliges, bartloses Gesicht und trug einen schwarzen Frack, Kniehosen und einen breitrandigen schwarzen Hut. Es sah sehr zierlich und elegant aus, mit weißen Spitzen um den Hals und um die Handgelenke, Schnallen an den Schuhen, und die Strumpfbänder in eine Schleife gebunden. Jetzt hatte es gerade einen gestickten Brustlatz aus der Truhe herausgenommen und betrachtete die alte Arbeit mit solcher Andacht, dass es das Erwachen des Jungen gar nicht bemerkt hatte.

Der Junge war äußerst verdutzt, als er das Wichtelmännchen sah; aber Angst hatte er nicht vor ihm. Vor einem so kleinen Geschöpf konnte man sich unmöglich fürchten. Und da das Wichtelmännchen so in sein Tun vertieft war, dass es nichts anderes hörte oder sah, bekam der Junge sogleich große Lust, ihm einen Streich zu spielen, es in die Truhe hineinzustoßen und den Deckel zuzuschlagen oder etwas Ähnliches.

Aber das Wichtelmännchen mit den Händen zu berühren, das getraute sich der Junge doch nicht; und deshalb sah er sich nach etwas im Zimmer um, womit er ihm einen Stoß versetzen könnte. Er ließ die Blicke vom Sofa zum Klapptisch und vom Klapptisch zum Herd wandern. Er musterte die Kochtöpfe und die Kaffeekanne, die auf einem Brett neben dem Herd standen, den Wasserkrug neben der Tür, und die Löffel, Messer und Gabeln und die Schüsseln und Teller, die durch die halb geöffnete Schranktür sichtbar waren. Er sah hinauf zu Vaters Flinte, die neben der dänischen Königsfamilie an der Wand hing, und zu den Pelargonien und Fuchsien, die auf dem Fensterbrett blühten. Ganz zuletzt fiel sein Blick auf ein altes Fliegennetz, das am Fensterkreuz hing.

Kaum hatte er das Fliegennetz erblickt, als er es auch schon zu sich heranzog und das Netz zum Truhenrand schwang. Und er war ganz überrascht über sein Glück. Er wusste beinahe selbst nicht, wie es zugegangen war – aber er hatte das Wichtelmännchen wirklich gefangen. Der arme Kerl lag, den Kopf nach unten, in dem langen Netz und konnte sich nicht mehr heraushelfen.

Im ersten Augenblick wusste der Junge gar nicht, was er mit seinem Fang anstellen sollte. Er schwang nur immer das Netz hin und her, damit das Wichtelmännchen nicht herausklettern konnte.

Jetzt begann das Wichtelmännchen zu sprechen; es bat und flehte um seine Freiheit und sagte, es habe der Familie seit vielen Jahren viel Gutes getan und verdiene wirklich eine bessere Behandlung. Wenn der Junge es freilasse, wolle es ihm einen alten Taler geben sowie eine silberne Kette und eine Goldmünze, die so groß sei wie der Deckel an der silbernen Uhr seines Vaters.

 Kapitel 1

Dem Jungen kam zwar das Lösegeld nicht gerade hoch vor, aber seit er das Wichtelmännchen in seiner Gewalt hatte, fürchtete er sich doch ein wenig vor ihm. Er fühlte, dass er sich auf etwas eingelassen hatte, das fremd und unheimlich war und nicht in diese Welt gehörte; deshalb war er nur allzu froh, es loszuwerden.

Er ging also schnell auf das Angebot ein und hielt das Netz still, damit das Wichtelmännchen herauskriechen konnte. Als dieses aber beinahe aus dem Netz heraus war, fiel dem Jungen ein, dass er auch noch mehr hätte verlangen können. Jedenfalls hätte er die Bedingung stellen können, dass ihm das Wichtelmännchen die Predigt in den Kopf zaubere. ›Wie dumm von mir, dass ich es freigelassen habe‹, dachte er und begann das Netz aufs Neue hin und her zu schwingen, damit das Wichtelmännchen wieder hineinpurzelte.

Aber kaum hatte der Junge das getan, da bekam er eine so fürchterliche Ohrfeige, dass es ihm vorkam, als würde sein Kopf in tausend Stücke zerspringen. Er flog zuerst an die eine Wand und dann an die andere, schließlich fiel er auf den Boden und blieb da bewusstlos liegen.

Als er wieder erwachte, war er noch in der Hütte. Von dem Wichtelmännchen war keine Spur mehr zu sehen. Der Truhendeckel war geschlossen, und das Fliegennetz hing an seinem gewöhnlichen Platz am Fenster. Wenn dem Jungen nicht die rechte Wange von der Ohrfeige so sehr gebrannt hätte, wäre er versucht gewesen, alles für einen Traum zu halten. ›Was aber auch geschehen sein mag, Vater und Mutter werden auf jeden Fall behaupten, dass es nichts gewesen sei als ein Traum‹, dachte er. ›Sie werden mir wegen des Wichtelmännchens sicher nichts von der Predigt abziehen, und es wird am besten sein, wenn ich mich jetzt eilig daranmache.‹

Aber als er zum Tisch ging, kam ihm etwas sehr seltsam vor. Das Zimmer konnte doch unmöglich größer geworden sein. Woher kam es denn aber, dass er jetzt so viel mehr Schritte machen musste als sonst, wenn er zum Tisch ging? Und was war mit dem Stuhl passiert? Er sah zwar nicht unbedingt größer aus als vorher, aber der Junge musste zuerst auf die Leiste zwischen den Stuhlbeinen steigen, um dann vollends auf den Sitz hinaufzuklettern. Und genauso war es auch mit dem Tisch. Er konnte nicht auf die Tischplatte hinaufsehen, sondern musste auf die Armlehne des Stuhles steigen.

»Was ist denn das?« rief der Junge. »Ich glaube fast, das Wichtelmännchen hat den Lehnstuhl und den Tisch und die ganze Stube verhext.«

Die Bibel lag aufgeschlagen auf dem Tisch, und anscheinend war sie unverändert. Aber etwas Verkehrtes musste doch daran sein, dachte der Junge verwirrt, denn er konnte kein Wort lesen, sondern musste erst auf das Buch selbst hinaufsteigen.

Er las ein paar Zeilen, dann aber sah er zufällig auf. Dabei fiel sein Blick in den kleinen Spiegel auf dem Tisch, und da rief er ganz laut: »Sieh nur, da ist ja noch einer!«

Denn im Spiegel sah er ganz deutlich einen winzig kleinen Knirps in einer roten Mütze und Lederhosen.

»Der ist ja genauso angezogen wie ich«, sagte der Junge und schlug vor Verwunderung die Hände zusammen. Aber da sah er, dass der Kleine im Spiegel dasselbe tat. Da begann er sich an den Haaren zu ziehen, sich in den Arm zu kneifen und sich im Kreis zu drehen, und augenblicklich tat der Kleine im Spiegel dasselbe.

Jetzt lief der Junge ein paarmal um den Spiegel herum, um zu sehen, ob vielleicht so ein kleiner Kerl hinter dem Spiegel verborgen war, aber er fand niemanden dahinter, und da begann er vor Schrecken am ganzen Leib zu zittern. Denn jetzt begriff er, dass das Wichtelmännchen ihn selbst verzaubert hatte, und dass er selbst der kleine Knirps war, dessen Bild er im Spiegel sah.

Der Junge wollte nicht glauben, dass er in ein Wichtelmännchen verwandelt worden war. ›Es ist sicher nur ein Traum oder eine Einbildung‹, dachte er. ›Wenn ich ein paar Augenblicke warte, werde ich schon wieder ein Mensch sein.‹ Er stellte sich vor den Spiegel und schloss die Augen. Nach ein paar Minuten öffnete er sie wieder und erwartete, dass der Spuk nun vorbei sei. Aber dies war nicht der Fall, er war noch ebenso klein wie vorher. Sein weißblondes Haar, die Sommersprossen auf seiner Nase, die Flicken auf seinen Lederhosen und das Loch im Strumpf, alles war wie vorher, nur eben sehr viel kleiner.

Nein, es half nichts, wenn er auch noch so lange dastand und wartete. Er musste etwas anderes versuchen. Das Beste, was er tun konnte, war sicherlich, das Wichtelmännchen aufzusuchen und sich mit ihm zu versöhnen!

Er sprang auf den Boden hinunter und begann zu suchen. Er lugte hinter die Stühle und Schränke, unter das Sofa und hinter den Herd. Er kroch sogar in ein paar Mauselöcher, aber das Wichtelmännchen war nicht zu finden. Während er suchte, weinte er und bat und versprach alles Mögliche. Nie, nie wieder wolle er sein Wort brechen, nie, nie mehr ungezogen sein und nie wieder über einer Predigt einschlafen! Wenn er nur seine menschliche Gestalt wiederbekäme, würde ganz sicher ein richtig guter, folgsamer Junge aus ihm. Aber was er auch immer versprach, es half alles nichts.

Plötzlich fiel ihm ein, dass er seine Mutter einmal hatte sagen hören, das Wichtelvolk halte sich gern im Kuhstall auf, und schnell beschloss er, nachzusehen, ob das Wichtelmännchen tatsächlich dort zu finden sei. Zum Glück stand die Tür offen, denn er hätte das Schloss nicht selbst öffnen können. So aber konnte er ungehindert hinausschlüpfen.

# Kapitel 1

Als er in den Flur kam, sah er sich nach seinen Holzschuhen um, denn im Zimmer trug er natürlich nur seine Strümpfe. Er überlegte, was er mit den großen, schwerfälligen Holzschuhen anstellen sollte, aber in diesem Augenblick entdeckte er auf der Schwelle ein Paar winzige Schuhe. Als er sah, dass das Wichtelmännchen sogar daran gedacht hatte, seine Holzschuhe zu verwandeln, wurde er ängstlicher. ›Dieses Elend soll offenbar lange dauern‹, dachte er.

Auf dem alten Eichenholzbrett, das vor der Haustür lag, hüpfte ein Sperling hin und her. Kaum erblickte dieser den Jungen, da rief er auch schon: »Seht doch, Nils, der Gänsehirt! Seht den kleinen Däumling! Seht doch Nils Holgersson Däumling!«

Sogleich wandten sich die Gänse und die Hühner zu dem Jungen um, und es entstand ein entsetzliches Geschrei: »Kikeriki!« krähte der Hahn. »Das geschieht ihm recht! Kikeriki! Er hat mich am Kamm gezogen!«

»Ga, ga, ga, gag, das geschieht ihm recht!« riefen die Hühner immer wieder und wollten gar nicht mehr damit aufhören.

Die Gänse versammelten sich, steckten die Köpfe zusammen und fragten: »Wer hat das getan? Wer hat das getan?«

Aber das Merkwürdige daran war, dass der Junge verstand, was sie sagten. Er war so verwundert darüber, dass er auf der Türschwelle stehen blieb und zuhörte. ›Das kommt gewiss daher, dass ich in ein Wichtelmännchen verwandelt worden bin‹, sagte er sich, ›deshalb verstehe ich die Tiersprache.‹

Es war ihm unerträglich, dass die Hühner mit ihrem ewigen »Das geschieht ihm recht« gar nicht aufhören wollten. Er warf einen Stein nach ihnen und rief: »Haltet den Schnabel, Lumpenpack!«

Aber er hatte eines vergessen. Er war jetzt nicht mehr so groß, dass die Hühner sich vor ihm hätten fürchten müssen. Die ganze Hühnerschar stürzte auf ihn zu, pflanzte sich um ihn herum auf und schrie: »Ga, ga, ga, gag! Es geschieht dir recht! Ga, ga, ga, gag! Es geschieht dir recht!«

Der Junge versuchte, ihnen zu entwischen, aber die Hühner sprangen hinter ihm her und schrien so laut, dass ihm beinahe Hören und Sehen verging. Er wäre ihnen auch wohl kaum entkommen, wenn nicht die Hauskatze aufgetaucht wäre. Sobald die Hühner die Katze sahen, verstummten sie und schienen plötzlich an nichts anderes mehr zu denken, als fleißig in der Erde nach Würmern zu scharren.

Der Junge hingegen lief schnell auf die Katze zu. »Liebe Mieze«, sagte er, »du kennst doch alle verborgenen kleinen Winkel und Schlupflöcher hier auf dem Hof, nicht wahr?

Kannst du mir nicht vielleicht sagen, wo das Wichtelmännchen ist? Ich muss wirklich ganz dringend mit ihm sprechen und kann es nirgendwo finden.«

Die Katze antwortete nicht sofort. Sie setzte sich hin, legte den Schwanz zierlich in einem Ring um die Vorderpfoten und sah den Jungen an. Es war eine große, schwarze Katze mit einem weißen Fleck auf der Brust. Ihr Fell war glatt und glänzte im Sonnenschein. Sie hatte die Krallen eingezogen, ihre Augen waren gleichmäßig grau mit nur einem kleinen, schmalen Schlitz in der Mitte. Die Katze sah durch und durch gutmütig aus.

»Ich weiß allerdings, wo das Wichtelmännchen wohnt«, sagte sie mit freundlicher Stimme. »Aber das heißt nicht, dass ich es dir sagen werde.«

»Liebe, liebe Mieze, du musst mir helfen«, sagte der Junge. »Siehst du nicht, wie es mich verzaubert hat?«

Die Katze öffnete ihre Augen ein klein wenig, sodass die grüne Bosheit herausschien. Sie schnurrte vor Vergnügen, ehe sie antwortete. »Jetzt soll ich dir also helfen, obwohl du mich so oft am Schwanz gezogen hast?« sagte sie schließlich.

Da wurde der Junge böse; er vergaß ganz, wie klein und ohnmächtig er jetzt war. »Ich kann dich ja noch einmal am Schwanz ziehen«, rief er und sprang auf die Katze los.

In demselben Augenblick aber war diese so verändert, dass der Junge sie kaum noch wiedererkannte. Sie hatte den Rücken gekrümmt – die Beine waren länger geworden, der Schwanz war kurz und dick, die Ohren legten sich zurück, das Maul fauchte, und die Augen standen weit offen und funkelten in roter Glut.

Der Junge wollte sich von einer Katze nicht erschrecken lassen und trat noch einen Schritt näher. Aber da machte die Katze einen Satz, ging auf den Jungen los, warf ihn um und stellte ihm mit weit aufgerissenem Maul die Vorderbeine auf die Brust. Der Junge fühlte, wie ihm ihre Klauen durch die Weste und das Hemd in die Haut eindrangen und wie die scharfen Eckzähne ihm den Hals kitzelten. Da begann er aus Leibeskräften um Hilfe zu schreien.

Aber es kam niemand, und er glaubte schon, seine letzte Stunde hätte geschlagen. Da fühlte er, dass die Katze die Krallen einzog und seinen Hals losließ.

»So«, sagte sie, »jetzt will ich es genug sein lassen. Dieses Mal lasse ich dich meiner guten Hausmutter zuliebe mit der Angst davonkommen. Ich wollte dir nur zeigen, wer von uns beiden der Stärkere ist.«

Damit ging die Katze ihrer Wege und sah wieder ebenso sanft und fromm aus wie vorher, als sie gekommen war. Der Junge schämte sich so, dass er kein Wort sagen konnte. Eilig lief er deshalb in den Kuhstall hinein, um das Wichtelmännchen zu suchen.

 Kapitel 1

Es waren nur drei Kühe im Stall. Aber als der Junge eintrat, begannen sie alle laut zu brüllen und ein solches Theater zu machen, dass man hätte meinen können, es seien wenigstens dreißig.

»Muh, muh, muh, seht ihn euch an!« brüllte Mairose triumphierend. »Wie gut, dass es noch Gerechtigkeit auf der Welt gibt.«

»Muh, muh, muh!« riefen alle drei auf einmal. Der Junge konnte nicht verstehen, was sie sagten, so wild schrien sie in ihrer Aufregung durcheinander.

Er wollte nach dem Wichtelmännchen fragen, aber er konnte sich kein Gehör verschaffen, weil die Kühe so aufgeregt waren. Sie benahmen sich so, als wäre ein fremder Hund zu ihnen hereingebracht worden, schlugen mit den Hinterbeinen aus, rasselten an ihren Halsketten, wandten die Köpfe rückwärts und stießen mit den Hörnern nach ihm.

»Komm nur her!« sagte Mairose. »Dann geb ich dir einen Stoß, den du so bald nicht wieder vergessen wirst.«

»Komm her!« sagte Goldlilie. »Dann lasse ich dich auf meinen Hörnern reiten.«

»Komm nur, komm, dann sollst du erfahren, wie es mir gefallen hat, dass du mir ständig deinen Holzschuh auf den Rücken geworfen hast!« sagte Stern.

»Ja, komm nur her, dann werde ich dich für die Wespen bezahlen, die du mir ins Ohr gesetzt hast!« schrie Goldlilie.

Mairose war die Älteste und Klügste der drei, und sie war am zornigsten. »Komm nur«, sagte sie, »dass ich dich für die vielen Male bezahlen kann, wo du den Melkschemel unter deiner Mutter weggezogen hast, und für jedes Mal, wo du ihr ein Bein gestellt hast, wenn sie mit dem Melkeimer daherkam, und für alle Tränen, die sie hier über dich geweint hat.«

Der Junge wollte ihnen sagen, wie leid ihm sein schlechtes Benehmen tat und dass er von jetzt an immer brav sein würde, wenn sie ihm nur sagten, wo das Wichtelmännchen zu finden war. Aber die Kühe hörten gar nicht auf ihn. Sie brüllten so laut, dass er Angst bekam, es könnte sich schließlich eine von ihnen losreißen, und so hielt er es für das Beste, sich aus dem Kuhstall davonzuschleichen.

Als der Junge wieder auf den Hof kam, war er ganz mutlos. Er sah ein, dass ihm auf dem ganzen Hof bei seiner Suche nach dem Wichtelmännchen niemand beistehen wollte. Und wahrscheinlich würde ihm auch das Wichtelmännchen, selbst wenn er es finden würde, wenig helfen.

Er kroch auf das breite Steinmäuerchen, das den ganzen Bauernhof umgab und das mit Weißdorn und Brombeerranken überwachsen war. Dort ließ er sich nieder und überlegte, was aus ihm werden sollte, wenn er seine menschliche Gestalt nicht mehr zurückbekam.

Wenn seine Eltern von der Kirche heimkamen, würden sie sich sehr wundern. Ja, im ganzen Land würde man sich wundern, und die Leute würden aus Ostvemmenhög und Torp und Skurup herkommen, ja, aus dem ganzen Vemmenhöger Bezirk würden sie zusammenkommen, um ihn zu sehen. Und wer weiß, vielleicht würden die Eltern ihn sogar mitnehmen, um ihn auf den Märkten vorzuführen.

Ach, allein der Gedanke daran war schrecklich! Dann sollte ihn lieber überhaupt niemand mehr zu Gesicht bekommen. Ach, wie unglücklich war er doch! Auf der ganzen weiten Welt war bestimmt noch nie ein Mensch so unglücklich gewesen wie er. Er war kein Mensch mehr, sondern ein verhexter Zwerg.

Er begann allmählich zu verstehen, was das hieß, kein Mensch mehr zu sein. Das änderte alles. Er konnte nicht mehr mit den anderen Jungen spielen, konnte niemals den Hof von seinen Eltern übernehmen, und es war ganz und gar ausgeschlossen, dass sich je ein Mädchen entschließen würde, ihn zu heiraten.

Er betrachtete seine Heimat. Es war ein kleines, weiß angestrichenes Bauernhaus, das mit seinem hohen, steilen Strohdach wie in die Erde hineingedrückt aussah. Die Wirtschaftsgebäude waren auch klein und die Äckerchen so winzig, dass ein Pferd sich kaum darauf hätte umdrehen können. Aber so klein und arm das Ganze auch war, es war doch noch viel zu gut für ihn. Er konnte keine bessere Wohnung verlangen als ein Loch unter dem Scheunenboden.

Es war wunderschönes Wetter, rings um ihn murmelte und blühte und zwitscherte es. Aber er war zutiefst unglücklich. Nie wieder würde er sich über etwas freuen können. Er hatte das Gefühl, der Himmel sei noch nie so dunkelblau gewesen wie an diesem Tag. Zugvögel kamen dahergeflogen. Sie kamen aus dem Ausland, waren über die Ostsee geradewegs auf Smygehuk zugesteuert und waren jetzt unterwegs nach Norden. Es waren Vögel unterschiedlichster Art; aber er kannte nur die Wildgänse, die in zwei langen, keilförmigen Reihen flogen.

Schon mehrere Scharen Wildgänse waren so vorübergeflogen. Sie flogen hoch oben, aber er hörte doch, wie sie riefen: »Jetzt geht's auf die hohen Berge! Jetzt geht's auf die hohen Berge!«

Als die Wildgänse die zahmen Gänse sahen, die auf dem Hof umherliefen, flogen sie tiefer und riefen: »Kommt mit, kommt mit! Jetzt geht's auf die hohen Berge!«

Die zahmen Gänse reckten unwillkürlich die Hälse und horchten, antworteten dann aber ganz vernünftig: »Es geht uns hier gut! Es geht uns hier gut!«

Es war, wie gesagt, ein überaus schöner Tag, und die Luft war so frisch und leicht, dass es

 Kapitel 1

ein Vergnügen sein musste, darin zu fliegen. Und mit jeder neuen Schar Wildgänse, die vorüberflog, wurden die zahmen Gänse aufgeregter. Ein paarmal schlugen sie mit den Flügeln, als hätten sie große Lust, mitzufliegen. Aber jedes Mal sagte eine alte Gänsemutter: »Seid nicht verrückt, Kinder, das würde bedeuten zu hungern und zu frieren.«

Bei einem jungen Gänserich hatten die Zurufe ein wahres Reisefieber geweckt. »Wenn noch eine Schar kommt, fliege ich mit!« rief er.

Jetzt kam eine neue Schar und rief ihnen ebenfalls zu, sie sollten sich anschließen. Da schrie der junge Gänserich: »Wartet, wartet, ich komme mit!« Er breitete seine Flügel aus und schwang sich in die Luft. Aber er war das Fliegen nicht gewohnt und fiel wieder auf den Boden zurück.

Doch die Wildgänse mussten seinen Ruf gehört haben, denn sie kehrten um und flogen langsam zurück, um zu sehen, ob er mitkommen würde.

»Wartet! Wartet!« rief er und machte einen neuen Versuch.

All das hörte der Junge auf dem Mäuerchen. ›Das wäre sehr schade, wenn der große Gänserich fortginge‹, dachte er. ›Vater und Mutter wären sehr traurig, wenn er bei ihrer Rückkehr nicht mehr da wäre.‹

Während er dies dachte, vergaß er wieder ganz, dass er klein und ohnmächtig war. Er sprang von dem Mäuerchen hinunter, lief mitten in die Gänseschar hinein und umschlang den Gänserich mit seinen Armen. »Das wirst du schön bleiben lassen, von hier wegzufliegen, hörst du!« rief er.

Aber gerade in diesem Augenblick hatte der Gänserich herausgefunden, wie er es anstellen musste, um vom Boden fortzukommen. In seinem Eifer nahm er sich nicht die Zeit, den Jungen abzuschütteln, sondern nahm ihn mit in die Luft hinauf.

Es ging so schnell aufwärts, dass dem Jungen ganz schwindlig wurde. Ehe er sich klarmachen konnte, dass er den Hals des Gänserichs loslassen musste, war er schon so hoch oben, dass es den sicheren Tod bedeutet hätte, wenn er jetzt hinuntergestürzt wäre.

Das Einzige, was er unternehmen konnte, um in eine etwas bequemere Lage zu kommen, war ein Versuch, auf den Rücken des Gänserichs zu klettern. Und er kletterte wirklich hinauf, wenn auch mit großer Mühe. Aber es war gar nicht leicht, sich auf dem glatten Rücken zwischen den beiden schwingenden Flügeln festzuhalten. Er musste mit beiden Händen tief in die Federn und den Flaum hineingreifen, um nicht hinunterzufallen.

Der Junge war so verwirrt, dass er lange Zeit nicht wusste, wie ihm geschah. Die Luft pfiff und sauste ihm entgegen, die Flügel neben ihm bewegten sich, und in den Federn brauste es wie ein ganzer Sturm. Dreizehn Gänse flogen um ihn herum, alle schlugen mit den Flügeln und schnatterten. Es schwirrte ihm vor den Augen, und es sauste ihm in den Ohren; er wusste weder, ob sie hoch oder niedrig flogen, noch wohin er mitgenommen wurde.

Schließlich kam er doch wieder so weit zu sich, um sich annähernd klarmachen zu können, dass er doch erfahren müsse, wohin die Gänse mit ihm flogen. Aber das war gar nicht so leicht, denn er wusste nicht, wo er den Mut hernehmen sollte, hinunterzusehen. Er war fest überzeugt, dass es ihm schon beim ersten Versuch ganz schwindlig werden würde, auch wenn sie wegen ihres neuen Reisegefährten nicht so hoch und etwas langsamer flogen als gewöhnlich. Als der Junge schließlich aber doch hinuntersah, meinte er, unter sich ein großes Tuch ausgebreitet zu sehen, das in eine unglaubliche Menge großer und kleiner Vierecke eingeteilt war.

›Wo bin ich denn gelandet?‹ fragte er sich.

Er sah nichts weiter als Viereck an Viereck. Teils lagen sie wohlgeordnet nebeneinander, teils waren sie kreuz und quer durcheinandergewürfelt, aber überall waren Ecken und gerade Ränder. Nichts war rund, nichts gebogen.

»Was ist denn das da unten für ein großes kariertes Tuch?« sagte der Junge vor sich hin, ohne von irgendeiner Seite eine Antwort zu erwarten.

Aber die Wildgänse um ihn herum hörten ihn und riefen sogleich: »Äcker und Wiesen! Äcker und Wiesen!«

Da begriff der Junge, dass das große gewürfelte Tuch, über das er hinwegflog, der flache Erdboden von Schonen war. Und er begann zu verstehen, warum es so gewürfelt und farbig aussah. Die hellgrünen Vierecke erkannte er zuerst, das waren die Roggenfelder, die im vorigen Herbst bestellt worden waren und sich unter dem Schnee grün erhalten hatten. Die gelbgrauen Vierecke waren die Stoppelfelder, wo im letzten Sommer Getreide gewachsen war, die bräunlichen waren alte Kleeäcker und die schwarzen leere Weideplätze oder ungepflügtes Brachfeld. Die braunen Vierecke mit einem gelben Rand waren sicherlich die Buchenwälder, denn da sind die großen Bäume, die mitten im Wald wachsen, im Winter entlaubt, während die jungen Buchen am Waldrand ihre vergilbten Blätter bis zum Frühjahr behalten. Es waren auch dunkle Vierecke da mit etwas Grauem in der Mitte. Das waren die großen viereckig gebauten Höfe mit den geschwärzten Strohdächern und den gepflasterten Hofplätzen. Und dann wieder waren Vierecke da, die in der Mitte grün waren und einen braunen Rand hatten. Das waren die Gärten, wo die Rasenplätze schon grünten, während das Buschwerk und die Bäume, die sie umgaben, noch in der nackten braunen Rinde dastanden.

Der Junge musste unwillkürlich lachen, als er sah, wie gewürfelt alles unter ihm aussah.

 Kapitel 1

Aber als die Wildgänse ihn lachen hörten, riefen sie missbilligend: »Fruchtbares, gutes Land! Fruchtbares, gutes Land!«

Der Junge war schon wieder ernst geworden. ›Dass du lachen kannst‹, dachte er, ›du, dem das Allerschrecklichste widerfahren ist, was einem Menschen passieren kann.‹

Er war eine Weile sehr ernst, aber bald musste er wieder lachen.

Nachdem er sich an diese Art des Reisens gewöhnt hatte, sodass er wieder an etwas anderes denken konnte als daran, wie er sich auf dem Gänserücken festhalten sollte, bemerkte er, dass viele Vogelscharen durch die Lüfte dahinflogen. Sie alle strebten dem Norden zu und es lag ein einziges Schreien und Schnattern in der Luft.

»So – ihr seid heute also auch herübergekommen!« schrien einige.

»Jawohl«, antworteten die Gänse. »Was haltet ihr vom Frühling?«

»Noch nicht ein Blatt auf den Bäumen und kaltes Wasser in den Seen!« erklang sogleich die Antwort.

Als die Gänse über einen Ort hinflogen, wo zahmes Federvieh umherlief, riefen sie: »Wie heißt der Hof?«

Da reckte der Hahn den Kopf in die Höhe und antwortete: »Der Hof heißt Kleinfeld, in diesem wie im letzten Jahr, in diesem wie im letzten Jahr!«

Die meisten Häuser hießen wohl nach ihren Besitzern, wie es in Schonen Sitte war, aber anstatt zu sagen: »Dieser Hof gehört Per Matsson und jener Ole Rasson«, gaben die Hähne ihnen den Namen, der ihnen selbst am passendsten erschien. Wenn sie auf einem armen Hof oder in einer ärmlichen Hütte wohnten, riefen sie: »Dieser Hof heißt ›Körnerlos‹!« Und von den allerärmlichsten schrien sie: »Dieser Hof heißt ›Frisswenig‹!›Frisswenig‹!«

Die großen, reichen Bauernhöfe bekamen große Namen von den Hähnen, zum Beispiel: »Glückshof«, »Eierberg« oder »Talerhaus«!

Aber die Hähne auf den Herrenhöfen waren zu hochmütig, um zu scherzen, sie krähten nur und riefen mit einer Kraft, als wollten sie bis in die Sonne gehört werden: »Dies ist Dybecks Herrenhof! In diesem wie im letzten Jahr, in diesem wie im letzten Jahr!«

Und etwas weiter weg stand einer, der rief: »Dies ist Swaneholm, das sollte doch jedermann wissen!«

Der Junge merkte, dass die Gänse nicht in gerader Linie weiterflogen. Sie schwebten über der ganzen südlichen Ebene hin und her, als freuten sie sich, wieder in Schonen zu sein, und als wollten sie jeden einzelnen Hof begrüßen.

So kamen sie auch an einen stattlichen Bauernhof, wo mehrere große ausgedehnte Gebäude mit hohen Schornsteinen standen und rings umher eine Menge kleinerer Häuser.

»Dies ist die Zuckerfabrik von Jordberga!« riefen die Hähne. »Dies ist die Zuckerfabrik von Jordberga, in diesem wie im letzten Jahr, in diesem wie im letzten Jahr!«

Der Junge fuhr auf dem Rücken des Gänserichs zusammen. Diesen Ort hätte er kennen sollen. Er lag nicht weit vom Haus seiner Eltern entfernt, und im vergangenen Jahr war er dort Gänsehirt gewesen. Aber alles sah eben ganz anders aus, wenn man es von oben aus betrachtete.

Dann verloren sie Jordberga aus den Augen und flogen nach Svedala und Skabersee und wieder zurück über die Schlösser Börringekloster und Häckeberga. Der Junge bekam an diesem einen Tag mehr von Schonen zu sehen als in seinem ganzen Leben vorher.

Wenn die Wildgänse zahme Gänse trafen, waren sie am vergnügtesten. Dann flogen sie ganz langsam und riefen hinunter: »Jetzt geht's auf die hohen Berge! Kommt doch mit! Kommt doch mit!«

Aber die zahmen Gänse antworteten: »Der Winter ist noch im Land! Ihr seid zu zeitig dran! Kehrt wieder um! Kehrt wieder um!«

Die Wildgänse flogen tiefer, damit die zahmen sie besser verstehen konnten, und riefen zurück: »Kommt mit, dann bringen wir euch Fliegen und Schwimmen bei!«

Aber da fühlten sich die zahmen Gänse beleidigt, und sie antworteten auch nicht mehr mit einem einzigen Schnattern. Die Wildgänse flogen noch tiefer, sodass sie beinahe die Erde berührten, und dann schwangen sie sich blitzschnell in die Höhe, als wenn sie über etwas furchtbar erschrocken wären. »Oje, oje, oje!« riefen sie. »Das sind ja gar keine Gänse, es sind nur Schafe, es sind nur Schafe!«

Die Gänse auf der Erde gerieten dadurch ganz außer sich und schrien laut: »Wenn ihr nur totgeschossen würdet! Alle miteinander, alle miteinander!«

Als der Junge dieses Gezänk hörte, lachte er. Aber dann erinnerte er sich daran, wie sehr er sich ins Unglück gebracht hatte, und da weinte er. Aber nach einer kleinen Weile lachte er doch wieder.

Noch nie war er so schnell vorwärtsgekommen, und schnell und wild zu reiten, das hatte ihm schon immer Spaß gemacht. Und er hätte natürlich nie gedacht, dass es da oben in der Luft so erfrischend sein könnte und dass da ein so guter Erd- und Harzgeruch heraufdrang.

Und er hatte sich auch noch nie vorgestellt, wie es wäre, hoch in der Luft dahinzufliegen. Das war ja gerade, als würde man weit wegfliegen von seinem Kummer und seinen Sorgen und von allem Unglück, das man sich vorstellen konnte.

Kapitel 2

Akka von Kebenekajse

Der große zahme Gänserich, der mit den Wildgänsen davongeflogen war, war sehr stolz, dass er in Gesellschaft der Wildgänse über die Südebene hin- und herfliegen und mit den zahmen Vögeln Späße machen konnte. Aber so glücklich er auch war, das schützte ihn doch nicht davor, dass er am Mittag allmählich müde wurde. Er versuchte tiefer zu atmen und schneller mit den Flügeln zu schlagen, aber trotzdem blieb er mehrere Gänselängen hinter den anderen zurück.

Als die wilden Gänse, die ganz hinten flogen, bemerkten, dass die zahme nicht mehr mitkommen konnte, riefen sie der, die an der Spitze flog und den keilförmigen Zug führte, zu: »Akka von Kebenekajse! Akka von Kebenekajse!«

»Was wollt ihr von mir?« fragte die Anführerin.

»Der Weiße bleibt zurück! Der Weiße bleibt zurück!«

»Sagt ihm, schneller fliegen ist leichter als langsam!« rief die Anführerin zurück und streckte sich wie vorher.

Der Gänserich versuchte zwar, den Rat zu befolgen und seinen Flug zu beschleunigen, aber bald war er so ermattet, dass er bis auf die beschnittenen Weidenbäume, die die Äcker und Wiesen einfassten, hinuntersank.

»Akka! Akka! Akka von Kebenekajse!« riefen nun wieder die hintersten Gänse, die sahen, wie schwer es dem Gänserich wurde.

»Was wollt ihr denn jetzt schon wieder?« fragte die Anführerin und schien ärgerlich.

»Der Weiße fällt! Der Weiße fällt!«

»Sagt ihm, es ist leichter, hoch zu fliegen als niedrig«, rief die Anführerin.

Der Gänserich versuchte auch diesen Rat zu befolgen; aber als er in die Höhe hinaufsteigen wollte, kam er so außer Atem, dass es ihm beinahe die Brust zersprengte.

»Akka! Akka!« riefen die hintersten.

»Könnt ihr mich nicht in Ruhe fliegen lassen?« fragte die Anführerin und schien noch ungeduldiger als zuvor zu sein.

»Der Weiße fällt gleich hinunter! Der Weiße fällt gleich hinunter!«

»Wer nicht mit der Schar fliegen kann, der muss wieder umkehren; sagt ihm das!« rief die Anführerin. Und es fiel ihr überhaupt nicht ein, langsamer zu fliegen, sondern sie streckte sich wie zuvor.

»Aha, so ist das also?« sagte der Gänserich. Es wurde ihm plötzlich klar, dass die Wildgänse ganz und gar nicht daran dachten, ihn nach Lappland mitzunehmen. Sie hatten ihn nur zum Spaß mitgelockt.

Er ärgerte sich darüber, dass ihn die Kräfte gerade jetzt verließen, denn nun konnte er diesen Landstreichern nicht zeigen, dass eine zahme Gans auch etwas leisten konnte. Und am meisten ärgerte ihn dieses Zusammentreffen mit Akka von Kebenekajse. Obwohl er eine zahme Gans war, hatte er doch von einer Anführerin reden hören, die Akka hieß und beinahe hundert Jahre alt war. Sie war so hochgeachtet, dass sich ihr stets nur die besten Wildgänse anschlossen. Aber niemand verachtete die zahmen Gänse mehr als Akka und ihre Schar, und deshalb hätte ihnen der Gänserich jetzt gar zu gern gezeigt, dass er ihnen ebenbürtig war.

Er flog langsam hinter den anderen her, während er überlegte, ob er umdrehen oder weiterfliegen sollte. Da sagte plötzlich der Knirps, den er auf seinem Rücken trug: »Lieber Gänserich Martin! Du wirst doch einsehen, dass einer, der noch nie geflogen ist, unmöglich mit den Wildgänsen bis nach Lappland hinauf fliegen kann. Wäre es da nicht besser, du würdest umkehren, ehe du dich zugrunde richtest?«

Aber dieser kleine Knirps da auf seinem Rücken ärgerte den Gänserich noch am meisten, und als ihm klar wurde, dass der Kleine ihm die Kraft zu der Reise nicht zutraute, beschloss er sofort, dabeizubleiben.

»Wenn du noch ein Wort darüber sagst, dann werde ich nicht zögern, dich in die erste Mergelgrube zu werfen, über die wir fliegen«, sagte er. Und vor lauter Zorn wuchsen ihm die Kräfte derart, dass er fast ebenso gut fliegen konnte wie die anderen.

Kapitel 2

Lange hätte er so nicht mehr weitermachen können; aber es war auch nicht nötig, denn jetzt sank die Schar auf einmal schnell abwärts, und bei Sonnenuntergang schossen die Gänse jäh hinunter. Ehe der Junge und der Gänserich es ahnten, waren sie schon am Strand des Vombsees gelandet.

›Hier soll wohl übernachtet werden‹, dachte sich der Junge und sprang neugierig vom Rücken des weißen Gänserichs hinunter.

Er stand an einem schmalen, sandigen Ufer, und vor ihm lag ein ziemlich großer See. Aber der See machte einen hässlichen Eindruck. Er war fast vollständig mit Eis bedeckt, das schwarz und uneben und voller Risse und Löcher war, wie das im Frühling oft der Fall ist. Lange konnte es mit dem Eis nicht mehr dauern, es war schon vom Ufer abgetrennt und hatte rundherum einen breiten Gürtel von schwarzem, glänzendem Wasser. Aber noch war das Eis da und verbreitete Kälte und winterliches Unbehagen.

Auf der anderen Seite des Sees schien freundliches, bebautes Land zu sein; aber dort, wo die Gänseschar sich niedergelassen hatte, lag eine große Tannenschonung. Und es hatte den Anschein, als ob der Tannenwald die Macht hätte, den Winter an sich zu fesseln. Überall sonst war die Erde frei von Schnee, aber unter den riesigen Tannen lag er noch dicht; er war geschmolzen und wieder gefroren, geschmolzen und wieder gefroren, sodass er jetzt hart wie Eis war.

Dem Jungen kam es vor, als sei er in eine winterliche Einöde gekommen, und er bekam solche Angst, dass er am liebsten laut geweint hätte. Er war sehr hungrig, denn er hatte den ganzen Tag nichts gegessen. Aber wo hätte er etwas zu essen hernehmen sollen? Im März wächst weder auf den Bäumen noch auf den Feldern etwas Essbares. Und wer würde ihm ein Dach über dem Kopf geben? Wer würde ihm ein Bett richten? Wer würde ihn an seinem Feuer sitzen lassen und ihn vor den Wildgänsen beschützen?

Denn jetzt war die Sonne untergegangen, und es wehte kalt vom See herüber; die Dunkelheit senkte sich vom Himmel herab, das Unbehagen schlich sich hinter der Dämmerung her, und im Wald begann es zu knistern und zu prasseln.

Jetzt war es vorbei mit dem frohen Mut, der ihn erfüllt hatte, solange er da oben durch die Lüfte dahinflog, und in seiner Angst sah er sich nach seinem Reisegefährten um. Er hatte ja sonst niemanden, an den er sich hätte wenden können.

Da sah er, dass der weiße Gänserich noch schlimmer dran war als er. Er lag noch immer auf demselben Fleck, wo er völlig ermattet niedergesunken war, und es sah aus, als liege er in den allerletzten Zügen. Sein Hals ruhte schlaff auf der Erde, seine Augen waren geschlossen, und der Atem war nur noch ein schwaches Zischen.

»Lieber Gänserich Martin«, sagte der Junge besorgt, »versuch einen Schluck Wasser zu trinken. Nun komm schon, es sind keine zwei Schritte bis zum See.«

Aber der Gänserich rührte sich nicht.

Der Junge war zwar bisher gegen alle Tiere, den Gänserich nicht ausgenommen, recht hartherzig gewesen, aber jetzt erschien ihm dieser als die einzige Stütze, die er noch hatte, und er bekam große Angst, er könnte ihn verlieren.

Er fing gleich an, ihn zu stoßen und zu schieben, um ihn zum Wasser hinzubringen. Das war eine harte Arbeit für den Jungen, denn der Gänserich war groß und schwer; aber schließlich gelang es ihm doch.

Der Gänserich kam mit dem Kopf zuerst am Wasser an. Einen Augenblick blieb er still liegen, bald aber streckte er den Kopf heraus, schüttelte sich das Wasser aus den Augen und schnaubte. Dann schwamm er stolz in das Röhricht hinein.

Die Wildgänse lagen vor ihm im See. Sobald sie gelandet waren, hatten sie sich ins Wasser gestürzt, ohne sich nach dem Gänserich oder nach dem Gänsereiter umzusehen. Sie hatten sich eifrig gebadet und geputzt und jetzt schlürften sie halb verfaulte Teichlinsen und Wassergräser in sich hinein.

Der weiße Gänserich hatte das Glück, einen kleinen Barsch zu entdecken. Rasch ergriff er ihn, schwamm damit zum Strand und legte ihn vor dem Jungen nieder. »Das bekommst du zum Dank dafür, dass du mir ins Wasser hinuntergeholfen hast«, sagte er.

Dies war das erste freundliche Wort, das der Junge an diesem Tag zu hören bekam. Er war so froh darüber, dass er den Gänserich fast umarmt hätte, aber er traute sich nicht. Und auch über das Geschenk freute er sich. Zuerst meinte er zwar, es sei ihm ganz unmöglich, den Fisch roh zu essen, dann aber bekam er doch Lust, es wenigstens zu versuchen.

Er fühlte nach, ob er sein Messer bei sich hätte, und wirklich hing es noch an seinem Hosenbund, wenn auch so verkleinert, dass es nicht größer war als ein Streichholz. Aber den Fisch konnte er damit immerhin abschuppen und reinigen; und es dauerte gar nicht lange, da war der Barsch aufgegessen.

Als der Junge satt war, schämte er sich dafür, dass er etwas Rohes hatte essen können. ›Ich bin ja gar kein Mensch mehr, sondern ein richtiges Wichtelmännchen‹, dachte er.

Während der Junge den Fisch verzehrte, war der Gänserich ganz ruhig neben ihm stehen geblieben; aber als jener den letzten Bissen hinuntergeschluckt hatte, sagte er mit leiser Stimme: »Wir sind unter ein recht eingebildetes Wildgänsevolk geraten, das alle zahmen Gänse verachtet.«

»Ja, du hast recht, das habe ich ebenfalls bemerkt«, erwiderte der Junge vorsichtig.

 Kapitel 2

»Es wäre allerdings sehr ehrenvoll für mich, wenn ich bis nach Lappland mit ihnen reisen und ihnen zeigen könnte, dass auch eine zahme Gans etwas leisten kann.«

»O jaaa«, erwiderte der Junge gedehnt, denn er traute dies dem Gänserich nicht zu, wollte ihm aber nicht widersprechen.

»Ich glaube aber nicht, dass ich mich auf so einer Reise allein zurechtfinden kann«, fuhr der Gänserich fort, »deshalb möchte ich dich fragen, ob du nicht mitkommen und mir helfen möchtest?«

Der Junge hatte natürlich nichts anderes gedacht, als so schnell wie möglich nach Hause zurückzukehren. Er war daher äußerst erstaunt und wusste nicht, was er sagen sollte. »Ich dachte, wir beide sind nicht gut Freund miteinander«, sagte er. Aber das schien der Gänserich völlig vergessen zu haben; er erinnerte sich nur noch daran, dass der Junge ihm vorhin das Leben gerettet hatte.

»Ich müsste eigentlich zu meinen Eltern zurückkehren«, sagte der Junge.

»O, ich werde dich schon rechtzeitig zu ihnen zurückbringen!« rief der Gänserich. »Und ich werde dich nicht verlassen, bis ich dich wieder vor deiner eigenen Schwelle niedergesetzt habe.«

Der Junge dachte, es wäre vielleicht ganz gut, wenn er seinen Eltern noch eine Weile nicht unter die Augen kam. Er war daher dem Vorschlag nicht abgeneigt und wollte gerade zustimmen, als er ein lautes Donnern hinter sich hörte. Die Wildgänse waren alle auf einmal aus dem See herausgesprungen und schüttelten jetzt das Wasser aus ihren Federn. Dann ordneten sie sich, die Anführerin an der Spitze, in eine lange Reihe und kamen auf die beiden zu.

Als der weiße Gänserich jetzt die Wildgänse betrachtete, war ihm gar nicht behaglich zumute. Er hatte erwartet, dass sie den zahmen Gänsen ähnlicher sehen würden und er sich ihnen mehr verwandt fühlen würde. Aber sie waren viel kleiner als er, und keine von ihnen war weiß, sondern alle waren grau, an einzelnen Stellen ins Braune spielend. Und vor ihren Augen hätte er sich beinahe gefürchtet, sie waren gelb und glänzten, als würde Feuer dahinter brennen. Dem Gänserich war immer eingeprägt worden, es sei schicklich, langsam und breitspurig zu gehen, aber diese hier schienen gar nicht gehen zu können, ihr Gang war ein halbes Springen. Am meisten aber erschrak er, als er ihre Füße sah, denn die waren sehr groß und die Sohlen zertreten und zerrissen. Man sah ihnen an, dass die Wildgänse nie darauf achtgaben, wohin sie traten, und nie einen Umweg machten. Ansonsten wirkten sie sehr zierlich und ordentlich, aber an ihren Füßen konnte man sie als arme Landstreicher erkennen.

Der Gänserich konnte dem Jungen gerade noch zuflüstern: »Rede ruhig einfach drauflos, wenn sie dich etwas fragen, aber sag nichts davon, dass du ein Mensch bist«, da war die Gänseschar auch schon bei ihnen angelangt.

Sie blieben vor den beiden stehen und nickten viele Male mit dem Hals, und der Gänserich tat dasselbe, nur noch viel öfter. Sobald sie sich genug gegrüßt hatten, sagte die Anführerin: »Jetzt solltet ihr euch wohl allmählich vorstellen?«

»Von mir ist nicht viel zu sagen«, begann der Gänserich. »Ich bin letztes Jahr in Skanör geboren. Im Herbst wurde ich an Holger Nilsson aus Westvemmenhög verkauft und dort bin ich bis jetzt gewesen.«

»Du scheinst keine Familie zu haben, auf die du stolz sein könntest«, sagte die Anführerin. »Woher kommt es dann, dass du es wagst, dich mit den Wildgänsen einzulassen?«

»Vielleicht, um euch wilden Gänsen zu zeigen, dass auch wir zahmen etwas leisten können«, antwortete der Gänserich.

»Ja, das wäre gut, wenn du uns das zeigen könntest«, sagte die Anführerin. »Wir haben nun schon gesehen, wie du fliegen kannst, aber vielleicht bist du ja in anderer Hinsicht tüchtiger. Bist du stark im Dauerschwimmen?«

»O nein, das kann ich nicht gerade behaupten«, antwortete der Gänserich. Er glaubte zu merken, dass die Anführerin schon entschlossen war, ihn nach Hause zurückzuschicken, und es war ihm deshalb gleichgültig, was er darauf antwortete. »Ich bin noch nie weiter geschwommen als quer über eine Mergelgrube«, fuhr er fort.

»Dann erwarte ich, dass du ein Meister im Springen bist.«

»Noch niemals habe ich eine zahme Gans springen sehen«, antwortete der Gänserich und machte damit alles noch schlimmer.

Der große weiße Gänserich war nun ganz sicher, dass die Anführerin ihn unter keiner Bedingung mitnehmen würde. Deshalb war er höchst erstaunt, als sie sagte: »Du beantwortest meine Fragen ja recht mutig, und wer Mut hat, kann ein guter Reisegefährte sein, wenn er auch zu Beginn etwas ungeschickt ist. Hättest du nicht Lust, ein paar Tage bei uns zu bleiben, damit wir sehen können, was du leisten kannst?«

»Das würde mich sehr freuen«, erwiderte der Gänserich äußerst vergnügt.

Daraufhin streckte die Anführerin den Schnabel aus und sagte: »Aber wen hast du denn da bei dir? So einen habe ich noch nie gesehen.«

»Es ist mein Gefährte«, sagte der Gänserich. »Er ist sein Leben lang Gänsehirte gewesen und kann uns möglicherweise auf der Reise nützlich sein.«

»Ja, für eine zahme Gans mag das ganz gut sein«, antwortete die wilde. »Wie heißt er?«

 Kapitel 2

»Er hat verschiedene Namen«, sagte der Gänserich zögernd. Er wusste nicht, wie er sich aus der Klemme ziehen sollte, denn er wollte nicht verraten, dass der Junge einen menschlichen Namen hatte. »Ach, er heißt Däumling«, sagte er plötzlich.

»Ist er ein Wichtelmännchen?« fragte die Anführerin.

»Um welche Tageszeit geht ihr Wildgänse denn schlafen?« fragte der Gänserich hastig und versuchte so um die Antwort auf die letzte Frage herumzukommen. »Um diese Zeit fallen mir immer die Augen von selbst zu.«

Man sah wohl, dass die Gans, die mit dem Gänserich sprach, sehr alt sein musste. Ihr ganzes Federkleid war eisgrau, ohne dunkle Streifen. Ihr Kopf war größer, ihre Beine gröber und ihre Füße stärker zertreten als die der anderen. Die Federn waren steif, die Schultern knochig, der Hals mager. All das kam vom Alter. Nur ihren Augen hatte es noch nichts anhaben können, sie glänzten heller und sahen jünger aus als die Augen aller anderen.

Jetzt wandte sie sich sehr feierlich an den Gänserich. »So will ich dir sagen, Gänserich, dass ich Akka von Kebenekajse bin, und die Gans, die zu meiner Rechten fliegt, ist Yksi von Vassijaure, und die zu meiner Linken ist Kaksi von Nuolja. Die zweite rechts ist Kolme von Sarjektjåkko und die zweite links Neljä von Svappavaara, und hinter ihnen sind Viisi von Oviksfjällen und Kuusi von Sjangeli. Und bei den sechs jungen Gänsen, die ganz zuletzt kommen, drei rechts, drei links, handelt es sich ebenfalls um Hochlandwildgänse aus den besten Familien. Du darfst uns nicht für Landstreicher halten, die mit jedem, der ihnen in den Weg kommt, Kameradschaft schließen, und du darfst nicht glauben, dass wir mit jemandem unsere Schlafstelle teilen, der nicht sagen will, wer er ist.«

Als die Anführerin Akka das sagte, trat der Junge hastig vor. Es hatte ihn betrübt, dass der Gänserich, der so munter für sich selbst gesprochen hatte, so ausweichende Antworten gegeben hatte, als es um ihn ging.

»Ich will nicht geheim halten, wer ich bin«, sagte er. »Ich heiße Nils Holgersson, bin der Sohn eines Kleinbauern, und bis zum heutigen Tag bin ich ein Mensch gewesen, aber heute Morgen …«

Weiter kam der Junge nicht, denn niemand hörte ihm mehr zu. Kaum hatte er gesagt, dass er ein Mensch sei, da wichen die Anführerin drei Schritte und die anderen noch weiter zurück. Und sie reckten alle die Hälse und zischten ihn zornig an.

»Du bist mir doch gleich verdächtig vorgekommen, als ich dich hier am Strand sah. Und jetzt entferne dich schleunigst, wir dulden keine Menschen unter uns«, sagte Akka von Kebenekajse.

»Es ist doch wohl nicht möglich«, versuchte der Gänserich zu vermitteln, »dass ihr

Wildgänse euch vor einem so kleinen Wesen fürchtet. Morgen wird er bestimmt nach Hause zurückkehren, aber über Nacht werdet ihr ihn wohl unter euch dulden müssen. Wir können doch nicht zulassen, dass so ein kleiner Kerl sich in der Nacht allein gegen Wiesel und Fuchs verteidigen muss.«

Die Wildgans kam wieder näher heran, aber man sah deutlich, wie schwer es ihr fiel, ihre Furcht zu bezwingen. »Ich bin gelehrt worden, mich vor allem, was Mensch heißt, zu fürchten, egal ob klein oder groß«, sagte sie. »Aber wenn du, Gänserich, dafür einstehen willst, dass uns dieser hier nichts Böses tut, dann mag er über Nacht dableiben. Ich fürchte jedoch, unser Nachtquartier wird weder dir noch ihm passen, denn wir begeben uns auf das schwimmende Eis hinaus und schlafen dort.«

Sie dachte wohl, der Gänserich würde bei dieser Ankündigung unschlüssig werden. Er ließ sich aber nichts anmerken. »Ihr seid sehr klug und versteht es, einen sicheren Schlafplatz auszuwählen«, sagte er.

»Aber du stehst mir dafür ein, dass er morgen nach Hause zurückkehrt.«

»Dann muss auch ich mich von euch trennen«, sagte der Gänserich, »denn ich habe ihm versprochen, ihn nicht zu verlassen.«

»Es steht dir frei, zu fliegen, wohin du willst«, entgegnete die Anführerin.

Damit hob sie die Flügel und flog auf das Eis hinaus, wohin ihr eine Wildgans nach der anderen folgte.

Der Junge war enttäuscht, dass aus seiner Reise nach Lappland nichts werden sollte, und außerdem fürchtete er sich vor dem kalten Nachtquartier. »Es wird immer schlimmer, Gänserich«, sagte er. »Als Nächstes werden wir da draußen auf dem Eis erfrieren.«

Aber der Gänserich war zuversichtlich. »Da besteht keine Gefahr«, sagte er. »Sammle jetzt nur in aller Eile so viel Stroh und Gras zusammen, wie du tragen kannst.«

Als der Junge beide Arme voller dürrem Gras hatte, fasste der Gänserich ihn mit seinem Schnabel am Hemdkragen, hob ihn auf und flog aufs Eis hinüber, wo die Wildgänse, den Schnabel unter einen Flügel gesteckt, schon standen und schliefen.

»Breite jetzt das Gras auf dem Eis aus, damit ich etwas habe, worauf ich stehen kann, um nicht festzufrieren. Hilf du mir, dann helfe ich dir auch«, sagte der Gänserich.

Der Junge tat, wie ihm geheißen war, und als er fertig war, ergriff ihn der Gänserich noch einmal am Hemdkragen und steckte ihn unter seinen Flügel. »Hier liegst du warm und gut«, sagte er und drückte den Flügel an, damit der Kleine nicht herunterfiel.

Er war so in Flaum eingebettet, dass er nicht antworten konnte; aber es war warm und bequem, und er war müde, und im nächsten Augenblick schlief er tief und fest.

 Kapitel 2

Es ist eine bekannte Tatsache, dass das Eis trügerisch ist und dass man sich nicht darauf verlassen kann. Mitten in der Nacht veränderte die vom Land losgelöste Eisdecke auf dem Vombsee ihre Lage, sodass sie an einer Stelle den Strand berührte. Und da geschah es, dass Smirre, der Fuchs auf seiner nächtlichen Jagd, dies sah. Smirre hatte die Wildgänse zwar schon am Abend gesehen, jedoch nicht erwartet, einer von ihnen beikommen zu können. Jetzt lief er schnell aufs Eis hinaus; als er aber den Wildgänsen schon ganz nahe war, glitt er plötzlich aus, und seine Krallen kratzten auf dem Eis. Davon erwachten die Gänse, und sie schlugen mit den Flügeln, um sich in die Luft zu erheben. Aber Smirre war schneller. Er machte einen Satz, als schleudere ihn jemand vorwärts, ergriff eine Gans am Flügel und stürzte wieder an Land.

In dieser Nacht jedoch waren die Wildgänse nicht allein auf dem Eis draußen; sie hatten einen Menschen bei sich, wenn auch einen noch so kleinen. Als der weiße Gänserich hektisch mit den Flügeln schlug, erwachte der Junge, er fiel aufs Eis hinunter und saß ganz schlaftrunken da. Zuerst konnte er sich die große Aufregung unter den Gänsen gar nicht erklären, bis er plötzlich einen kleinen, kurzbeinigen Hund mit einer Gans im Maul davonlaufen sah.

Da sprang er rasch auf, um dem Hund die Gans abzujagen. Er hörte noch, dass der Gänserich ihm nachrief: »Däumling, nimm dich in acht! Nimm dich in acht!«

›Aber vor einem so kleinen Hund brauche ich mich doch wohl nicht zu fürchten‹, dachte der Junge und stürmte davon.

Die Wildgans, die der Fuchs Smirre mit sich wegschleifte, hörte das Geklapper der Holzschuhe des Jungen auf dem Eis und traute ihren Ohren kaum. ›Meint der kleine Knirps etwa, er könnte mich dem Fuchs abjagen?‹ dachte sie. Und so verzweifelt ihre Lage war, so begann sie doch ganz unten im Hals belustigt zu schnattern, beinahe als lachte sie. ›Er wird sicher gleich in eine Eisritze purzeln‹, dachte sie.

Aber so finster die Nacht auch war, der Junge sah alle Risse und Löcher im Eis und machte große Sätze darüber hinweg. Das kam daher, dass er jetzt die guten Nachtaugen der Wichtelmännchen hatte und in der Dunkelheit ganz ausgezeichnet sehen konnte. Nichts war farbig, sondern alles grau oder schwarz, aber er sah den See und das Ufer ebenso deutlich wie bei Tag.

Da wo das Eis ans Land stieß, sprang Smirre hinüber, und während er sich den Uferabhang hinaufarbeitete, rief der Junge ihm zu: »Lass die Gans los, du Lümmel!«

Smirre wusste nicht, wer das gerufen hatte; er nahm sich auch nicht die Zeit, sich umzusehen, sondern lief noch schneller davon. Jetzt rannte er in einen großen prächtigen

Buchenwald hinein, und der Junge lief hinter ihm her, ohne auf irgendeine Gefahr zu achten. Dagegen musste er ständig daran denken, mit welcher Missachtung er am vorhergehenden Abend von den Gänsen behandelt worden war, und deshalb hätte er ihnen jetzt gar zu gern bewiesen, dass ein Mensch, so klein er auch sei, allen anderen Geschöpfen überlegen ist.

Immer wieder befahl er dem Hund da vor sich, seine Beute loszulassen. »Was bist du für ein Hund, der sich nicht schämt, eine ganze Gans zu stehlen?« rief er. »Leg sie sofort hin, sonst wirst du sehen, was für Prügel du bekommst! Lass los, sag ich, sonst werde ich deinem Herrn sagen, wie du dich benimmst!«

Als Smirre merkte, dass er für einen Hund gehalten wurde, der sich vor Prügel fürchtete, kam ihm das so komisch vor, dass er die Gans beinahe hätte fallen lassen. Smirre war ein großer Räuber, der sich nicht mit der Jagd auf Ratten und Feldmäuse begnügte, sondern sich auch in die Höfe wagte und Hühner und Gänse stahl. Er wusste, wie sehr er in der ganzen Umgebung gefürchtet war. Und jetzt diese Drohung. So etwas Verrücktes hatte er seit seiner Kindheit nicht mehr gehört!

Aber der Junge lief aus Leibeskräften; es kam ihm vor, als glitten die dicken Buchenstämme nur so an ihm vorüber, und der Abstand zwischen ihm und Smirre verminderte sich immer mehr. Endlich war er Smirre so nahe, dass er ihn am Schwanz fassen konnte. »Jetzt entreiße ich dir die Gans doch!« rief er und hielt Smirre so fest er nur konnte. Aber er war nicht stark genug, Smirre aufzuhalten. Der Fuchs riss ihn so heftig mit sich fort, dass die dürren Buchenblätter umherwirbelten.

Doch jetzt glaubte Smirre zu entdecken, wie ungefährlich sein Verfolger war. Er hielt an, legte die Gans auf die Erde, stellte sich mit den Vorderpfoten darauf, damit sie nicht wegfliegen konnte, und war drauf und dran, ihr den Hals abzubeißen. Aber dann konnte er es doch nicht lassen, das kleine Wichtelmännchen vorher noch ein wenig zu ärgern. »Ja, sieh zu, dass du mich bei dem Herrn verpetzt, denn jetzt beiße ich die Gans tot«, verkündete er mit gefletschten Zähnen.

Wer sich aber sehr wunderte, als er die spitzige Nase desjenigen sah, den er verfolgt hatte, und zugleich hörte, welch heisere, boshafte Stimme er hatte, das war der Junge. Er war so wütend über den Räuber, der sich über ihn lustig machte, dass gar keine Spur von Furcht in ihm aufstieg. Er packte den Schwanz nur noch fester, stemmte sich gegen eine Buchenwurzel, und gerade, als der Fuchs die offene Schnauze am Hals der Gans hatte, zog er aus Leibeskräften daran. Smirre war so überrascht, dass er sich ein paar Schritte rückwärts ziehen ließ, und dadurch wurde die Wildgans frei. Sie flatterte schwerfällig empor, denn ihre Flügel waren verletzt und sie konnte sie kaum gebrauchen; außerdem konnte sie in der Dunkelheit des Walds gar nichts sehen, sondern war so hilflos wie ein Blinder. Sie konnte deshalb dem Jungen keinerlei Beistand leisten, sondern versuchte nur, durch eine Öffnung in dem grünen Blätterdach hinauszugelangen, um den See wieder zu erreichen.

Da warf Smirre sich auf den Jungen. »Kann ich den einen nicht bekommen, so will ich wenigstens den anderen haben«, fauchte er, und man hörte seiner Stimme an, wie aufgebracht er war.

»O, denk bloß nicht, dass dir das gelingen wird«, sagte der Junge. Er war ganz berauscht davon, dass es ihm gelungen war, die Gans zu retten. Auch hielt er sich noch immer an dem Fuchsschwanz fest und schwang sich daran, als ihn der Fuchs zu fangen versuchte, auf die andere Seite hinüber. Smirre drehte sich im Kreis, aber der Schwanz schwang auch im Kreis herum, der Junge hielt sich hartnäckig daran fest, und der Fuchs konnte ihn einfach nicht fassen.

Der Junge war so vergnügt über seinen Erfolg, dass er anfangs nur lachte und den Fuchs verspottete; aber Meister Reineke war beharrlich, wie alte Jäger eben sind, und allmählich bekam der Junge doch Angst, er könnte schließlich noch gefasst werden.

Da erblickte er eine kleine junge Buche, die schlank wie ein Pfahl gewachsen war, nur um recht bald ins Freie zu gelangen, hoch da oben über dem grünen Laubdach, das die alten Buchen über dem jungen Bäumchen ausbreiteten. In aller Eile ließ der Junge den Fuchsschwanz los und kletterte auf die Buche hinauf. Smirre aber war so im Eifer, dass er sich noch eine ganze Weile nach seinem Schwanz im Kreis drehte. »Du brauchst nicht weiter zu tanzen«, sagte der Junge plötzlich.

Der Fuchs war wütend; diese Niederlage, einen so kleinen Knirps nicht in seine Macht zu bekommen, war ihm unerträglich. Deshalb legte er sich unter der Buche nieder, um den Jungen zu bewachen.

Der Junge hatte es nicht übermäßig gut da oben; er saß rittlings auf einem schwachen Zweig, und die junge Buche reichte nicht hinauf bis zu dem Blätterdach, sodass er auf keinen anderen Baum hinüberklettern konnte, aber er wollte sich auch nicht wieder hinunter auf den Boden wagen. Er fror gewaltig und war kurz davor, ganz steif zu werden und seinen Zweig loszulassen; auch war er entsetzlich schläfrig, hütete sich aber wohl, sich vom Schlaf übermannen zu lassen, aus Angst, dann auf den Boden hinunterzufallen.

O, es war fürchterlich, mitten in der Nacht so im Wald draußen zu sitzen! Er hatte bis jetzt keine Ahnung gehabt, was das bedeutete, wenn es Nacht ist. Es war, als sei alles versteinert und könne nie wieder zum Leben erwachen.

Dann begann der Tag zu grauen, und der Junge war froh, als alles sein altes Aussehen wieder annahm, obgleich die Kälte jetzt gegen Morgen noch durchdringender wurde als in der Nacht. Als endlich die Sonne aufging, war sie nicht gelb, sondern rot. Dem Jungen kam es vor, als sehe sie böse aus, und er fragte sich, warum sie wohl böse sei. Vielleicht weil die Nacht, während die Sonne weg gewesen war, eine so große Kälte auf der Erde verbreitet hatte.

Die Sonnenstrahlen sprühten in großen Feuergarben am Himmel auf. Die Wolken am Himmel, die seidenglatten Buchenstämme, die kleinen, ineinander verflochtenen Zweige des Laubdaches, der Raureif, der die Buchenblätter auf dem Boden bedeckte, alles glühte und wurde rot.

Aber immer mehr Sonnenstrahlen schossen am Himmel auf, und bald war alles Grauen der Nacht verschwunden. Die Lähmung war wie weggeblasen, und allerlei Lebendiges trat zutage. Der Schwarzspecht mit dem roten Hals begann mit dem Schnabel an einem Baumstamm zu hämmern. Das Eichhörnchen huschte mit einer Nuss aus seinem Bau heraus, setzte sich auf einen Zweig und begann sie aufzuknabbern. Der Star kam mit einer Wurzelfaser dahergeflogen, und der Buchfink sang in dem Baumwipfel.

Vom See her drang der Ruf der Wildgänse, die sich zur Weiterreise rüsteten, zu dem Jungen herüber, und bald darauf flogen alle vierzehn Gänse über den Wald hin. Der Junge versuchte ihnen etwas zuzurufen; aber sie flogen so hoch oben, dass seine Stimme sie nicht erreichen konnte. Sie dachten wohl, der Fuchs habe ihn schon lange aufgefressen. Ach, sie gaben sich nicht einmal die Mühe, sich nach ihm umzusehen!

Der Junge war vor lauter Angst dem Weinen nahe; aber die Sonne stand jetzt goldgelb und vergnügt am Himmel und flößte der ganzen Welt Mut ein. »Du brauchst dich nicht zu fürchten oder vor etwas Angst zu haben, Nils Holgersson, solange ich da bin«, sagte sie.

Und plötzlich flog eine einzelne Wildgans unter das dichte Laubdach herein. Zögernd suchte sie ihren Weg zwischen Stämmen und Zweigen und flog ganz langsam. Sobald der Fuchs sie sah, verließ er seinen Platz unter der jungen Buche und schlich zu ihr hin. Die Wildgans wich dem Fuchs nicht aus, sondern flog ganz nah heran. Smirre machte einen hohen Satz nach ihr, verfehlte sie aber, und die Gans flog weiter Richtung See.

Es dauerte nicht lange, da kam auch schon eine zweite Wildgans dahergeflogen. Sie nahm denselben Weg wie die vorige und flog noch ein wenig langsamer und noch näher am Boden. Auch sie strich ganz dicht an Smirre vorüber, und er machte einen so hohen Satz nach ihr, dass seine Ohren ihre Füße berührten; aber auch sie entkam unbeschädigt und setzte still wie ein Schatten ihren Weg zum See fort.

Kapitel 2

Eine kleine Weile verging, da tauchte wieder eine Gans auf und noch eine und noch eine. Smirre machte jedes Mal einen gewaltigen Satz, doch ohne Erfolg. Er keuchte und fauchte, aber es gelang ihm nicht, eine von ihnen zu fangen. Als schließlich die vierzehnte Gans erschien, war es ein sehr schöner Anblick, denn sie war ganz weiß, und als sie ihre großen Flügel bewegte, schien ein helles Licht in dem dunklen Wald aufzuleuchten. Als Smirre sie sah, bot er seine ganze Kraft auf und sprang fast bis zum Blätterdach empor; aber die weiße Gans flog, wie alle anderen vorher, unbeschädigt an ihm vorüber.

Nun wurde es eine Weile ganz still unter den Buchen; es sah aus, als sei der ganze Schwarm Wildgänse weitergeflogen. Da fiel Smirre plötzlich sein Gefangener, der kleine Knirps, wieder ein; er hatte keine Zeit gehabt, an ihn zu denken, seit er die erste Gans gesehen hatte. Aber natürlich war der längst auf und davon.

Nachdem Nils von den Gänsen gerettet worden war, verbrachte er den Tag in einem verlassenen Eichhörnchennest in tiefem Schlaf. Als er gegen Abend erwachte, war er sehr traurig. ›Nun werden sie mich bald nach Hause zurückschicken‹, dachte er, ›und dann gibt es keinen Ausweg mehr für mich, ich muss mich meinen Eltern so zeigen, wie ich jetzt bin.‹

Aber als er zu den Wildgänsen kam, die im Vombsee umherschwammen und badeten, wurde kein Wort von seiner Abreise laut, und auch nicht in den Tagen danach. Der Junge vertrieb sich die Zeit, indem er in den an den Acker angrenzenden großen Park ging und eifrig Ausschau hielt, ob nicht an den Zweigen der Haselsträucher da und dort noch eine Haselnuss vom vergangenen Herbst zu finden war. Aber während er so umherstreifte, tauchte der Gedanke an die Heimreise immer wieder drohend vor seiner Seele auf. Immer wieder musste er sich ausmalen, wie schön er es haben würde, wenn er bei den Wildgänsen bleiben dürfte. Zwar würde er sicher oft hungern und frieren müssen, aber er müsste nie wieder arbeiten und lernen. Jeden Abend, bevor er einschlief, ging er in Gedanken noch einmal alle Vorteile durch, die eine Reise mit den Wildgänsen für ihn haben würde. Niemand würde mit ihm schimpfen, wenn er faul wäre, er könnte einfach in den Tag hineinleben, und seine einzige Sorge wäre, wie er sich etwas Essbares verschaffen könnte. Doch er brauchte ja jetzt so wenig zu seinem Unterhalt, dass ihm das schon gelingen würde.

Und dann malte er sich aus, was er alles zu sehen bekäme und wie viele Abenteuer er erleben würde. O, das wäre etwas ganz anderes als die Arbeit und Quälerei zu Hause. ›Ach, wenn ich doch die Wildgänse auf dieser Reise begleiten dürfte, dann wäre ich gar nicht mehr so traurig über meine Verwandlung!‹ dachte er. So verging ein Tag nach dem anderen.

Eines Nachmittags saß er auf einem großen, dichten Weidenbusch am Seeufer und blies auf einer Weidenpfeife, die er sich geschnitzt hatte. Rings um ihn saßen so viele Meisen und Buchfinken und Stare, wie auf dem Gebüsch Platz hatten, und zwitscherten ihre fröhlichen Weisen, die der Junge nachzuspielen versuchte. Doch plötzlich warf der Junge die Pfeife weg und sprang von dem Weidenbusch herunter, denn er sah Akka und alle Gänse in einer langen Reihe auf sich zukommen. Sie schritten ungewöhnlich langsam und feierlich daher, und dem Jungen wurde sofort klar, dass er jetzt erfahren werde, was sie mit ihm vorhatten.

Als die Gänse schließlich vor ihm stehen blieben, sagte Akka: »Du hast allen Grund, dich über mich zu wundern, weil ich mich noch nicht bei dir bedankt habe, dass du mich aus Smirres Klauen errettet hast. Aber ich gehöre zu denen, die lieber mit Taten als mit Worten danken. Und ich glaube, lieber Däumling, dass es mir gelungen ist, dir einen großen Dienst zu erweisen. Ich habe nämlich dem Wichtelmännchen, das dich verzaubert hat, eine Nachricht geschickt. Zuerst wollte es nichts davon hören, dich wieder in deine alte Gestalt zu verwandeln, aber ich habe eine Nachricht nach der anderen geschickt und ihm mitteilen lassen, wie gut du dich hier bei uns benommen hast. Jetzt lässt es dich grüßen und dir sagen, dass du, sobald du wieder nach Hause zurückkehrst, wieder ein Mensch werden wirst.«

Aber wie merkwürdig! So vergnügt wie der Junge gewesen war, als Akka zu sprechen angefangen hatte, so traurig war er nun, als sie zu sprechen aufhörte. Er sagte kein Wort, sondern wandte sich nur ab und weinte.

»Was soll denn das bedeuten?« fragte Akka verwundert. »Es sieht ja fast so aus, als hättest du mehr von mir erwartet, als ich dir jetzt geboten habe.«

Aber der Junge dachte an sorgenfreie Tage und lustige Späße, an Abenteuer und Freiheit und an die Reisen hoch über der Erde, die er nun verpassen würde, und er weinte laut vor Kummer und Schmerz. »Ich mache mir nichts daraus, wieder ein Mensch zu werden!« schluchzte er. »Ich will mit euch nach Lappland!«

»Ich will dir etwas sagen«, erwiderte Akka. »Das Wichtelmännchen ist sehr nachtragend, und ich fürchte, es wird nicht leicht sein, es noch einmal zu deinen Gunsten zu stimmen, wenn du sein Angebot jetzt ausschlägst.«

»Ich will aber nicht wieder ein Mensch werden!« schluchzte Nils Holgersson verzweifelt. »Viel lieber will ich bei euch bleiben und euch nach Lappland begleiten!«

»Nun, es soll dir nicht verweigert werden, uns zu begleiten, solange du Lust hast«, versprach die alte Akka von Kebenekajse feierlich. »Aber zuerst überlege dir gut, ob du wirklich nicht lieber nach Hause zurückkehren möchtest. Ansonsten könnte irgendwann der Tag kommen, wo du es bereust.«

»Nein«, sagte der Junge, »da ist nichts zu bereuen. Es ist mir noch nie so gut gegangen wie hier bei euch.«

»Nun, dann sei es also, wie du willst«, sagte Akka.

»Danke, danke!« rief der Junge. Und er fühlte sich so glücklich, dass er jetzt ebenso vor Freude weinen musste, wie er vorher vor Kummer geweint hatte.

Kapitel 3

Auf dem Bauernhof

In jenen Tagen geschah in Schonen etwas, das nicht nur sehr viel von sich reden machte, sondern auch in die Zeitungen kam, das aber viele für eine Erfindung hielten, weil sie es sich beim besten Willen nicht erklären konnten.

Im Park von Schloss Övedskloster war nämlich ein Eichhornweibchen gefangen und auf einen nahe gelegenen Bauernhof gebracht worden. Alle Bewohner des Bauernhofs, alte und junge, freuten sich sehr über das kleine hübsche Tier mit dem großen Schwanz, den klugen neugierigen Augen und den kleinen netten Füßchen. Sie wollten sich den ganzen Sommer an seinen flinken Bewegungen, seiner putzigen Art, Haselnüsse zu knabbern, und an seinem lustigen Spiel erfreuen. Schnell brachten sie einen alten Eichhörnchenkäfig in Ordnung, der aus einem kleinen, grün angestrichenen Häuschen und einem aus Draht geflochtenen Rad bestand. Das Häuschen, das Tür und Fenster hatte, sollte dem Eichhörnchen als Ess- und Schlafzimmer dienen, deshalb machten sie ein Lager aus Laub zurecht, stellten eine Schale Milch hinein und legten einige Haselnüsse dazu. Das Rad sollte sein Spielzimmer sein, wo es spielen und klettern und sich im Kreis herumschwingen konnte.

    Die Menschen glaubten, sie hätten es dem Eichhörnchen recht gemütlich gemacht, und sie wunderten sich sehr, dass es ihm offenbar nicht gefiel. Betrübt und missmutig saß es in einer Ecke seines Häuschens und stieß nur ab und zu einen scharfen Klagelaut aus. Es

 Kapitel 3

rührte die Speisen nicht an und schaukelte auch kein einziges Mal in dem Rad. »Es fürchtet sich«, sagten die Leute auf dem Bauernhof. »Aber morgen, wenn es sich an seine Umgebung gewöhnt hat, wird es schon spielen und fressen.«

Auf dem Bauernhof waren aber zu der Zeit große Vorbereitungen zu einem Fest im Gang, und gerade an dem Tag, als das Eichhörnchen gefangen worden war, wurde bis spät in die Nacht hinein gebacken. Überall herrschte natürlich großer Eifer, und man hatte es sehr eilig in der Küche; niemand nahm sich Zeit, nachzusehen, wie es dem Eichhörnchen ging. Doch die alte Mutter des Hauses war zu gebrechlich, um noch beim Backen helfen zu können; und obwohl sie das eigentlich einsah, war sie doch traurig darüber, ganz ausgeschlossen zu sein. Und so ging sie nicht zu Bett, sondern setzte sich ans Fenster der Wohnstube und sah hinaus. Die Küchentür war der Wärme wegen aufgemacht worden und durch sie fiel ein heller Lichtschein auf den Hof hinaus. Er war von Gebäuden umschlossen und jetzt so hell erleuchtet, dass die Frau die Risse und Löcher in der Verkalkung an der gegenüberliegenden Wand deutlich sehen konnte. Sie sah auch den Käfig des Eichhörnchens, der gerade dort hing, wo der Lichtschein am hellsten hinfiel, und da sah sie, dass das Eichhörnchen in einem fort aus seinem Häuschen in das Rad und vom Rad wieder ins Häuschen hineinlief, ohne sich einen Augenblick Ruhe zu gönnen. Sie wunderte sich, dass das Tier so aufgeregt war, aber sie vermutete, der scharfe Lichtschein halte es wach.

Zwischen dem Kuh- und dem Pferdestall war ein großes, breites Einfahrtstor, das jetzt auch von dem Lichtschein aus der Küche hell beleuchtet war. Als eine gute Weile vergangen war, sah die alte Mutter, dass durch das Hoftor ganz leise und vorsichtig ein winziger Knirps hereingeschlichen kam. Die alte Mutter wusste sofort, dass es das Wichtelmännchen war, und fürchtete sich nicht im Geringsten, denn sie hatte immer gehört, dass sich ein solches auf dem Hof aufhalte, auch wenn es noch nie jemand gesehen hatte; und schließlich brachte ein Wichtelmännchen ja Glück, wo es sich zeigte.

Sobald das Wichtelmännchen auf den gepflasterten Hof kam, lief es eilig auf den Käfig zu, und da es ihn nicht erreichen konnte, weil er zu hoch hing, ging es kurz entschlossen zum Geräteschuppen, holte eine Stange heraus, lehnte sie an den Käfig und kletterte geschickt an ihr hinauf. Als es den Käfig erreicht hatte, rüttelte es vorsichtig an der Tür des kleinen grünen Hauses, um sie zu öffnen; aber die alte Mutter war ganz beruhigt, denn sie wusste, dass die Kinder ein Vorhängeschloss darangehängt hatten, aus Angst, die Jungen aus dem Nachbarhof könnten versuchen, das Eichhörnchen zu stehlen. Die Frau sah, dass das Eichhörnchen, als das Wichtelmännchen die Tür nicht aufbekam, in das Rad herauskam. Da führten nun die beiden ein langes Zwiegespräch, und als das Wichtelmännchen schließlich alles wusste, was ihm das Tier zu sagen hatte, glitt es flink an der Stange wieder hinunter und lief dann eilig zum Tor hinaus.

Doch nach einer Weile kam es wieder. Es hatte es so eilig, dass seine Füße kaum den Boden zu berühren schienen, und lief schnurstracks auf den Käfig zu. Mit ihren scharfen Augen sah es die Frau deutlich, und sie bemerkte auch, dass es etwas in den Händen trug; aber was es war, konnte sie nicht erkennen. Jetzt legte es das, was es in der linken Hand hielt, auf das Steinpflaster, aber das in seiner Rechten nahm es mit hinauf zum Käfig. Oben angekommen, stieß es mit seinem Holzschuh so heftig an das Fensterchen, dass die Scheibe zersprang, und durch diese reichte es nun das, was es in der Hand hielt, dem Eichhörnchen hinein. Dann rutschte es an der Stange herunter, nahm den anderen Gegenstand vom Boden und kletterte auch damit zum Käfig hinauf. Schnell wie der Blitz war es wieder unten und stürmte so eilig davon, dass ihm die alte Frau kaum mit den Augen folgen konnte.

Aber jetzt hielt die alte Mutter nichts mehr im Zimmer. Ganz leise stand sie von ihrem Stuhl auf, ging auf den Hof hinaus und stellte sich in den Schatten des Brunnens. Und noch jemand war da, der auch aufmerksam und neugierig geworden war: die Hauskatze. Leise kam sie dahergeschlichen und blieb an der Mauer stehen, nur ein paar Schritte von dem hellen Lichtstreifen entfernt.

Die beiden mussten in der kalten Nacht lange warten, und die Frau überlegte sich schon, ob sie nicht lieber hineingehen sollte, als sie ein Geklapper auf dem Pflaster hörte und sah, dass der kleine Knirps wirklich noch einmal zurückkam. Auch jetzt trug er in jeder Hand etwas, und zwar etwas Zappelndes und Quietschendes. Jetzt ging der alten Mutter ein Licht auf, und sie verstand, dass das Wichtelmännchen in das Haselnusswäldchen gelaufen war, dort die Jungen des Eichhörnchens geholt hatte und sie jetzt ihrer Mutter brachte, damit sie nicht verhungern mussten.

Die alte Frau verhielt sich ganz still, um das Wichtelmännchen nicht zu stören, und das schien sie auch nicht bemerkt zu haben. Es war eben im Begriff, das eine Junge auf den Boden zu legen, um zum Käfig hinaufzuklettern, als es plötzlich die grünen Augen der Katze dicht neben sich funkeln sah. Ganz ratlos blieb es stehen, in jeder Hand ein junges Eichhörnchen. Es drehte sich um und spähte im Hof umher. Da sah es die alte Mutter, und ohne sich lange zu besinnen, trat es rasch zu ihr hin und reichte ihr eines der Tierchen.

Die alte Mutter wollte sich des Vertrauens des Wichtelmännchens nicht unwürdig zeigen; sie nahm ihm das Eichhörnchen ab und hielt es fest, bis das Wichtelmännchen mit dem ersten zum Käfig hinaufgeklettert war und dann zurückkam, um das zweite, das es ihr anvertraut hatte, zu holen und es ebenfalls nach oben zu bringen.

Am nächsten Morgen, als die Leute auf dem Bauernhof beim Frühstück versammelt waren, konnte die Alte unmöglich über das Erlebnis der vergangenen Nacht schweigen. Aber alle miteinander lachten sie aus und sagten, sie habe das nur geträumt. Zu dieser Jahreszeit gäbe es ja noch gar keine jungen Eichhörnchen. Doch sie war ihrer Sache ganz sicher und verlangte, dass man im Käfig nachsehe. Man tat es, und siehe da, auf dem Lager aus Laub, in der kleinen Stube, lagen vier halb nackte, halb blinde, erst zwei Tage alte Junge.

Als der Vater dies sah, sagte er: »Das mag nun zugegangen sein, wie es will, aber so viel ist sicher, wir hier auf dem Hof haben uns benommen, dass wir uns vor Tieren und Menschen schämen müssen.« Damit nahm er das Eichhörnchen mitsamt den vier Jungen aus dem Käfig heraus und legte alle in die Schürze der Mutter. »Geh damit in das Haselnusswäldchen und gib ihnen ihre Freiheit wieder«, sagte er.

Dies ist das Ereignis, das so viel von sich reden gemacht hatte und sogar in die Zeitung kam, das aber die meisten nicht glauben wollten, weil sie es sich nicht erklären konnten.

Kapitel 4

Haus Glimminge

Im südöstlichen Schonen, nicht weit vom Meer entfernt, liegt eine alte Burg, Glimmingehaus genannt. Sie besteht aus einem einzigen hohen, großen und starken Steinbau, den man in der ebenen Gegend meilenweit sehen kann. Sie hat nur vier Stockwerke, ist aber so mächtig, dass ein gewöhnliches Bauernhaus, das auf demselben Gut steht, daneben wie ein Puppenhäuschen wirkt.

In den alten Kriegszeiten waren die Menschen froh, wenn sie sich in ein so großes, starkes Haus einschließen konnten. Aber als die gute Friedenszeit kam, wollten die Leute nicht mehr in den dunklen, kalten, steinernen Räumen der Burg wohnen; und so haben sie Glimmingehaus schon vor langer Zeit verlassen und sind in Wohnungen gezogen, in die Luft und Licht eindringen können.

Zu der Zeit, als Nils Holgersson mit den Wildgänsen umherzog, befanden sich also gar keine Menschen in Glimmingehaus, aber es fehlte dennoch nicht an Bewohnern. Auf dem Dach wohnte jeden Sommer ein Storchenpaar, unter dem Dach wohnten zwei Nachteulen, in den Gängen hingen Fledermäuse, auf dem Herd in der Küche wohnte eine alte Katze, und unten im Keller gab es Hunderte von der alten Sorte der schwarzen Ratten.

Ratten stehen nicht gerade in großem Ansehen bei den anderen Tieren, aber die schwarzen Ratten auf Glimmingehaus bildeten eine Ausnahme. Es wurde immer mit Achtung von ihnen gesprochen, weil sie im Streit mit ihren Feinden große Tapferkeit bewiesen hatten und auch sehr viel Ausdauer während der großen Unglückszeiten, die über ihr Volk hingegangen waren. Sie gehörten nämlich einem Rattenvolk an, das einmal sehr zahlreich und mächtig gewesen war, jetzt aber auszusterben drohte. Nur auf dem einen oder anderen einsam gelegenen Platz konnte man noch einige von ihnen antreffen, aber nirgends waren sie so zahlreich wie auf Glimmingehaus.

Wenn ein Tiervolk ausstirbt, beruht das meistens auf dem Vorgehen der Menschen; hier aber war das nicht der Fall gewesen. Die Menschen hatten zwar mit den schwarzen Ratten gekämpft, doch sie hatten ihnen keinen nennenswerten Schaden zufügen können. Wer sie besiegt hatte, das war ein Tiervolk ihres eigenen Stammes gewesen, ein Volk, das man die grauen Ratten nannte. Die grauen Ratten hatten nicht wie die schwarzen seit Urzeiten im Land gewohnt. Sie stammten von ein paar armen Einwanderern ab, die vor hundert Jahren von einem Schiff in Malmö an Land gegangen waren. Sie waren heimatlose, halb verhungerte Tröpfe, die in diesem Hafen zu Hause waren, um die Pfeiler unter den Brücken herumschwammen und den Abfall fraßen, der ins Wasser geworfen wurde. Nie wagten sie sich in die Stadt hinein, die den schwarzen Ratten gehörte.

Aber allmählich, nachdem die grauen Ratten an Zahl zugenommen hatten, fassten sie Mut und gingen in die Stadt hinein. Anfangs zogen sie nur in ein paar alte verlassene Häuser, die die schwarzen Ratten aufgegeben hatten; sie suchten ihre Nahrung in Rinnsteinen und auf Misthaufen und nahmen mit allem Unrat vorlieb, den die schwarzen Ratten nicht anrühren wollten. Es waren wetterfeste, genügsame und unerschrockene Tiere; und in ein paar Jahren waren sie so mächtig geworden, dass sie versuchten, die schwarzen Ratten von Malmö zu verjagen. Sie nahmen ihnen Dachräume, Keller und Magazine weg, hungerten sie aus oder bissen sie tot, denn sie fürchteten sich nicht vor Kampf und Streit.

Und nachdem Malmö eingenommen war, zogen sie in kleineren und größeren Scharen aus, um das restliche Land zu erobern. Es ist beinahe unbegreiflich, warum die schwarzen Ratten sich nicht zu einem großen gemeinsamen Heereszug versammelten und die grauen Ratten vernichteten, solange diese noch nicht so zahlreich waren. Aber die schwarzen waren wohl von ihrer Macht so überzeugt, dass sie sich die Möglichkeit, das Land zu verlieren, gar nicht vorstellen konnten. Sie saßen ruhig auf ihren Besitztümern, und inzwischen nahmen ihnen die grauen Ratten Hof um Hof, Dorf um Dorf, Stadt um Stadt weg. Ein Jahr nach dem anderen, eine Nacht nach der anderen hatte sich der Streit zwischen den Angreifern und Verteidigern fortgesetzt; aber die schwarzen Ratten hatten die ganze Zeit treulich Wache gestanden und mit der größten Todesverachtung gekämpft, und dank dem alten, prächtigen Haus hatten sie bis jetzt immer gesiegt.

 Kapitel 4

Zugegebenermaßen waren die schwarzen Ratten, solange sie die Macht gehabt hatten, von allen lebenden Geschöpfen ebenso verabscheut worden wie die grauen jetzt, und das mit vollem Recht. Sie hatten sich über arme gefesselte Gefangene hergemacht und sie gequält, hatten die letzte Rübe aus dem Keller der Armen stibitzt, den Hühnern die Eier geraubt und tausend andere Schandtaten verübt. Aber seit das Unglück über sie gekommen war, war das alles wie vergessen, niemand konnte umhin, die letzten des Geschlechts, die den grauen Ratten so lange widerstanden hatten, zu bewundern.

Die grauen Ratten, die auf dem Glimmingehof und dessen Umgebung wohnten, führten den Streit immer weiter und versuchten jede nur mögliche Gelegenheit zu nutzen, sich der Burg zu bemächtigen. Man hätte meinen können, sie hätten die kleine Schar schwarzer Ratten wohl im Besitz von Glimmingehaus lassen können, da sie ja das ganze übrige Land besaßen, aber das fiel ihnen gar nicht ein. Sie behaupteten, es sei für sie eine Frage der Ehre, die schwarzen Ratten doch noch zu besiegen. Aber wer die grauen Ratten kannte, der wusste, dass es einen anderen Grund hatte. Die Menschen benutzten nämlich Glimmingehaus als Kornspeicher, und darum wollten die grauen keine Ruhe geben, bis sie es erobert hätten.

Eines Morgens wurden die Gänse, die draußen auf dem Eis des Vombsees standen und schliefen, durch laute Rufe in der Luft sehr früh geweckt. »Trirop! Trirop!« erklang es. »Trianut, der Kranich, lässt die Wildgans Akka und ihre Schar grüßen! Morgen findet der große Kranichtanz auf dem Kullaberg statt!«

Akka streckte schnell den Kopf in die Höhe und antwortete: »Schönen Dank und Gruß! Schönen Dank und Gruß!«

Darauf flogen die Kraniche weiter, aber die Wildgänse hörten noch lange, wie sie über jedem Feld und über jedem Waldhügel riefen: »Trianut lässt grüßen! Morgen findet der große Kranichtanz auf dem Kullaberg statt!«

Die Wildgänse freuten sich über diese Botschaft. »Du hast Glück«, sagten sie zu dem weißen Gänserich, »dass du bei dem großen Kranichtanz anwesend sein darfst.«

»Ist es denn etwas so Besonderes, die Kraniche tanzen zu sehen?« fragte der Gänserich.

»Es ist etwas, das du dir im Traum nicht vorstellen kannst«, antworteten die Wildgänse.

»Nun müssen wir überlegen, was wir morgen mit Däumling tun, damit ihm kein Unglück widerfährt, während wir zum Kullaberg reisen«, sagte Akka.

»Däumling darf auf keinen Fall allein bleiben!« rief der Gänserich. »Wenn die Kraniche ihm durchaus nicht erlauben, ihren Tanz mit anzusehen, dann bleibe ich bei ihm.«

»Keinem Menschen ist je der Zutritt zur Versammlung der Tiere auf dem Kullaberg gewährt worden«, sagte Akka, »und ich wage es nicht, Däumling dorthin mitzunehmen. Aber wir wollen später am Tag noch weiter darüber sprechen. Jetzt müssen wir vor allem daran denken, etwas zum Essen zu bekommen.«

Damit gab Akka das Zeichen zum Aufbruch und ließ sich erst bei den sumpfigen Wiesen ein Stück südlich von Glimmingehaus nieder.

Diesen ganzen Tag hindurch saß der Junge am Ufer eines kleinen Teichs und blies auf einer Rohrpfeife. Er war schlechter Laune, weil er den Kranichtanz nicht sehen sollte, und konnte sich nicht überwinden, mit dem Gänserich oder mit einer der Wildgänse ein einziges Wort zu sprechen.

Ach, wie bitter war es, dass Akka ihm noch immer misstraute! Wenn ein Junge es abgeschlagen hatte, wieder ein Mensch zu werden, weil er lieber mit einer Schar armer Wildgänse umherziehen wollte, dann müsste sie doch begreifen, dass er sie nicht verraten würde. Und ebenso gut müsste sie es als ihre Pflicht ansehen, ihn alles Merkwürdige, was sie ihm nur zeigen könnte, sehen zu lassen; er hatte doch so viel aufgegeben, um bei den Wildgänsen zu bleiben.

›Es wird wohl das Beste sein, wenn ich ihnen meine Meinung geradeheraus sage‹, dachte er. Aber eine Stunde nach der anderen verging, ohne dass er seine Absicht ausgeführt hätte. Dies klingt vielleicht etwas merkwürdig, aber der Junge empfand wirklich eine Art Ehrfurcht vor der alten Akka, und er fühlte wohl, dass es nicht leicht sein würde, sich ihrem Willen zu widersetzen.

Auf der einen Seite der sumpfigen Wiese, wo die Gänse weideten, lag eine breite steinerne Mauer. Und als der Junge gegen Abend den Kopf aufrichtete, um mit Akka zu sprechen, fiel sein Blick auf die Mauer. Da entfuhr ihm ein kleiner Schrei der Verwunderung, sodass alle Gänse schnell aufsahen, und auch sie starrten überrascht zu derselben Stelle. Im ersten Augenblick glaubten alle, der Junge nicht ausgeschlossen, dass die grauen rundlichen Steine, aus denen das Mäuerchen bestand, Beine bekommen hätten und fortgingen; aber bald sahen sie, dass es eine Schar Ratten war, die darüberlief. Sie bewegten sich sehr schnell und liefen dicht nebeneinander in Marschordnung vorwärts, und es waren so viele, dass sie eine gute Weile das ganze Mäuerchen bedeckten.

Der Junge hatte sich vor Ratten gefürchtet, als er noch ein großer starker Mensch gewesen war. Wie sollte er das jetzt nicht tun, wo er so klein war, dass zwei oder drei von ihnen ihn leicht hätten überwältigen können? Ein kalter Schauder nach dem anderen lief ihm den Rücken hinunter, während er den endlosen Rattenzug betrachtete.

 Kapitel 4

Aber merkwürdigerweise schienen die Gänse genau denselben Abscheu vor den Ratten zu haben. Sie sprachen nicht mit ihnen, und als die Ratten vorübergezogen waren, schüttelten sie sich, als ob ihnen Schlick zwischen die Federn gekommen wäre.

»So viele graue Ratten unterwegs«, bemerkte Yksi von Vassijaure, »das ist leider gar kein gutes Zeichen.«

Jetzt wollte der Junge die Gelegenheit ergreifen und Akka sagen, dass er der Meinung war, sie müsste ihn eigentlich mit auf den Kullaberg nehmen; aber wieder wurde er daran gehindert, denn ein großer Vogel ließ sich ganz hastig mitten zwischen den Gänsen nieder.

Wenn man diesen Vogel ansah, hätte man denken können, er habe Leib, Hals und Kopf von einer kleinen weißen Gans. Aber zu all dem hatte er große schwarze Flügel sowie lange, rote Beine und einen langen, dicken Schnabel, der viel zu groß für seinen kleinen Kopf war und ihn herunterzog, was dem Vogel ein etwas bekümmertes, sorgenvolles Aussehen verlieh.

Akka legte in aller Eile ihre Flügel zurecht und verbeugte sich unaufhörlich, während sie dem Storch entgegenging. Sie war nicht besonders verwundert, ihn so früh im Jahr in Schonen zu sehen, weil sie wusste, dass die Storchenmännchen frühzeitig eintreffen, um nachzusehen, ob das Storchennest während des Winters keinen Schaden gelitten hat, ehe die Storchenweibchen sich der Mühe unterziehen, über die Ostsee zu fliegen. Aber sie wunderte sich doch sehr, was es zu bedeuten habe, dass der Storch sie aufsuchte, denn ein Storch geht am liebsten nur mit Leuten seines eigenen Stammes um.

»Ihre Wohnung wird doch nicht in Unordnung sein, Herr Ermenrich?« fragte Akka.

Nun zeigte es sich, dass es ganz wahr ist, wenn es heißt, der Storch öffne nur selten den Schnabel, ohne zu klagen. Und da es dem Storch schwer wurde, die Worte herauszubringen, so klang das, was er sagte, noch viel trostloser. Zuerst klapperte er eine Weile nur mit dem Schnabel, dann sprach er mit einer heiseren, schwachen Stimme. Er beklagte sich über alles Mögliche; das Nest hoch oben auf dem Dachfirst von Glimmingehaus sei von den heftigen Winterstürmen ganz verdorben, und er könne keine Nahrung finden. Die Menschen eigneten sich allmählich sein ganzes Besitztum an. Sie machten seine sumpfigen Wiesen urbar und bebauten seine Moore. Er habe vor, Schonen zu verlassen und nie wieder zurückzukehren.

Während der Storch so klagte, konnte Akka, die Wildgans, die nirgends Schutz genoss, nicht umhin, im Stillen zu denken: ›Wenn ich es so gut hätte wie Sie, Herr Ermenrich, dann wäre ich zu stolz zum Klagen. Sie haben ein freier, wilder Vogel bleiben können und sind doch so gut bei den Menschen angeschrieben, dass keiner eine Kugel auf Sie ab-

Kapitel 4

schießt oder ein Ei aus Ihrem Nest stiehlt.‹ Aber sie behielt ihre Gedanken für sich, und zu dem Storch sagte sie nur, sie könne nicht glauben, dass er ein Haus verlassen wolle, das den Störchen schon seit seiner Erbauung als Heimat gedient hätte.

Jetzt fragte der Storch schnell, ob die Gänse den Zug der grauen Ratten nach Glimmingehaus gesehen hätten, und als Akka antwortete, ja, sie hätten die Teufelsbrut wohl gesehen, erzählte er ihr von den tapferen schwarzen Ratten, die seit vielen Jahren die Burg verteidigt hätten. »Aber in dieser Nacht wird Glimmingehaus unter die Herrschaft der grauen Ratten kommen«, sagte der Storch seufzend.

»Warum gerade in dieser Nacht, Herr Ermenrich?« fragte Akka.

»Weil beinahe alle schwarzen Ratten, im Vertrauen darauf, dass alle anderen Tiere auch dorthin eilen würden, gestern Abend zum Kullaberg aufgebrochen sind«, antwortete der Storch. »Aber sehen Sie, die grauen Ratten sind zu Haus geblieben, und jetzt versammeln sie sich, um in der Nacht in die Burg einzudringen, wenn diese nur von ein paar alten Schwächlingen verteidigt wird, die nicht mit zum Kullaberg reisen können. Sie werden bestimmt ihr Ziel erreichen; aber ich habe nun seit so vielen Jahren in friedlicher Nachbarschaft mit den schwarzen Ratten gelebt, dass mir die Vorstellung nicht gefällt, mit ihren Feinden Umgang zu pflegen.«

Jetzt verstand Akka, warum der Storch zu ihnen gekommen war; er war über die Handlungsweise der grauen Ratten so empört, dass er sich über sie beklagen wollte. Aber nach Art der Störche hätte er sicherlich nichts getan, um das Unglück abzuwenden.

»Haben Sie die schwarzen Ratten benachrichtigt, Herr Ermenrich?« fragte Akka.

»Nein«, antwortete der Storch, »das würde nichts nützen. Ehe sie zurück sein können, wird die Burg eingenommen sein.«

»Seien Sie sich dessen nicht so sicher, Herr Ermenrich«, sagte Akka. »Ich glaube, ich kenne da eine alte Wildgans, die eine solche Schandtat gern verhindern würde.«

Nachdem Akka dies gesagt hatte, hob der Storch den Kopf und sah sie mit großen Augen an. Und das war nicht verwunderlich, denn die alte Akka hatte weder Klauen noch Schnabel, die in einem Kampf zu gebrauchen waren. Außerdem war sie ein Tagvogel; sobald die Nacht kam, schlief sie unweigerlich ein, während die Ratten gerade bei Nacht kämpften.

Aber Akka schien fest entschlossen, den schwarzen Ratten beizustehen. Sie rief Yksi von Vassijaure herbei und befahl ihr, die Gänse zum Vombsee zu führen, und als die Gänse Einwände hervorbrachten, rief sie gebieterisch: »Ich glaube, es wird für uns alle das Beste sein, wenn ihr mir gehorcht. Ich muss zu dem großen Steinhaus fliegen, und wenn ihr mich begleitet, ist es nicht zu vermeiden, dass die Leute vom Hof uns sehen, und dann schießen sie auf uns. Der Einzige, den ich mitnehmen will, ist Däumling. Er kann sich als sehr nützlich erweisen, weil er gute Augen hat und bei Nacht problemlos wach bleibt.«

An diesem Tag war der Junge in seiner störrischsten Laune, und als er hörte, was die alte Akka sagte, richtete er sich in seiner ganzen Länge auf und trat, die Hände auf dem Rücken und die Nase in der Luft, vor, um zu erklären, dass er sich auf gar keinen Fall dazu herablassen werde, mit Ratten zu kämpfen, und sich Akka also nach einer anderen Hilfe umsehen müsse.

Aber in dem Augenblick, wo er sich zeigte, begann der Storch sich zu regen. Er hatte nach der Gewohnheit der Störche mit gesenktem Kopf dagestanden, den Schnabel gegen den Hals gedrückt. Jetzt begann es jedoch in seinem Hals zu gurgeln, als lachte er. Er senkte den Schnabel blitzschnell, erfasste den Jungen und warf ihn ein paar Meter hoch in die Luft hinauf. Dieses Kunststück wiederholte er siebenmal, während der Junge schrie und die Gänse riefen: »Was tun Sie denn da, Herr Ermenrich, das ist doch kein Frosch! Es ist ein Mensch, Herr Ermenrich!«

Endlich stellte der Storch den Jungen doch wieder ganz unbeschädigt auf die Erde. Dann sagte er zu Akka: »Ich fliege jetzt nach Glimmingehaus zurück, Mutter Akka. Alle, die dort wohnen, waren sehr ängstlich, als ich wegflog. Sie werden sicherlich sehr froh sein, wenn ich ihnen mitteile, dass die Wildgans Akka und Däumling, der Menschenknirps, kommen werden, um sie zu retten.«

Damit streckte der Storch den Hals vor, schlug mit den Flügeln und flog wie ein Pfeil von einem straff gespannten Bogen davon. Akka war klar, dass er sich über sie lustig machte, ließ sich das aber nicht anmerken. Sie wartete, während der Junge seine Holzschuhe suchte, die der Storch von ihm abgeschüttelt hatte, dann setzte sie ihn auf ihren Rücken und flog dem Storch nach. Und der Junge leistete seinerseits keinen Widerstand und sagte auch kein Wort, dass er nicht mitwolle. Er ärgerte sich grün und blau und stimmte ein spöttisches Gelächter an. Dieser eingebildete Geselle mit den langen, roten Beinen glaubte wohl von ihm, er sei zu nichts nütze. Aber er würde ihm schon zeigen, was Nils Holgersson für ein Kerl war.

Einige Augenblicke später stand Akka im Storchennest auf Glimmingehaus. Es war ein großes, prächtiges Nest. Als Unterlage hatte es ein Rad und darauf waren mehrere Lagen Zweige und Rasenstücke befestigt. Das Nest war so alt, dass Büsche und Kräuter da oben Wurzeln geschlagen hatten; und wenn die Storchenmutter in der runden Vertiefung mitten im Nest auf ihren Eiern saß, konnte sie sich nicht allein an der großartigen Aussicht über einen Teil von Schonen erfreuen, sondern auch an wilden Rosen und Hauslauch.

 Kapitel 4

Der Junge und Akka konnten gleich sehen, dass hier etwas Außergewöhnliches vor sich ging. Auf dem Rand des Storchennestes saßen nämlich zwei Nachteulen, eine alte, grau gestreifte Katze und ein Dutzend uralte Ratten mit ausgewachsenen Zähnen und triefenden Augen. Das waren nicht gerade die Tiere, die man sonst in friedlicher Gemeinschaft beisammen sitzen sieht.

Keines von ihnen wandte sich um, um Akka anzusehen oder zu begrüßen. Sie starrten nur unverwandt auf einige lange graue Linien, die da und dort auf den kahlen Winterfeldern zu sehen waren.

Alle schwarzen Ratten saßen ganz still da. Man sah ihnen an, dass sie zutiefst verzweifelt waren und genau wussten, dass sie weder ihr eigenes Leben noch die Burg verteidigen konnten. Die beiden Eulen rollten ihre großen Augen und zuckten dabei unaufhörlich mit den Federkränzen, die diese umgaben. Dabei erzählten sie mit schauerlich krächzenden Stimmen von der Grausamkeit der grauen Ratten und sagten, derentwegen müssten sie jetzt ihre Wohnung verlassen, denn sie hätten gehört, dass diese Tiere weder Eier noch unflügge Junge verschonten. Die alte gestreifte Katze war ganz sicher, dass die grauen Ratten sie totbeißen würden, wenn sie in so großer Zahl in die Burg eindrängen, und sie keifte unaufhörlich mit den schwarzen Ratten. »Wie konntet ihr auch so dumm sein und eure besten Krieger weggehen lassen?« sagte sie. »Wie konntet ihr den grauen Ratten trauen? Das ist unverzeihlich.«

Die zwölf Ratten erwiderten kein Wort; aber der Storch konnte es trotz seines Kummers nicht lassen, die Katze zu necken. »Hab keine Angst, Mausefängerin«, sagte er. »Siehst du nicht, dass Mutter Akka und Däumling gekommen sind, die Burg zu retten? Du kannst dich darauf verlassen, dass es ihnen gelingen wird. Jetzt muss ich mich zum Schlaf zurechtmachen, und ich tue es ganz beruhigt. Morgen, wenn ich erwache, wird keine einzige graue Ratte auf Glimmingehaus zu finden sein.«

Der Junge warf Akka einen Blick zu, der andeutete, wie gern er dem Storch eins auf den Rücken versetzt hätte, als dieser sich jetzt auf dem äußersten Rand des Nestes, das eine Bein in die Höhe gezogen, zum Schlafen aufstellte. Aber Akka sah gar nicht beleidigt aus, sie beschwichtigte den Jungen und sagte: »Es wäre sehr schlimm, wenn jemand, der so alt ist wie ich, sich nicht aus größeren Schwierigkeiten als dieser hier heraushelfen könnte. Wenn Sie, Herr und Frau Eule, da Sie sich die ganze Nacht wach halten können, ein paar Aufträge für mich erledigen wollen, dann wird, denke ich, alles noch gut werden.«

Die beiden Eulen waren gern bereit, die Aufträge auszuführen, und Akka befahl dem Eulenmann, die weggereisten schwarzen Ratten aufzusuchen und ihnen zu raten, so schnell wie möglich heimzukehren. Die Eulenfrau aber schickte sie zu der Turmeule Flammea, die in der Domkirche von Lund wohnte, und zwar mit einem so geheimnisvollen Auftrag, dass Akka ihn der Eulenfrau nur mit flüsternder Stimme anzuvertrauen wagte.

Es war gegen Mitternacht, als die grauen Ratten nach langer Suche endlich ein offen stehendes Kellerloch fanden. Es saß ziemlich hoch in der Mauer, aber die Ratten stellten sich aufeinander, immer eine auf die Schultern der vorhergehenden, und so dauerte es gar nicht lange, bis die mutigste von ihnen durch das Loch springen konnte, sofort bereit, in die Burg einzudringen, vor deren Mauern so viele ihrer Vorfahren gefallen waren.

Die graue Ratte saß eine Weile im Kellerloch und wartete darauf, angefallen zu werden. Das Hauptheer der Verteidiger war zwar abwesend, aber sie nahm an, dass die zurückgebliebenen schwarzen Ratten sich nicht ohne Kampf ergeben würden. Mit klopfendem Herzen horchte sie auf das kleinste Geräusch, aber alles blieb ganz still. Da fasste der Anführer der grauen Ratten sich ein Herz und sprang in den kalten, dunklen Keller hinein. Eine graue Ratte nach der anderen folgte dem Anführer. Alle verhielten sich sehr still und erwarteten jeden Moment, die schwarzen Ratten aus einem Hinterhalt hervorbrechen zu sehen. Erst als so viele in den Keller eingedrungen waren, dass keine mehr Platz auf dem Boden hatte, wagten sie sich weiter.

Obgleich sie noch nie in dem Gebäude selbst gewesen waren, fanden sie den Weg doch mühelos, und sie fanden auch sehr bald die Gänge in den Mauern, deren die schwarzen Ratten sich bedient hatten, um in die oberen Stockwerke zu gelangen. Ehe sie diese schmalen und engen Treppen hinaufkletterten, lauschten sie wieder sehr aufmerksam nach allen Seiten. Dass sich die schwarzen Ratten so gänzlich zurückhielten, war ihnen viel unheimlicher, als wenn sie sich einem offenen Kampf gestellt hätten. Sie konnten ihrem Glück kaum trauen, als sie das erste Stockwerk ohne Zwischenfall erreicht hatten.

Gleich beim Eintreten schlug ihnen der Duft des Korns entgegen, das in großen Haufen auf dem Boden lag. Aber es war für sie noch nicht an der Zeit, ihren Sieg zu genießen. Mit der größten Sorgfalt durchsuchten sie zuerst die düsteren, kahlen Gemächer. Sie sprangen in der alten Schlossküche auf den Herd, der mitten auf dem Boden stand, und wären im nächsten Raum beinahe in einen Brunnen gestürzt. Keine einzige der schmalen Lichtöffnungen ließen sie unbeachtet, aber nirgends stießen sie auf schwarze Ratten.

Als nun dieses Stockwerk ganz und gar in ihrer Gewalt war, nahmen sie sich mit derselben Vorsicht das zweite vor. Wieder mussten sie eine mühevolle, gefährliche Kletterpartie

Kapitel 4

durch die Mauern machen, während sie in atemloser Angst erwarteten, dass der Feind über sie herfalle. Und obwohl sie der herrlichste Duft von den Kornhaufen lockte, zwangen sie sich doch, die frühere Gesindestube mit ihren mächtigen Pfeilern sorgfältig zu untersuchen, den steinernen Tisch und den Herd, die tiefen Fensternischen und das Loch im Boden, durch das man in früheren Zeiten siedend heißes Pech auf den eindringenden Feind hinuntergegossen hatte.

Aber die schwarzen Ratten waren und blieben unsichtbar. Die grauen suchten nun den Weg zum dritten Stockwerk mit dem Festsaal des Schlossherrn, der ebenso kahl und leer war wie alle anderen Gemächer des alten Hauses, und sie drangen sogar bis hinauf ins oberste Stockwerk, das nur aus einem einzigen großen, öden Raum bestand. Der einzige Ort, an den sie nicht dachten und den sie nicht untersuchten, war das Storchennest auf dem Dach, wo gerade in diesem Augenblick die Eulenfrau Akka weckte und ihr mitteilte, dass die Turmeule Flammea ihrem Wunsch nachgekommen sei und ihr das Erbetene schicke.

Nachdem die grauen Ratten also gewissenhaft die ganze Burg durchsucht hatten, fühlten sie sich beruhigt. Sie nahmen an, dass die schwarzen Ratten davongezogen seien, ohne an Widerstand zu denken, und frohen Herzens hüpften sie auf die Kornhaufen hinauf. Aber kaum hatten sie die ersten Weizenkörner verzehrt, als da unten im Hof vor der Burg der weiche Ton einer kleinen scharfen Pfeife ertönte. Die Ratten hoben die Köpfe aus dem Korn, lauschten unbeweglich, sprangen ein paar Schritte vor, als wollten sie die Haufen verlassen, kehrten aber wieder um und begannen aufs Neue zu fressen.

Wieder erklang die Pfeife mit starkem, durchdringendem Ton. Und jetzt geschah etwas Merkwürdiges. Eine Ratte, zwei Ratten, ja ein ganzer Trupp ließen die Körner los, sprangen aus den Kornhaufen heraus und liefen auf dem kürzesten Weg, so schnell sie konnten, in den Keller hinunter, um aus dem Haus hinauszukommen. Es waren jedoch noch viele graue Ratten zurückgeblieben. Diese dachten an die Mühe, die es sie gekostet hatte, Glimmingehaus zu erobern, und sie wollten es nicht wieder verlassen. Aber die Pfeifentöne nötigten sie noch einmal, und da mussten sie ihnen folgen. In wilder Eile stürzten auch sie aus den Kornhaufen heraus, rannten durch die engen Löcher in den Mauern und purzelten in ihrem Eifer, hinunterzukommen, übereinander.

Mitten auf dem Hof stand ein kleiner Knirps, der auf einer Pfeife blies. Um sich herum hatte er schon einen ganzen Kreis von Ratten, die ihm entzückt und hingerissen zuhörten, und mit jedem Augenblick strömten neue herbei. Sobald er die Pfeife nur eine Sekunde lang verstummen ließ, sah es aus, als ob die Ratten Lust hätten, sich auf ihn zu werfen und ihn totzubeißen, aber sobald er spielte, waren sie unter seiner Macht.

Als der Knirps alle grauen Ratten aus Glimmingehaus herausgepfiffen hatte, begann er langsam zum Hof hinaus und auf die Landstraße zu wandern; und alle grauen Ratten folgten ihm, weil ihnen all die Pfeifentöne so süß in den Ohren klangen, dass sie nicht widerstehen konnten.

Der Knirps ging vor ihnen her und lockte sie mit sich auf den Weg nach Vallby. Unaufhörlich blies er auf seiner Pfeife, die aus einem Tierhorn gemacht zu sein schien, obgleich das Horn so klein war, dass es heutzutage kein Tier gibt, aus dessen Stirn es hätte gebrochen sein können. Es wusste auch niemand, wer die Pfeife angefertigt hatte. Aber die Turmeule Flammea hatte das Horn in einer Nische der Domkirche von Lund gefunden; sie hatte es dem Raben Bataki gezeigt, und diese beiden waren zu dem Schluss gekommen, dass dies eines von jenen Hörnern sein müsse, die in früheren Zeiten von den Menschen angefertigt worden waren, die sich Macht über Ratten und Mäuse verschaffen wollten. Der Rabe aber war Akkas Freund, und von ihm hatte sie erfahren, dass Flammea einen solchen wundervollen Schatz besaß.

Und es war in der Tat so, die Ratten konnten der Pfeife nicht widerstehen. Der Junge ging vor ihnen her und blies so lange, wie die Sterne am Himmel strahlten, und die ganze Zeit liefen die Ratten hinter ihm her. Er blies beim Morgengrauen, er blies beim Sonnenaufgang, und noch immer folgte ihm die ganze Rattenschar und wurde weiter und immer weiter von den großen Kornböden auf Glimmingehaus weggelockt.

Kapitel 5

Der große Kranichtanz auf dem Kullaberg

Es ist bekannt, dass in ganz Schonen, wo doch so viele prächtige Schlösser sich erheben, keines so schöne Mauern hat wie der alte Kullaberg.

Der Kullaberg ist niedrig und langgestreckt, er ist kein großes mächtiges Gebirge. Auf dem breiten Bergrücken liegen Wälder und Felder, und da und dort eine mit Heidekraut bewachsene Fläche. Es ist da oben weder besonders schön noch besonders interessant, es sieht genauso aus wie auf jeder anderen hoch gelegenen Gegend in Schonen.

Wenn einer aber vom Weg abweicht und an den Rand des Berges tritt und über den schroffen Abhang hinabschaut, entdeckt er auf einmal so viel Sehenswertes, dass er kaum weiß, wie er alles auf einmal betrachten soll.

Denn der Kullaberg steht nicht wie andere Gebirge auf dem Festland mit Ebenen und Tälern ringsherum, sondern er hat sich so weit ins Meer hineingestürzt, wie er konnte. Nicht das kleinste Stückchen Land liegt unten am Berg, das ihn gegen die Meereswogen schützt; diese können ganz dicht bis an die Felsenwände heran, können sie auswaschen und nach Belieben formen. Da sind schroffe, tief in die Bergseiten hineingeschnittene Schluchten und schwarze hervorspringende Felsen, die unter den beständigen Peitschen-

schlägen des Windes blank gescheuert sind. Da sind einzeln stehende Felsensäulen, die senkrecht aus dem Wasser aufragen, und dunkle Grotten mit engen Zugängen. Da gibt es in den Felsen eingemeißelte Riesenkessel und gewaltige Spalten, die den Wanderer verlocken, sich in die Tiefe des Gebirges bis zur Höhle des Kullamanns hineinzuwagen.

Und an allen diesen Schluchten und Felsen, oben darauf und an allen Seiten, wachsen und klettern Pflanzen und Zweige und Ranken empor. Bäume wachsen auch da, aber die Macht des Windes ist so groß, dass auch die Bäume sich in rankenartige Gewächse verwandeln müssen, damit sie sich an den Abhängen halten können.

Die eindrucksvollen Bergwände mit dem weiten blauen Meer davor und der schimmernden scharfen Luft darüber, das alles zusammen gefällt den Menschen am Kullagebirge so gut, dass den ganzen Sommer hindurch große Scharen von ihnen jeden Tag hinaufziehen. Schwerer wäre zu sagen, wodurch es für die Tiere so anziehend wird, dass sie sich jedes Jahr zu einer großen Spielversammlung da vereinigen. Aber dies ist eine Sitte, die seit Urzeiten beibehalten wird, und man hätte wohl damals dabei sein müssen, als die erste Meereswoge am Kullaberg zu Schaum zerschellte, um erklären zu können, warum gerade er vor allen anderen zum Versammlungsort gewählt wurde.

Wenn die Zusammenkunft stattfinden soll, machen die Edelhirsche, die Rehe, die Hasen, die Füchse und die übrigen wilden Vierbeiner die Reise zum Kullagebirge schon in der Nacht zuvor, um nicht von den Menschen gesehen zu werden. Kurz vor Sonnenaufgang ziehen sie alle zum Spielplatz, einer mit Heidekraut bewachsenen Ebene abseits vom Weg, nicht besonders weit von dem höchsten Gipfel des Gebirges entfernt.

Der Spielplatz ist zu allen Seiten von runden Felskuppen umgeben, die die Tiere vor jedem verbergen, der nicht gerade zufällig an diesen Platz gerät. Und im März ist es nicht sehr wahrscheinlich, dass sich irgendein Wanderer dorthin verirrt.

Wenn die Reisenden auf dem Spielplatz angekommen sind, lassen sie sich auf den runden Felsenkuppen nieder. Jede Tierart bleibt für sich, obgleich selbstverständlich an einem solchen Tag allgemeiner Burgfriede herrscht und kein Tier Angst zu haben braucht, von einem anderen überfallen zu werden. An diesem Tag könnte ein junges Häschen über den Hügel der Füchse spazieren, ohne auch nur einen seiner langen Löffel einzubüßen. Aber dennoch stellen sich die Tiere getrennt voneinander auf, das ist alte Sitte.

Wenn alle ihre Plätze eingenommen haben, sehen sie sich nach den Vögeln um. An diesem Tag ist immer schönes Wetter. Die Kraniche sind gute Wetterpropheten, sie würden die Tiere nicht zusammenrufen, wenn Regen zu erwarten wäre. Obgleich aber die Luft klar ist und nichts die Aussicht hemmt, sehen die Vierbeiner doch weit und breit keine Vögel. Das ist merkwürdig, denn die Sonne steht bereits hoch am Himmel und die Vögel müssten doch schon lange unterwegs sein.

Was den Tieren auf dem Kullaberg dagegen auffällt, ist die eine oder andere kleine dunkle Wolke, die langsam über dem ebenen Land hinzieht. Und siehe da, eine dieser Wolken steuert jetzt plötzlich auf das Ufer des Öresund und auf den Kullaberg zu. Als die Wolke mitten über dem Spielplatz ist, hält sie an, und gleichzeitig beginnt die ganze Wolke zu zwitschern und zu klingen, als bestünde sie aus nichts als Tönen. Sie hebt und senkt sich, aber die ganze Zeit über singt und klingt sie. Plötzlich fällt die ganze Wolke auf einen Hügel herab, die ganze Wolke auf einmal, und im nächsten Augenblick ist der Hügel vollständig von grauen Lerchen bedeckt, schönen rot-grau-weißen Buchfinken, gesprenkelten Staren und graugrünen Meisen.

Gleich darauf zieht eine noch größere Wolke über die Ebene hin. Als sie über dem Spielplatz anhält, verdeckt sie die Sonne, und es muss eine gute Weile Sperlinge auf einen der Hügel regnen, bis die, die ganz innen in der Wolke geflogen waren, wieder einen Schimmer vom Tageslicht wahrnehmen können.

Aber jetzt taucht doch die größte von allen diesen Vogelwolken auf. Sie ist aus Scharen gebildet, die von allen Seiten herbeigeflogen kamen und sich miteinander vereinigt haben. Sie hat eine tief graublaue Färbung, und kein Sonnenstrahl dringt durch sie hindurch. Düster und Schrecken einjagend wie eine Gewitterwolke zieht sie daher, erfüllt von unheimlichstem Spuk, von grässlichem, schreiendem, verächtlichem Gelächter und Unglück prophezeiendem Gekrächze. Die Tiere auf dem Spielplatz sind froh, als sie sich endlich in einen Regen flügelschlagender, krächzender Vögel auflöst: Dohlen, Raben und das übrige Krähenvolk.

Daraufhin erscheinen am Himmel nicht nur Wolken, sondern eine Menge anderer Striche und Zeichen. Dann zeigen sich im Osten und Nordosten gerade punktierte Linien. Das sind die Waldvögel, die Birk- und Auerhühner, die in langen Reihen, mit einem Abstand von ein paar Metern zwischen den einzelnen Vögeln daherfliegen. Und die Sumpfvögel kommen jetzt in allerlei sonderbaren Flugordnungen gezogen: in Winkeln oder langen Schnörkeln, in schiefen Haken oder in Halbkreisen.

Bei der großen Versammlung, die in dem Jahr stattfand, in dem Nils Holgersson mit den Wildgänsen umherzog, kam Akka mit ihrer Schar später als alle anderen, und das war nicht verwunderlich, denn Akka hatte, um den Kullaberg zu erreichen, über ganz Schonen hinfliegen müssen. Außerdem hatte sie sich, als sie erwachte, zuerst nach Däumling umgesehen, der ja viele Stunden lang gegangen war, den grauen Ratten auf der Pfeife vorge-

spielt und sie damit weit weg von Glimmingehaus gelockt hatte. Das Eulenmännchen war mit der Botschaft zurückgekehrt, dass die schwarzen Ratten gleich nach Sonnenuntergang zu Hause eintreffen würden, also war keine Gefahr mehr, wenn man die Pfeife der Turmeule verstummen ließ und den grauen Ratten erlaubte, zu gehen, wohin sie wollten.

Aber nicht Akka war es, die den Jungen entdeckte, wie er mit seinem langen Gefolge dahinzog, und die sich ganz schnell auf ihn herabsenkte, ihn mit dem Schnabel erfasste und mit ihm in die Luft hinaufstieg, sondern Herr Ermenrich war es, der Storch. Denn auch Herr Ermenrich hatte sich aufgemacht, ihn zu suchen, und nachdem er ihn ins Storchennest hinaufgebracht hatte, bat er ihn um Verzeihung, dass er ihn am vorhergehenden Abend so unhöflich behandelt hatte.

Der Junge freute sich sehr darüber, und er und der Storch wurden recht gute Freunde. Akka war auch sehr freundlich zu ihm und rieb ihren alten Kopf mehrere Male an seinem Arm. Aber am vergnügtesten wurde der Junge doch, als Akka den Storch fragte, ob er es für ratsam halte, dass sie Däumling mit auf den Kullaberg nähmen. »Ich glaube, wir können uns auf ihn ebenso gut verlassen wie auf uns selbst«, sagte sie. »Er wird uns den Menschen sicher nicht verraten.«

Der Storch riet sogleich sehr eifrig, Däumling mitzunehmen. »Auf jeden Fall müssen Sie Däumling mit zum Kullaberg nehmen, Mutter Akka«, sagte er. »Es ist ein Glück für uns, dass wir ihn für alles, was er heute Nacht unseretwegen ausgestanden hat, belohnen können. Und da mir mein gestriges unpassendes Benehmen noch immer sehr leidtut, werde ich selbst ihn auf meinem Rücken zum Versammlungsort tragen.«

Es gibt nicht viel, was besser schmeckt, als von jenen gelobt zu werden, die selbst klug und tüchtig sind, und der Junge hatte sich noch nie so glücklich gefühlt wie jetzt, wo die Wildgans und der Storch auf diese Weise von ihm sprachen.

Der Junge machte also die Reise zum Kullaberg auf dem Rücken des Storchs und obgleich er das für eine große Ehre hielt, verursachte es ihm doch viel Angst, denn Herr Ermenrich war ein Meister im Fliegen und flog mit ganz anderer Eile davon als die Wildgänse. Der Junge hatte so etwas noch nie erlebt, und obgleich er ständig von Angst erfüllt war, musste er im Stillen doch anerkennen, dass er früher nicht gewusst hatte, was Fliegen eigentlich bedeutet.

Nur ein einziges Mal wurde während der Reise angehalten, nämlich als Akka sich mit ihren Reisegefährten am Vombsee vereinigte und ihnen zurief, dass die grauen Ratten besiegt worden seien. Dann flogen alle miteinander geradewegs zum Kullaberg.

Hier ließen sie sich oben auf dem Hügel nieder, der den Wildgänsen vorbehalten war;

und als der Junge jetzt die Blicke von Hügel zu Hügel wandern ließ, sah er, dass auf dem einen das vielzackige Geweih der Edelhirsche und auf einem anderen die Nackenbüsche der grauen Habichte aufragten. Ein Hügel war rot von Füchsen, ein anderer schwarz und weiß von Seevögeln, einer grau von Ratten. Einer war mit schwarzen Raben besetzt, die unaufhörlich schrien, einer mit Lerchen, die nicht imstande waren, sich ruhig zu verhalten, sondern immer wieder in die Luft hinaufstiegen und vor Freude jubilierten.

Wie es von jeher Sitte auf dem Kullaberg ist, begannen die Krähen die Spiele und Vorstellungen des Tages mit einem Flugtanz. Sie teilten sich in zwei Scharen, die aufeinander zuflogen, sich trafen, dann wendeten und aufs Neue begannen. Dieser Tanz hatte viele Runden und kam den Zuschauern, wenn sie die Tanzregeln nicht kannten, etwas zu einförmig vor. Die Krähen waren sehr stolz auf ihren Tanz, aber alle anderen Tiere waren froh, als er zu Ende war. Er kam ihnen ebenso düster und sinnlos vor wie das Spiel des Wintersturms mit den Schneeflocken. Sie wurden schon vom Zusehen ganz niedergeschlagen und warteten eifrig auf etwas, das sie ein bisschen froh stimmen würde.

Sie brauchten auch nicht vergeblich zu warten, denn sobald die Krähen fertig waren, kamen die Hasen dahergesprungen. In einer langen Reihe, ohne besondere Ordnung strömten sie herbei. Hier und da kam einer ganz allein, dann wieder drei oder vier in einer Reihe. Alle hatten sich auf die Hinterläufe aufgerichtet, und sie stürmten so schnell vorwärts, dass ihre langen Ohren nach allen Seiten schwangen. Während des Springens drehten sie sich im Kreis herum, machten hohe Sätze und schlugen sich mit den Vorderpfoten gegen die Rippen, dass es knallte. Einige schlugen viele Purzelbäume hintereinander, andere kugelten sich zusammen und rollten wie Räder vorwärts, einer stand auf einem Lauf und schwang sich im Kreis, ein anderer ging auf den Vorderpfoten. Es war überhaupt keine Ordnung da, aber es war viel Aufregung bei diesem Spiel der Hasen, und die vielen Tiere, die zusahen, begannen schneller zu atmen. Jetzt war es Frühling. Lust und Freude waren im Anmarsch. Der Winter war vorüber, der Sommer stand vor der Tür. Bald war das Leben nur noch ein Spiel!

Als die Hasen sich ausgetobt hatten, war die Reihe des Auftretens an den großen Vögeln des Waldes. Hunderte von Auerhähnen in glänzend schwarzem Staat und mit hellroten Augenbrauen warfen sich auf eine große Eiche, die mitten auf dem Spielplatz stand. Der Auerhahn, der auf dem obersten Zweig saß, plusterte die Federn auf, ließ die Flügel hängen und streckte den Schwanz in die Höhe, sodass die weißen Deckfedern sichtbar wurden. Dann streckte er den Hals vor und stieß ein paar Töne aus dem verdickten Hals heraus. »Tjäck, tjäck, tjäck!« klang es. Mehr konnte er nicht herausbringen, es gluckste nur meh-

Kapitel 5

rere Male tief unten in seiner Kehle. Dann schloss er die Augen und flüsterte: »Sis, sis, sis – hört, wie schön! Sis, sis, sis!« Und zugleich verfiel er in solche Verzückung, dass er nicht mehr wusste, was um ihn herum geschah.

Währenddessen fingen die drei, die am nächsten unter ihm saßen, zu balzen an, und ehe sie die ganze Weise durchgebalzt hatten, begannen die zehn, die etwas weiter unten saßen; und so ging es von Zweig zu Zweig, bis all die Hunderte von Auerhähnen balzten und glucksten. Sie fielen alle in dieselbe Verzückung während ihres Gesanges, und gerade das wirkte auf die anderen Tiere wie ein ansteckender Rausch. Das Blut war ihnen eben noch lustig und leicht durch die Adern geflossen, jetzt begann es schwer und heiß zu wallen. ›Ja, es ist sicherlich Frühling‹, dachten die vielen Tiervölker. ›Die Winterkälte ist verschwunden, das Feuer des Frühlings ist auf der Erde angezündet.‹

Als die Birkhühner merkten, dass die Auerhähne so großen Erfolg hatten, konnten sie sich nicht mehr still verhalten. Da kein Baum da war, wo sie Platz gehabt hätten, stürmten sie auf den Spielplatz hinunter, wo das Heidekraut so hoch stand, dass nur ihre schön geschwungenen Schwanzfedern und ihre dicken Schnäbel hervorsahen, und begannen zu singen: »Orr, orr, orr!«

Gerade als die Birkhühner mit den Auerhähnen zu wetteifern begannen, geschah etwas Unerhörtes. Während alle Tiere an nichts anderes dachten als an das Spiel der Auerhähne, schlich sich ein Fuchs ganz leise an den Hügel der Wildgänse heran. Er ging sehr vorsichtig und kam weit auf den Hügel hinauf, bevor ihn jemand bemerkte. Plötzlich entdeckte ihn jedoch eine Gans, und da sie sich nicht denken konnte, dass sich der Fuchs in guter Absicht zwischen die Gänse hineingeschlichen hatte, rief sie schnell: »Wildgänse, nehmt euch in acht! Nehmt euch in acht!« Der Fuchs packte sie am Hals, vielleicht hauptsächlich, um sie zum Schweigen zu bringen, aber die Wildgänse hatten den Ruf schon vernommen und hoben sich in die Luft empor. Und als sie aufgeflogen waren, sahen alle Tiere den Fuchs Smirre mit einer toten Gans im Maul auf dem Hügel der wilden Gänse stehen.

Aber weil er damit den Frieden des Spieltages gebrochen hatte, wurde eine schwere Strafe über Smirre verhängt, sodass er sein ganzes Leben lang bereuen musste, dass er seine Rachgier nicht hatte unterdrücken können, sondern versucht hatte, sich auf diese Weise Akka und ihrer Schar zu nähern. Schnell wurde er von einer Schar Füchse umringt und alter Sitte gemäß verurteilt. Der Urteilsspruch aber lautete: »Wer immer den Frieden des großen Spieltages bricht, wird des Landes verwiesen.« Kein Fuchs wollte das Urteil mildern, denn sie wussten alle, sobald sie etwas Derartiges versuchten, würden sie in demselben Augenblick vom Spielplatz verjagt werden, und es wäre ihnen nicht erlaubt, ihn je wieder zu betreten. Also wurde Smirre das Verbannungsurteil ohne Widerspruch verkündet. Es wurde ihm verboten, in Schonen zu bleiben. Er wurde von seiner Frau und von seinen Verwandten getrennt, von Jagdrevier, Wohnung und von den Schlupfwinkeln, die sein Eigen gewesen waren, und musste sein Glück in der Fremde versuchen. Und damit alle Füchse in Schonen wissen sollten, dass Smirre in dieser Landschaft vogelfrei war, biss ihm der älteste von den Füchsen die Spitze seines rechten Ohrs ab. Sobald dies getan war, begannen die jungen Füchse blutdurstig zu heulen und sich auf Smirre zu werfen. Es blieb ihm nichts anderes übrig, als die Flucht zu ergreifen, und mit allen jungen Füchsen an den Fersen rannte er vom Kullaberg fort.

Alles das geschah, während die Birkhühner und die Auerhähne miteinander wetteiferten. Aber diese Vögel vertiefen sich so sehr in ihren Gesang, dass sie weder hören noch sehen, und sie hätten sich auch gar nicht stören lassen.

Kaum war der Wettstreit der Waldvögel beendet, als die Edelhirsche vortraten, um ihr Kampfspiel zu zeigen. Mehrere Paare Edelhirsche kämpften gleichzeitig. Sie stürzten mit großer Kraft aufeinander los, schlugen donnernd mit den Geweihen zusammen, sodass sich deren Stangen ineinanderflochten, und einer versuchte den anderen zurückzudrängen. Heidekrautbüschel flogen unter ihren Hufen auf, der Atem stand ihnen wie Rauch vor dem Maul, aus ihrer Kehle drang unheimliches Gebrüll, und der Schaum floss ihnen am Bug hinunter.

Ringsum auf den Hügeln herrschte atemlose Stille, während die streitkundigen Hirsche gegeneinander kämpften, und bei allen Tieren regten sich neue Gefühle. Jedes einzelne fühlte sich mutig und stark, voll wiederkehrender Kraft, vom Frühling neu geboren, zu jeder Art Abenteuer bereit. Sie fühlten keinen Zorn gegeneinander, doch überall hoben sich Flügel, sträubten sich Nackenfedern und wurden Krallen gewetzt. Wenn die Hirsche noch einen Augenblick weitergekämpft hätten, wäre auf allen Hügeln ein wilder Kampf entbrannt, weil bei allen Tieren ein brennender Eifer um sich gegriffen hatte, zu zeigen, dass auch sie voller Leben waren, dass die Ohnmacht des Winters vorüber war, dass Kraft in ihren Adern pulsierte.

Aber die Edelhirsche beendeten ihren Kampf gerade im rechten Augenblick, und schnell ging ein Flüstern von Hügel zu Hügel: »Jetzt kommen die Kraniche!«

Und da kamen die grauen wie in Dämmerung gekleideten Vögel, mit langen Federbüschen in den Flügeln und rotem Federschmuck im Nacken. Die Vögel mit ihren langen Beinen, ihren schlanken Hälsen und ihren kleinen Köpfen glitten in geheimnisvoller Verwirrung von ihrem Hügel herab. Während sie vorwärts glitten, drehten sie sich halb

fliegend, halb tanzend im Kreis herum. Die Flügel anmutig erhoben, bewegten sie sich mit unfassbarer Schnelligkeit. Es war, als spielten graue Schatten ein Spiel, dem das Auge kaum folgen konnte. Es war, als hätten sie es von den Nebeln gelernt, die über die einsamen Moore hinschweben. Ein Zauber lag darin; alle, die noch nie auf dem Kullaberg gewesen waren, begriffen nun, warum die ganze Versammlung ihren Namen von dem Kranichtanz hat. Es lag eine gewisse Wildheit darin, aber das Gefühl, das diese erweckte, war eine zarte Sehnsucht. Niemand dachte mehr daran, zu kämpfen. Dagegen fühlten jetzt alle, die Beflügelten und die Flügellosen, einen Drang in sich, ungeheuer hoch hinaufzusteigen, ja bis über die Wolken hinauf, um zu sehen, was sich darüber befinde, einen Drang, den schweren Körper zu verlassen, der sie auf die Erde hinabzog, und zu dem Überirdischen hinaufzuschweben.

Eine solche Sehnsucht nach dem Unerreichbaren, nach dem hinter dem Leben Verborgenen fühlten die Tiere nur einmal im Jahr, und zwar an dem Tag, an dem sie den großen Kranichtanz sahen.

Kapitel 6

Im Regenwetter

Nun kam der erste Regentag während der Reise. Solange sich die Wildgänse in der Nähe des Vombsees aufgehalten hatten, war schönes Wetter gewesen; doch an dem Tag, als sie ihre Reise nach Norden fortsetzten, begann es zu regnen, und der Junge saß stundenlang tropfnass und vor Kälte zitternd auf dem Rücken des Gänserichs.

Am Morgen, als sie fortzogen, war es hell und warm gewesen. Die Wildgänse hatten sich hoch in die Luft erhoben und flogen nun gleichmäßig dahin, Akka an der Spitze und die übrigen in zwei scharfen Linien hinter ihr. Sie hatten sich keine Zeit genommen, den Tieren auf den Feldern kleine Bosheiten zuzurufen, aber da sie nicht imstande waren, sich ganz still zu verhalten, ließen sie unaufhörlich im Takt mit ihren Flügelschlägen ihren gewohnten Lockruf ertönen: »Wo bist du? Hier bin ich! Wo bist du? Hier bin ich!«

Alle beteiligten sich an diesem einförmigen Rufen, das sie nur ab und zu unterbrachen, um dem zahmen Gänserich die Wegweiser zu zeigen, nach denen sie sich richteten.

Es war eine einförmige Reise gewesen, und als die Regenwolken allmählich auftauchten, dachte der Junge, das sei doch einmal eine Abwechslung. Früher, als er die Regenwolken nur von unten gesehen hatte, waren sie ihm immer grau und langweilig vorgekommen, aber hoch oben zwischen ihnen zu sein, das war etwas ganz anderes. Der Junge sah deutlich, dass die Wolken ungeheure Lastwagen waren, die berghoch beladen am Himmel hinfuhren; die einen waren mit riesigen grauen Säcken bepackt, andere mit Tonnen, die so

groß waren, dass sie einen ganzen See fassen konnten, wieder andere furchtbar hoch mit großen Kesseln und Flaschen. Und als so viele aufgefahren waren, dass sie den ganzen Himmelsraum füllten, war es, als habe ihnen jemand ein Zeichen gegeben, denn sie begannen alle auf einmal aus Kesseln, Tonnen, Flaschen und Säcken Wasser auf die Erde hinunterzugießen.

In dem Augenblick, als die ersten Frühlingsgüsse auf die Erde prasselten, stießen die kleinen Vögel in den Gehölzen und auf den Wiesen solche Freudenrufe aus, dass die ganze Luft davon widerhallte und der Junge auf seinem Gänserücken erschreckt zusammenfuhr. »Jetzt bekommen wir Regen, der Regen bringt uns den Frühling, der Frühling gibt uns Blumen und grünes Laub, und die Blumen geben uns Raupen und Insekten, und Raupen und Insekten geben uns Nahrung! Viele und gute Nahrung ist das Beste, was es gibt!« sangen die Vögelein.

Auch die Wildgänse freuten sich über den Frühlingsregen, der die Pflanzen aus ihrem Winterschlaf weckte und die Eisdecke auf den Seen zerbrach. Es war ihnen nicht möglich, noch länger so ernst zu bleiben wie bisher, und sie fingen an, lustige Rufe auf die Landschaft unter ihnen hinabzuschicken.

Als sie über die großen Kartoffelfelder, die bei Kristianstadt besonders gut sind und die jetzt noch schwarz und kahl dalagen, flogen, riefen sie: »Wacht jetzt auf und macht euch nützlich! Der Frühling ist da, der euch weckt! Nun habt ihr lange genug gefaulenzt!«

Wenn sie Menschen sahen, die sich beeilten, ins Trockene zu kommen, ermahnten sie sie und sagten: »Warum habt ihr es denn so eilig? Seht ihr nicht, dass es Brot und Kuchen regnet? Brot und Kuchen!«

Eine große, dicke Wolke bewegte sich rasch in nördlicher Richtung vorwärts und schien den Gänsen zu folgen. Sie glaubten offenbar, dass sie die Wolke mit sich zögen, denn als sie jetzt gerade große Gärten unter sich sahen, riefen sie ganz stolz: »Hier kommen wir mit Anemonen! Wir kommen mit Rosen, mit Apfelblüten und Kirschknospen! Wir kommen mit Erbsen und Bohnen, mit Weizen und Roggen! Wer Lust hat, greife zu! Wer Lust hat, greife zu!«

So hatte es geklungen, während die ersten Regenschauer fielen, als sich noch alle über den Regen freuten. Als es aber den ganzen Nachmittag weiterregnete, wurden die Gänse ungeduldig und riefen den durstigen Wäldern rings um den Ivösee zu: »Habt ihr nicht bald genug? Habt ihr nicht bald genug?«

Der Himmel überzog sich immer mehr mit einem gleichmäßigen Grau, und die Sonne verbarg sich so gut, dass niemand wusste, wo sie steckte. Der Regen fiel dichter, er klatschte schwer auf die Gänseflügel und drang durch die eingeölten Außenfedern bis auf die Haut durch. Die Erde dampfte, Seen, Gebirge und Wälder flossen zu einem undeutlichen Wirrwarr zusammen, und die Wegweiser waren nicht mehr zu erkennen. Die Fahrt ging immer langsamer, die lustigen Zurufe verstummten, und der Junge fühlte die Kälte immer mehr.

Aber dennoch hielt er den Mut aufrecht, solange er durch die Luft ritt. Auch am Abend, als sie sich unter einer kleinen Kiefer niedergelassen hatten, mitten auf einem großen Moor, wo alles nass und kalt war, wo die einen Erdhaufen mit Schnee bedeckt waren und die anderen kahl aus einem Tümpel halb geschmolzenen Eiswassers aufragten, war er noch nicht mutlos gewesen, sondern war fröhlich umhergelaufen und hatte sich Krähenbeeren und gefrorene Preiselbeeren gesucht. Aber dann wurde es Abend, und die Dunkelheit senkte sich so tief herab, dass nicht einmal solche Augen, wie der Junge jetzt hatte, hindurchdringen konnten, und das weite Land sah merkwürdig unheimlich und schreckenerregend aus. Unter dem Flügel des Gänserichs lag der Junge zwar behaglich eingebettet, aber Kälte und Feuchtigkeit hinderten ihn am Einschlafen. Auch hörte er so viel Gerassel und Geprassel und drohende Stimmen ringsumher, dass ihn furchtbares Entsetzen ergriff und er nicht wusste, wohin er sich wenden sollte. Wenn er sich nicht zu Tode ängstigen sollte, dann musste er fort, dahin, wo es ein wärmendes Feuer und Licht gab.

›Wie wär's, wenn ich mich nur diese eine Nacht zu den Menschen hineinwagte?‹ dachte er. ›Nur so, dass ich ein Weilchen an einem Feuer sitzen dürfte und einen Mundvoll zu essen bekäme. Vor Sonnenaufgang könnte ich ja zu den Gänsen zurückkehren.‹

Er kroch sachte unter dem Flügel hervor und glitt auf den Boden hinunter. Weder der Gänserich noch eine der anderen Gänse erwachte, und leise und unbemerkt schlich er über das Moor davon.

Er wusste nicht recht, in welchem Teil des Landes er sich befand, ob in Schonen, in Småland oder in Blekinge. Aber kurz bevor sich die Gänse auf dem Moor niedergelassen hatten, hatte er den Lichtschein von einer großen Stadt gesehen, und dorthin lenkte er jetzt seine Schritte. Es dauerte auch nicht lange, bis er einen Weg fand, und bald war er auf der langen, mit Bäumen eingefassten Landstraße, wo auf jeder Seite Hof an Hof lag.

Der Junge war in eines der großen Kirchspiele geraten, die weiter oben im Land sehr verbreitet sind, die es aber unten in der Ebene gar nicht gibt.

Die Wohnhäuser waren aus Holz und sehr hübsch gebaut. Die meisten hatten mit geschnitzten Leisten verzierte Giebel, und die Glasveranden waren zum Teil mit bunten Scheiben versehen. Die Wände waren mit heller Ölfarbe angestrichen, die Türen und Fensterrahmen leuchteten blau und grün, hin und wieder auch rot. Während der Junge dahin-

 Kapitel 6

wanderte und die Häuser betrachtete, hörte er sogar, wie die Leute in den warmen Stuben plauderten und lachten. Die Worte konnte er nicht verstehen, aber es kam ihm sehr schön vor, menschliche Stimmen zu hören. ›Was würden sie wohl sagen, wenn ich anklopfte und um Einlass bäte?‹ dachte er.

Das war es ja, was er im Sinn gehabt hatte; aber beim Anblick der erleuchteten Fenster war seine Angst vor der Dunkelheit verschwunden. Dagegen fühlte er jene Scheu, die ihn immer in der Nähe der Menschen überkam. ›Ich werde mich eine Weile in dem Dorf umsehen‹, dachte er, ›ehe ich jemanden um Essen und ein Dach über dem Kopf bitte.‹

An einem Haus war ein Balkon. Und gerade als der Junge vorüberging, wurden die Balkontüren aufgemacht, und durch feine, lichte Vorhänge strömte ein gelber Lichtschein heraus. Dann trat eine schöne junge Frau heraus und beugte sich über das Geländer. »Es regnet, jetzt wird es bald Frühling«, sagte sie. Als der Junge sie sah, überkam ihn zum ersten Mal ein merkwürdiges Angstgefühl. Es war ihm, als müsse er weinen. Zum ersten Mal ergriff ihn eine gewisse Unruhe darüber, dass er sich selbst von den Menschen ausgeschlossen hatte.

Kurz danach kam er an einem Kaufladen vorüber. Vor dem Haus stand eine rote Sämaschine. Er blieb stehen und sah sie an und kroch schließlich auf den Bock hinauf. Als er oben saß, schnalzte er mit der Zunge und tat, als fahre er. Er dachte, welches Glück das wäre, wenn er eine so schöne Maschine über einen Acker fahren dürfte.

Einen Augenblick lang hatte er ganz vergessen, wie er jetzt aussah, aber gleich erinnerte er sich wieder daran und sprang eilig von der Maschine herunter. Eine immer größere Unruhe bemächtigte sich seiner. Ja, wer beständig unter Tieren leben musste, der kam am Ende doch in vielem zu kurz. Die Menschen waren wirklich recht erstaunliche und tüchtige Geschöpfe.

Er schlenderte nachdenklich an der Post vorbei und dachte da an all die Zeitungen, die jeden Tag mit Neuigkeiten von allen vier Enden der Welt kommen. Er sah die kleine Apotheke und die Doktorwohnung, und da musste er denken, welche große Macht die Menschen doch hatten, dass sie in der Lage waren, Krankheit und Tod zu bekämpfen. Als Nächstes kam er zur Kirche und dachte an die Menschen, die sie erbaut hatten, um in ihr von einer anderen Welt zu hören, einer Welt außerhalb der, in der sie lebten, sowie von Gott und Auferstehung und einem ewigen Leben. Und je weiter er kam, desto besser gefielen ihm die Menschen.

Kinder können eben niemals weiter sehen, als ihre Nase lang ist. Was direkt vor ihnen liegt, danach strecken sie die Hand aus, ohne sich darum zu kümmern, was es sie kosten könnte. Nils Holgersson hatte sich nicht klargemacht, welchen Verlust es bedeutete, als er sich gewünscht hatte, ein Wichtelmännchen zu bleiben; jetzt aber ergriff ihn eine furchtbare Angst, dass er am Ende nie wieder seine rechte Gestalt erlangen könnte. Aber wie in aller Welt müsste er es anstellen, um wieder ein Mensch zu werden? Das hätte er schrecklich gern gewusst.

Er kroch auf eine Haustreppe hinauf und setzte sich da mitten in den strömenden Regen, um zu überlegen. Er saß eine Stunde da, zwei Stunden, und sann und grübelte mit tiefgefurchter Stirn. Aber er wurde nicht klüger; es war, als würden sich seine Gedanken in seinem Kopf im Kreis drehen. Und je länger er dasaß, desto unmöglicher erschien es ihm, irgendeine Lösung zu finden.

›Dies ist sicherlich viel zu schwer für einen, der so wenig gelernt hat wie ich‹, dachte er schließlich. ›Ich werde auf jeden Fall zu den Menschen zurückkehren müssen. Dann muss ich den Pfarrer und den Doktor und den Lehrer fragen und auch noch andere, die gelehrt sind und in solchen Fällen Hilfe wissen.‹

Ja, er beschloss, dies sogleich zu tun; er stand auf und schüttelte sich, denn er war so nass wie ein Hund, der in einem Wassertümpel gewesen ist.

In diesem Augenblick sah er, dass eine große Eule daherflog und sich auf einem der Bäume an der Straße niederließ. Gleich darauf begann eine Waldeule, die unter der Dachleiste saß, sich zu bewegen und zu rufen: »Kiwitt, kiwitt, bist du wieder da, Sumpfeule? Wie ist es dir im Ausland ergangen?«

»Danke der Nachfrage, Waldeule, es ist mir gut ergangen«, sagte die Sumpfeule. »Ist während meiner Abwesenheit irgendetwas Besonderes passiert?«

»Nicht hier in Blekinge, Sumpfeule, aber in Schonen ist ein Junge in ein Wichtelmännchen verwandelt und so klein gemacht worden wie ein Eichhörnchen, und dann ist der Junge mit einer zahmen Gans nach Lappland gereist.«

»Das ist ja eine ganz sonderbare Neuigkeit, eine ganz sonderbare Neuigkeit! Kann er denn jetzt nie wieder ein Mensch werden, Waldeule? Sag, kann er jetzt niemals wieder ein Mensch werden?«

»Das ist ein Geheimnis, Sumpfeule, aber du sollst es dennoch wissen. Das Wichtelmännchen hat gesagt, wenn der Junge die zahme Gans bewacht, sodass sie unbeschädigt wieder heimkommen und …«

»Und was noch, Waldeule, was noch?«

»Komm her und flieg mit mir auf den Kirchturm hinauf, dann sollst du alles erfahren. Ich habe nämlich Angst, es könnte uns hier auf der Straße jemand zuhören.«

Damit flogen die beiden Eulen davon, aber der Junge warf vor Freude seine Mütze hoch in die Luft und jubelte: »Wenn ich nur über den Gänserich wache, damit er unbeschädigt wieder heimkommt, dann werde ich wieder ein Mensch. Hurra! Hurra! Dann werde ich wieder ein Mensch!«

Er schrie Hurra, und es war merkwürdig, dass man ihn drinnen im Haus nicht hörte. Aber das war nicht der Fall, und der Junge lief zurück zu den Wildgänsen auf das nasse Moor hinaus, so schnell ihn seine Beine tragen konnten.

Kapitel 7

Am Ronneby-Fluss

Weder die Wildgänse noch der Fuchs Smirre hatten geglaubt, dass sie je wieder zusammentreffen würden, nachdem dieser Schonen verlassen hatte. Aber nun geschah es, dass die Wildgänse ihren Weg über Blekinge nahmen, und da hatte auch Smirre sich hinbegeben. Er hatte die Zeit bis jetzt in dem nördlichen Teil dieser Landschaft verbracht und war äußerst missvergnügt über diesen Aufenthalt. Eines Nachmittags, als Smirre in einer einsamen Waldgegend, nicht weit vom Ronneby-Fluss entfernt, umherstreifte, sah er eine Schar Wildgänse daherfliegen. Er bemerkte sogleich, dass eine der Gänse weiß war, und da wusste er natürlich, mit wem er es zu tun hatte.

Und sofort begann Smirre sie zu verfolgen. Er sah sie ostwärts bis zum Ronneby-Fluss fliegen; dort änderten sie die Richtung und zogen weiter nach Süden. Er erriet, dass sie sich am Flussufer eine Schlafstätte suchen würden, und hoffte, ohne besondere Schwierigkeit einige von ihnen erwischen zu können. Aber als Smirre endlich den Ort erblickte, wo die Gänse sich niedergelassen hatten, stellte er fest, dass es ein sehr gut geschützter Platz war und dass er ihnen nicht beikommen konnte.

Der Ronneby-Fluss ist zwar kein großer und mächtiger Wasserlauf, aber er ist seiner schönen Ufer wegen sehr berühmt. Mehrfach zwängt er sich zwischen steilen Gebirgswänden hindurch, die senkrecht aus dem Wasser aufragen und vollständig mit Geißblatt, Faulkirschen und Weißdorn, mit Erlen, Ebereschen und Weiden bewachsen sind.

Kapitel 7

An einem schönen Sommertag kann man sich keine angenehmere Beschäftigung vorstellen, als auf dem kleinen, dunklen Fluss dahinzurudern und hinaufzuschauen in all das Grün, das sich an den rauen Felswänden festklammert.

Aber jetzt, als die Wildgänse und Smirre an den Fluss kamen, herrschte noch der kalte, raue Vorfrühling, die Bäume waren noch kahl, und niemand verschwendete auch nur einen Gedanken daran, ob die Ufer schön oder hässlich seien.

Die Wildgänse waren allerdings sehr froh, dass sie unter einer steilen Bergwand einen schmalen Sandstreifen entdeckt hatten, der gerade groß genug war, um die ganze Schar aufzunehmen. Vor ihnen brauste der Fluss, der jetzt, wo der Schnee schmolz, wild und angeschwollen war, hinter sich hatten sie die unbesteigbaren Felsenwände und zur anderen Seite wurden sie von herabhängenden Zweigen verdeckt; sie hätten es nicht besser haben können.

Smirre stand oben auf dem Gebirgskamm und schaute zu den Wildgänsen hinunter. »Diese Verfolgung kannst du ebenso gut gleich aufgeben«, sagte er sich. »Einen so steilen Berg kannst du nicht hinunterklettern, durch den wilden Strom kannst du nicht schwimmen, und unten am Berg ist kein noch so kleiner Streifen Land, der zu den Gänsen führen würde. Sie sind einfach zu klug für dich, Reineke. Gib dir keine Mühe mehr, sie zu jagen.«

Aber wie anderen Füchsen auch, wurde es Smirre schwer, ein halb ausgeführtes Unternehmen aufzugeben. Er legte sich deshalb ganz außen an den Bergrand und ließ die Wildgänse nicht aus den Augen. Während er sie so betrachtete, dachte er an all das Böse, was sie ihm zugefügt hatten. Ja, ihre Schuld war es, dass er aus Schonen verbannt worden war und nach Blekinge hatte flüchten müssen, wo er bis jetzt noch keinen Herrenhofpark, keine zahmen Gänse, kein Wildgehege voller Rehe und leckerer kleiner Rehkitze gesehen hatte. Er steigerte sich in eine solche Wut hinein, dass er den Gänsen Tod und Verderben wünschte, sogar wenn er selbst nicht dazu kommen sollte, sie zu verspeisen.

Als Smirres Zorn diesen hohen Grad erreicht hatte, hörte er in einer großen Kiefer dicht neben sich ein Geraschel, und er sah ein Eichhörnchen, das von einem Marder heftig verfolgt wurde, den Baum herunterlaufen. Keines von den beiden bemerkte Smirre, der sich ganz ruhig verhielt und der Jagd zusah, die sich von Baum zu Baum fortsetzte. Er betrachtete das Eichhörnchen, das so leicht durch die Bäume huschte, als ob es fliegen könnte. Er betrachtete auch den Marder, der kein so kunstgerechter Kletterer war wie das Eichhörnchen, aber doch die Baumstämme hinauf- und hinunterlief, als seien es ebene Waldpfade.

›Könnte ich nur halb so gut klettern wie eins von diesen beiden‹, dachte der Fuchs ärgerlich, ›dann dürften die dort unten nicht eine Sekunde länger in Ruhe schlafen.‹

Sobald die Jagd zu Ende und das Eichhörnchen gefangen war, ging Smirre zu dem Marder hin, machte aber zum Zeichen, dass er ihn seiner Jagdbeute nicht berauben wolle, zwei Schritte vor ihm Halt. Er begrüßte den Marder sehr freundlich und gratulierte zu dem Ergebnis der Jagd. Smirre wählte seine Worte sehr gut, wie dies beim Fuchs immer der Fall ist. Der Marder dagegen, der mit seinem langen, schmalen Körper, seinem feinen Kopf, seinem weichen Fell und seinem hellbraunen Fleck am Hals einen wunderschönen Anblick bietet, ist in Wirklichkeit nur ein ungehobelter Waldbewohner und gab dem Fuchs kaum eine Antwort.

»Nur eins wundert mich«, fuhr Smirre fort, »dass sich ein solcher Jäger wie du mit der Jagd auf Eichhörnchen begnügt, wenn sich so viel besseres Wildbret in erreichbarer Nähe befindet.« Hier hielt er inne und wartete auf eine Erwiderung, aber als der Marder ihn, ohne ein Wort zu sagen, ganz unverschämt angrinste, fuhr er fort: »Ist es möglich, dass du die Wildgänse dort unten an der Felswand nicht gesehen hast? Oder bist du doch kein so guter Kletterer, dass du zu ihnen hinuntergelangen könntest?«

Diesmal brauchte Smirre nicht auf Antwort zu warten. Der Marder stürzte mit gekrümmtem Rücken und gesträubtem Fell auf ihn zu. »Hast du Wildgänse gesehen?« zischte er ihn an. »Wo sind sie? Sag es schnell, sonst beiße ich dir die Gurgel entzwei.«

»Nun, nun, vergiss nicht, dass ich doppelt so groß bin wie du, und sei ein bisschen höflich. Ich wünsche gar nichts weiter, als dir die Wildgänse zu zeigen.«

Einen Augenblick später war der Marder auf dem Weg den Abhang hinunter, und während Smirre zusah, wie er seinen schlangendünnen Körper von Zweig zu Zweig schwang, dachte er: ›Dieser schöne Baumjäger hat das grausamste Herz der ganzen Schöpfung. Ich glaube, die Wildgänse werden mir für ein blutiges Erwachen zu danken haben.‹

Aber gerade als Smirre den Todesschrei der Gänse zu hören erwartete, sah er den Marder in den Fluss hinunterplumpsen, sodass das Wasser hoch aufspritzte. Und gleich danach erklang kräftiges Flügelschlagen, und alle Gänse flogen in wilder Hast auf.

Smirre wollte den Gänsen schnell nachjagen, aber er war so neugierig zu erfahren, wie sie gerettet worden waren, dass er stehen blieb, bis der Marder wieder heraufgeklettert kam. Der Ärmste war patschnass und hielt ab und zu an, um sich den Kopf mit den Vorderpfoten zu reiben.

»Ich dachte mir schon, dass du ein Tölpel bist und in den Fluss fallen würdest«, sagte Smirre verächtlich.

»Ich habe mich überhaupt nicht tölpelhaft angestellt, und du brauchst gar nicht mit mir zu schimpfen«, erwiderte der Marder. »Ich saß schon auf einem der untersten Zweige und

 Kapitel 7

überlegte, wie ich möglichst viele von ihnen töten könnte, als ein kleiner Knirps, nicht größer als ein Eichhörnchen, aufsprang und mir mit solcher Kraft einen Stein an den Kopf warf, dass ich ins Wasser purzelte, und ehe ich wieder herauskrabbeln konnte …«

Der Marder brauchte nicht weiter zu berichten. Er hatte keinen Zuhörer mehr. Smirre war schon weit weg und eilte hinter den Gänsen her.

Indessen war Akka südwärts geflogen, um eine neue Schlafstelle zu suchen. Es war noch ein wenig Tageslicht vorhanden, und der Halbmond stand hoch am Himmel, sodass sie einigermaßen sehen konnte. Zum Glück kannte sie sich gut in der Gegend aus, denn es war mehr als einmal vorgekommen, dass die Gänse, wenn sie im Frühjahr über die Ostsee flogen, nach Blekinge verschlagen worden waren.

Sie flog also am Fluss entlang, solange sie ihn durch die mondbeschienene Landschaft wie eine schwarze, blinkende Schlange dahingleiten sah. Auf diese Weise gelangten sie bis hinunter zum Tiefen Fall, wo der Fluss sich in einer unterirdischen Rinne verbirgt und dann klar und durchsichtig, als wäre er aus Glas, sich in eine enge Schlucht hinabstürzt, auf deren Boden er in glitzernde Tropfen und umherspritzenden Schaum zerschellt. Unterhalb des Falles lagen einige Steine, zwischen denen das Wasser in wilden Wirbeln aufschäumte, und hier ließ sich Akka nieder. Dies war wieder ein guter Ruheplatz, besonders so spät am Abend, wo keine Menschen mehr unterwegs waren. Bei Sonnenuntergang hätten die Gänse sich nicht gut hier niederlassen können, denn der Tiefe Fall liegt in keiner öden Gegend. Auf der einen Seite erhebt sich eine große Kartonagefabrik, und auf der anderen, die steil und mit Bäumen bestanden ist, liegt der Park von Tiefental, in dem beständig auf den schlüpfrigen und steilen Pfaden Menschen umherstreifen, die sich an dem tobenden Brausen des wilden Stromes erfreuen wollen.

Es war hier genau wie an dem ersten Platz; keine der Gänse schenkte der Tatsache, dass sie an einen weltberühmten Platz gekommen waren, auch nur einen Gedanken. Später dachten sie freilich, es sei unheimlich und gefährlich, auf solchen glatten, nassen Steinen mitten in einem Stromwirbel zu schlafen, der vielleicht aufwallen und sie mit fortreißen würde. Aber sie mussten damit zufrieden sein, dass sie hier vor Raubtieren sicher waren.

Nach einer Weile kam Smirre am Flussufer dahergerannt. Er erblickte die Gänse, die da draußen in den schäumenden Stromschnellen standen, und sah sogleich, dass er auch hier nicht zu ihnen gelangen konnte. Er fühlte sich sehr gedemütigt, ja, es war ihm, als stehe sein ganzes Ansehen als Jäger auf dem Spiel.

Während er darüber nachdachte, sah er einen Fischotter mit einem Fisch im Maul aus dem Wirbel heraussteigen. Smirre ging auf ihn zu, blieb aber in zwei Schritt Entfernung

Kapitel 7

vor ihm stehen, um zu zeigen, dass er ihm seine Jagdbeute nicht nehmen wollte. »Du bist ein merkwürdiger Kerl, dass du dich mit Fischen begnügst, wenn doch die Steine dort draußen voller Gänse sind«, sagte Smirre. Er war so erregt, dass er sich nicht die Zeit nahm, seine Worte so sorgfältig zu wählen, wie es sonst seine Gewohnheit war.

Der Fischotter wandte nicht einmal den Kopf zu dem Strom. »Dies ist nicht das erste Mal, dass wir uns begegnen, Smirre«, sagte er. Er war ein Landstreicher, wie alle Fischotter, und hatte oft am Vombsee gefischt, wo er auch mit Smirre zusammengetroffen war. »Ich weiß wohl, wie du es anfängst, dir eine Lachsforelle zu ergattern.«

»Ach, bist du es, Greifan?« sagte Smirre erfreut, weil er wusste, dass dieser Fischotter ein kühner und gewandter Schwimmer war. »Da wundert es mich nicht, dass du die Wildgänse gar nicht ansehen magst, denn du bist ja nicht imstande, zu ihnen hinzukommen.«

Aber der Otter, der Schwimmhäute zwischen den Zehen hat, einen steifen Schwanz, der so gut wie ein Ruder ist, und einen Pelz, durch den das Wasser nicht dringen kann, wollte sich nicht nachsagen lassen, dass es einen Wasserwirbel gebe, den er nicht bewältigen könne. Er wandte sich dem Strom zu, und sobald er die Wildgänse erblickte, stürzte er sich über das steile Ufer in den Fluss hinein.

Der Otter wurde oft von den Wogen zurückgeworfen und in die Tiefe hinuntergerissen, aber er arbeitete sich immer wieder herauf und weiter zu den großen Steinen hin. Er schwamm in das stille Wasser hinter die Steine und kam so allmählich den Wildgänsen immer näher.

Smirre folgte dem Otter mit den Blicken, so gut er konnte. Er sah, dass dieser beständig näher an die Gänse herankam, und glaubte außerdem zu sehen, dass er schon im Begriff war, zu ihnen hinaufzuklettern. Aber jetzt schrie der Otter plötzlich wild und gellend auf. Smirre sah, wie er rückwärts ins Wasser fiel und mitgerissen wurde wie ein blindes junges Kätzchen. Gleich darauf schlugen die Gänse hart mit den Flügeln; sie erhoben sich alle und flogen davon, um sich wieder einen anderen Ruheplatz zu suchen.

Bald danach kletterte der Otter ans Ufer. Er sagte kein Wort, sondern begann nur, seine eine Vorderpfote zu lecken. Aber als Smirre ihn verspottete, weil es ihm missglückt sei, brach es aus ihm heraus.

»An meiner Schwimmkunst fehlte es nicht, Smirre. Ich war bis zu den Gänsen gekommen und wollte eben zu ihnen hinaufklettern, als ein kleiner Knirps auf mich lossprang und mich mit einem scharfen Eisen in den Fuß stach. Das tat mir so weh, dass ich das Gleichgewicht verlor, und dann ergriff mich der Wirbel.«

Er brauchte nicht weiterzuerzählen. Smirre war schon weg und eilte zu den Gänsen.

Noch einmal musste Akka mit den Gänsen mitten in der Nacht die Flucht ergreifen. Zum Glück war der Mond noch am Himmel, und bei dessen Schein gelang es ihr, eine von den anderen Schlafstellen zu finden, die sie in dieser Gegend kannte. Sie flog wieder südwärts, den glänzenden Fluss entlang. Über dem Herrenhof von Tiefental und über Ronnebys dunklem Dach und weißem Wasserfall flog sie hin, ohne sich niederzulassen. Aber eine Strecke südlicher von der Stadt, nicht weit vom Meer, liegt die Ronnebyer Heilquelle mit ihrem Bade- und Quellenhaus, mit großen Gasthöfen und Sommerwohnungen für die Badegäste. Alles dies steht den ganzen Winter hindurch öde und leer, was alle Vögel genau wissen, und viele Vogelscharen suchen in harten, stürmischen Zeiten auf den Altanen und Veranden der großen Gebäude Schutz.

Hier ließen sich die Wildgänse auf einem Balkon nieder, und ihrer Gewohnheit gemäß schliefen sie sogleich ein. Der Junge dagegen konnte nicht schlafen, weil er jetzt bei Nacht nicht mehr ohne weiteres unter den Flügel des Gänserichs zu kriechen wagte. Wenn er da zwischen Federn und Flaum gebettet lag, konnte er gar nichts sehen und nur schlecht hören. Dann konnte er nicht über die Sicherheit des weißen Gänserichs wachen, und das war ja das Einzige, was ihm wichtig war. Und wie gut war es gewesen, dass er in dieser Nacht nicht geschlafen hatte, sonst hätte er nicht den Marder und den Otter verjagen können. Nein, es mochte mit dem Schlaf gehen wie es wollte, er durfte jetzt nicht mehr an sich selbst, er musste in erster Linie an den Gänserich denken.

Der Junge saß auf einem Balkon, der nach Süden ging, sodass er eine herrliche Aussicht auf das Meer hatte. Und da er ohnehin nicht schlafen konnte und das Meer mit seinen Landzungen und Buchten vor sich hatte, musste er unwillkürlich denken, wie schön das sei, wenn Meer und Land so zusammenstießen wie hier in Blekinge.

Während der Junge so seinen Gedanken nachhing, schreckte ihn plötzlich ein langes, unheimliches Heulen auf, das vom Badehauspark herüberklang. Und als er sich aufrichtete, sah er auf dem Rasen unter dem Balkon einen Fuchs im weißen Mondschein stehen. Smirre war den Gänsen noch einmal gefolgt, aber als er den Platz fand, wo sie sich niedergelassen hatten, sah er ein, dass er jetzt auf keine Weise zu ihnen gelangen konnte, und da hatte er vor lauter Wut laut aufgeheult.

Als der Fuchs so markerschütternd heulte, erwachte die alte Akka, und obgleich sie fast nichts sehen konnte, glaubte sie doch die Stimme zu erkennen. »Bist du es, Smirre, der heute Nacht unterwegs ist?« fragte sie und spähte von dem Balkon hinunter.

»Ja«, antwortete Smirre, »ich bin's, und ich wüsste gar zu gern, wie euch Gänsen die unruhige Nacht gefällt, die ich euch bereitet habe?«

»Willst du damit sagen, dass du es gewesen bist, der den Marder und dann auch noch den Otter auf uns gehetzt hat?« fragte Akka von Kebenekajse.

»Eine gute Tat soll man nicht leugnen«, sagte Smirre. »Ihr habt einmal das Gänsespiel mit mir getrieben, jetzt hab ich angefangen, das Fuchsspiel mit euch zu treiben. Und ich habe auch nicht im Sinn, es zu beenden, solange noch eine von euch am Leben ist, und wenn ich euch durchs ganze Land verfolgen müsste.«

»Du solltest dir aber doch überlegen, ob das recht von dir ist, Smirre, wenn du, der mit scharfen Zähnen und Krallen bewaffnet ist, uns wehrlose Gänse auf diese Weise verfolgst«, sagte Akka.

Smirre glaubte jetzt, Akka habe Angst, und deshalb sagte er schnell: »Wenn du, Akka, mir den kleinen Däumling, der mir so in die Quere gekommen ist, herunterwirfst, dann will ich Frieden mit euch schließen und werde weder dir noch einer von den Deinen je wieder etwas Böses tun.«

»Den Däumling kann ich dir nicht geben«, sagte Akka. »Von der jüngsten bis zur ältesten ist keine unter uns, die nicht gern das Leben für ihn lassen würde.«

»Wenn ihr ihn so lieb habt«, erwiderte Smirre, »dann soll er der Erste sein, an dem ich meine Rache kühlen werde, das verspreche ich euch!«

Akka gab keine Antwort mehr, und nachdem Smirre noch ein paarmal aufgeheult hatte, wurde alles still. Der Junge war noch immer wach und schaute durch das Balkongeländer auf die Schären hinaus. Vorhin hatte er so angenehme und frohe Gedanken gehabt, und er wünschte, dass sie wiederkämen. Aber er konnte die Landschaft nicht mehr mit denselben Augen betrachten wie vorher, und die schönen Gedanken wollten nicht wiederkehren. Da erkannte er, dass schöne Gedanken scheu und empfindlich sind, und dass Hass und Unfriede sie immer verjagen.

Kapitel 8

Die Südspitze von Öland

Auf dem südlichsten Teil von Öland liegt ein altes Krongut, das Ottenby heißt. Es ist ein sehr großes Gut, das sich von einem Ufer zum anderen quer über die Insel erstreckt, und das Besondere an ihm ist, dass es von jeher ein Aufenthaltsort für große Tierscharen war.

In dem ganzen Land gibt es gewiss keinen Hof, der einen besseren Aufenthaltsort für Tiere aller Art böte. Die östliche Küste entlang liegt die alte Schäferwiese, die mit einer Viertelmeile Länge die größte Wiese von ganz Schweden ist, und dort können die Tiere ebenso frei weiden und spielen und sich tummeln wie in der Wildnis. Und da ist auch der berühmte Hain von Ottenby mit seinen hundertjährigen Eichen, die reichlich Schatten spenden und Schutz vor dem strengen Ölandswind gewähren. Und dann darf man die lange Mauer von Ottenby nicht vergessen; diese verläuft quer über die Insel und schließt Ottenby von der übrigen Insel ab. Diese Mauer zeigt den Tieren, bis wohin sich das alte Krongut erstreckt, und hält sie davon ab, auf fremdes Gebiet zu gehen, wo sie nicht das Recht haben, sich aufzuhalten.

Aber dass es viele zahme Tiere auf Ottenby gibt, ist noch lange nicht alles; man sollte beinahe glauben, die wilden Tiere hätten auch das Gefühl, dass auf einem alten Krongut sowohl wilde als auch zahme auf Schutz rechnen dürfen, weil sie sich in so großen Scharen dahinwagen. Nicht allein Hirsche vom alten Stamm sowie Hasen und Brandenten und

Kapitel 8

Rebhühner halten sich mit besonderer Vorliebe dort auf, sondern dieses Gut ist im Frühling und Spätsommer auch der Ruheplatz für Tausende von Zugvögeln; und auf dem sumpfigen östlichen Strand unterhalb der Schäferwiese lassen sie sich am liebsten nieder, um da zu weiden und auszuruhen.

Als die Wildgänse und Nils Holgersson Öland schließlich erreicht hatten, ließen sie sich wie alle anderen auf dem Strand unterhalb der Schäferei nieder. Der Nebel lag ebenso dicht über der Insel wie vorher über dem Meer. Aber der Junge war dennoch erstaunt über die vielen Vögel, die er auf dem kleinen Stückchen des Strandes, das er überschauen konnte, sah.

Es war ein langer, sandiger Strand mit Steinen und Wasserpfützen und einer großen Menge angeschwemmten Tangs. Wenn der Junge die Wahl gehabt hätte, wäre er wohl nie auf die Idee gekommen, sich da niederzulassen; aber für die Vögel war dieser Ort gewiss ein wahres Paradies. Enten und Graugänse weideten auf der Wiese, am Ufer hüpften fröhlich Strandläufer und andere Strandvögel umher. Die Seetaucher lagen im Wasser und fischten, aber am meisten Leben und Bewegung war doch auf den langen Tangbänken vor dem Ufer draußen. Da standen die Vögel nebeneinander und suchten Larven, von denen es eine grenzenlose Menge zu geben schien.

Unterhalb der äußersten Tangbank lag eine Schar Schwäne. Sie hatten keine Lust, an Land zu gehen, sondern ruhten sich, auf dem Wasser liegend und sich leise hin- und herwiegend, aus. Ab und zu tauchten sie mit dem Hals unter und holten sich Nahrung vom Meeresgrund. Wenn sie etwas besonders Gutes ergattert hatten, stießen sie einen lauten Schrei aus, der wie ein Trompetenstoß klang.

Als der Junge hörte, dass Schwäne dort unten lagen, lief er schnell auf die Tangbänke hinaus. Er hatte noch nie wilde Schwäne aus der Nähe gesehen. Und er hatte Glück, denn er gelangte ganz nahe zu ihnen hin.

Der Junge war jedoch nicht der Einzige, der die Schwäne gehört hatte; sowohl die Wildgänse als auch die Graugänse und die Enten und die Seetaucher schwammen zwischen die Tangbänke hinein, legten sich wie ein Ring um die Schar der Schwäne herum und schauten sie unverwandt an. Die Schwäne bliesen die Federn auf, breiteten die Flügel wie Segel aus und hoben die Hälse hoch in die Höhe. Bisweilen schwamm einer von ihnen zu einer Gans oder einem großen Seetaucher oder einer Tauchente hin und sagte ein paar Worte. Und dann war es, als ob der Angesprochene kaum den Schnabel zu einer Entgegnung zu öffnen wagte.

Doch da war auch ein kleiner Seetaucher, ein kleiner, schwarzer Schlingel, dem diese ganze Feierlichkeit unerträglich war. Schnell tauchte er unter und verschwand unter dem

Wasser. Gleich darauf stieß einer der Schwäne einen lauten Schrei aus und schwamm so schnell davon, dass das Wasser hinter ihm schäumte. Dann hielt er an und bemühte sich, wieder majestätisch auszusehen. Aber gleich darauf schrie ein anderer wie der erste, und im nächsten Augenblick auch ein dritter.

Nun aber konnte es der kleine Seetaucher nicht länger unter dem Wasser aushalten, und er erschien wieder an der Oberfläche, klein und schwarz und boshaft. Die Schwäne stürzten auf ihn zu; aber als sie sahen, was für ein kleiner Wicht er war, machten sie rasch kehrt, als ob sie sich für zu gut hielten, sich mit ihm anzulegen. Der kleine Seetaucher tauchte jedoch von Neuem unter und zwickte die Schwäne abermals in die Füße. Das tat ihnen sicher weh, aber das Schlimmste war, dass sie ihre Würde nicht aufrechterhalten konnten. Da machten sie der Sache rasch ein Ende. Sie schlugen mit den Flügeln, dass es donnerte, jagten ein großes Stück gleichsam auf dem Wasser springend weiter, bekamen schließlich Luft unter die Schwingen und flogen davon.

Als sie fort waren, fehlten sie den anderen Vögeln sehr, und selbst die, denen das Vorgehen des kleinen Seetauchers vorher Spaß gemacht hatte, schimpften ihn jetzt wegen seiner Unverschämtheit aus.

Am nächsten Morgen war es noch ebenso nebelig. Die Wildgänse gingen auf die Wiese und weideten; der Junge aber wanderte an den Strand hinunter, um Muscheln zu sammeln. Es gab dort sehr viele, und da er dachte, er komme vielleicht morgen an einen Platz, wo sich für ihn gar nichts zu essen fände, wollte er versuchen, sich ein Säckchen zu machen, in dem er die Muscheln mitnehmen konnte. Auf der Wiese fand er dürres Riedgras, das zäh und stark war, und aus diesem begann er einen Beutel zu flechten. Er verbrachte mehrere Stunden mit dieser Arbeit; als aber der Beutel schließlich fertig war, war er sehr zufrieden mit seinem Werk.

Um die Mittagszeit liefen plötzlich alle Wildgänse eilig auf ihn zu und fragten ihn, ob er den weißen Gänserich gesehen habe? »Vor ganz Kurzem war er noch bei uns«, sagte Akka, »aber jetzt wissen wir nicht mehr, wo er ist.«

Heftig erschrocken fuhr der Junge auf. Er fragte die Gänse, ob ein Fuchs oder Adler gesehen worden oder ob kürzlich irgendein Mensch in der Nähe gewesen sei? Doch keine von den Gänsen hatte etwas Verdächtiges gesehen; der Gänserich musste sich im Nebel verlaufen haben.

Auf welche Weise der Gänserich aber auch weggekommen sein mochte, das änderte an

dem Unglück des Jungen nichts, und angstvoll lief er davon, ihn zu suchen. Der Nebel beschützte ihn, sodass er ungesehen überall hingehen konnte, aber zugleich hinderte er ihn selbst auch am Sehen. Der Junge lief südwärts die Küste entlang bis zu dem Leuchtturm auf der äußersten Spitze. Überall war dasselbe Vogelgewimmel, aber kein Gänserich. Der Junge wagte sich sogar bis zum Ottenbyer Hof, ja er untersuchte jede einzelne der alten, hohen Eichen im Hain; aber nirgends fand er auch nur eine Spur von dem Gänserich.

Er suchte und suchte, bis es schließlich dunkel wurde und er zum östlichen Strand zurückkehren musste. Mit schweren Schritten wanderte er dahin und war sehr unglücklich. Ach, es war wohl auch dumm von ihm gewesen, zu hoffen, dass er eine zahme Gans wohlbehalten durch das ganze Land führen könnte! Und doch hatte er so sehr gewünscht, dass es ihm gelingen möge, nicht allein seiner selbst wegen, sondern auch um des Gänserichs willen, den er ebenso lieb hatte wie sich selbst.

Wie er nun so über die Schäferwiese hinwanderte, kam ihm etwas großes Weißes aus dem Nebel entgegen, und wer anders war es als der Gänserich! Ganz unversehrt kam er daher und war äußerst vergnügt, dass er endlich den Weg zu den anderen zurückgefunden hatte. Der Nebel habe ihn so durcheinandergebracht, sagte er, dass er den ganzen Tag hindurch auf der Wiese umhergeirrt sei. In seiner Freude schlang der Junge die Arme um den Hals des Gänserichs und bat ihn inständig, sich doch in acht zu nehmen und nicht wieder von den anderen wegzugehen. Und der Gänserich versprach hoch und heilig, es nie wieder zu tun. Nie, nie wieder!

Am nächsten Morgen jedoch, als der Junge am Ufer Muscheln suchte, kamen die Gänse wieder dahergelaufen und fragten, ob er den Gänserich gesehen habe.

Nein, ganz und gar nicht. Ja, dann sei der Gänserich abermals verschwunden. Er werde sich bei dem Nebel genau wie gestern wieder verlaufen haben.

Voll Entsetzen machte sich der Junge eilig auf die Suche und fand schließlich eine Stelle, wo die Mauer von Ottenby so abgebröckelt war, dass er leicht hinüberklettern konnte. Er suchte dann unten am Strand, der sich hier ausdehnt und allmählich so groß wird, dass Platz für Äcker und Wiesen und Bauernhöfe da ist. Dann stieg er hinauf auf das flache Hochland, das die Mitte der Insel einnimmt, und suchte weiter. Dort gibt es keine anderen Gebäude als Windmühlen, und der Rasen ist so dünn, dass das weiße Kalkgestein darunter hervorschimmert.

Der Gänserich aber war nicht zu finden, und da es allmählich Abend wurde, musste der Junge wieder zum Strand zurückkehren. Er war jetzt fest überzeugt, dass er seinen Reisekameraden verloren habe, und vor lauter Mutlosigkeit wusste er nicht, was er tun sollte.

Kapitel 8

Schon war er wieder über die Mauer gestiegen, als er dicht neben sich einen Stein rasseln hörte, und als er sich danach umdrehte, glaubte er etwas erkennen zu können, das sich in einem Steinhaufen dicht neben der Mauer bewegte. Er schlich näher heran, und da sah er, wie der weiße Gänserich mit mehreren langen Wurzelfasern mühselig den Steinhaufen hinaufkletterte. Der Gänserich sah den Jungen nicht, und dieser rief nicht nach ihm, denn er wollte zuerst ergründen, warum der Gänserich auf diese Weise immer wieder verschwand.

Und er erfuhr auch bald die Ursache. Oben auf dem Steinhaufen lag eine junge Graugans, die vor Freude laut aufschrie, als sie den Gänserich erblickte. Der Junge schlich noch näher heran, um zu hören, worüber die beiden sprachen; und da hörte er, dass die Graugans einen verletzten Flügel hatte und deshalb nicht fliegen konnte; ihre Reisegefährten waren schon weggereist und hatten sie allein zurückgelassen. Sie war am Verhungern gewesen, als der weiße Gänserich am gestrigen Tag ihr Rufen gehört und sie aufgesucht hatte. Und seither war er bemüht gewesen, ihr Nahrung zu verschaffen. Beide hatten gehofft, sie würde wiederhergestellt sein, ehe er die Insel wieder verlassen müsse, aber sie konnte noch immer weder gehen noch stehen. Der Gänserich war sehr betrübt darüber, aber er tröstete sie damit, dass er noch lange nicht wegreisen werde. Schließlich wünschte er ihr eine gute Nacht und versprach, am nächsten Tag wiederzukommen.

Der Junge ließ den Gänserich vorausgehen, und sobald dieser verschwunden war, schlich er auch auf den Steinhaufen hinauf. Als er nun die junge Gans sah, verstand er, warum der Gänserich ihr seit zwei Tagen Futter gebracht hatte, und warum er nicht gestehen wollte, was er tat. Die Graugans hatte das niedlichste Köpfchen, das man sich denken konnte; ihr Federkleid war so weich wie Seide, und die Augen hatten einen sanften, flehenden Ausdruck.

Als sie den Jungen erblickte, wollte sie fliehen, aber ihr beschädigter Flügel schleifte am Boden und hinderte sie bei allen Bewegungen.

»Du brauchst dich nicht vor mir zu fürchten«, sagte der Junge und hielt an, um ihr zu zeigen, dass er keine Gefahr darstellte und sie nicht vor ihm fliehen musste. »Ich bin Däumling, Gänserich Martins Reisekamerad«, fuhr er fort. Dann aber geriet er ins Stocken und wusste nicht, was er sagen sollte.

Tiere haben manchmal etwas an sich, das einem unwillkürlich die Frage in den Mund legt, was für Wesen sie eigentlich sind. Man fühlt sich beinahe versucht, sie für verwandelte Menschen zu halten. Und so war es auch bei dieser Graugans. Sobald Däumling gesagt hatte, wer er war, neigte sie den Hals und Kopf sehr anmutig vor ihm, und mit einer so schönen Stimme, von der der Junge kaum glauben konnte, dass sie einer Gans gehöre, sagte sie: »Ich freue mich sehr über dein Kommen. Du kannst mir gewiss helfen, der weiße Gänserich hat mir gesagt, es gäbe niemanden, der so gut und klug sei wie du.«

Dies sagte sie mit einer Würde, von der der Junge ganz eingeschüchtert wurde. ›Das kann doch wohl keine Gans sein‹, dachte er. ›Es ist gewiss eine verzauberte Prinzessin.‹

Er hätte ihr schrecklich gern geholfen, und so griff er mit seinen kleinen Händen in die Federn hinein und tastete nach dem Flügelknochen. Der Knochen war nicht gebrochen, aber er war aus dem Gelenk geraten, und sein Finger kam an ein leeres Gelenkschüsselchen. »Nun gib acht!« sagte er, fasste den Röhrenknochen tapfer an und drehte ihn dahin, wo er hingehörte. Für einen ersten Versuch machte er seine Sache recht schnell und gut; aber es musste der armen Gans doch sehr, sehr wehgetan haben, denn sie stieß nur einen einzigen gellenden Schrei aus und sank dann, ohne noch ein Lebenszeichen von sich zu geben, auf die Steine nieder.

Der Junge erschrak furchtbar. Er hatte ihr ja nur helfen wollen, und jetzt war sie tot. Mit einem großen Satz sprang er von dem Steinhaufen hinunter und lief davon. Er hatte das Gefühl, als habe er einen Menschen getötet.

Am nächsten Morgen war die Luft klar und vollständig frei von Nebel, und Akka sagte, nun solle die Reise fortgesetzt werden. Alle Gänse waren schon bereit, weiterzureisen, bloß der weiße Gänserich machte Einwendungen, und der Junge wusste den Grund wohl; er wollte nur nicht von der jungen Graugans wegreisen. Aber Akka hörte nicht auf ihn, sondern machte sich gleich auf den Weg.

Der Junge sprang auf den Rücken des Gänserichs, und der Weiße folgte der Schar, wenn auch langsam und unwillig. Der Junge aber freute sich, dass man die Insel verließ. Er hatte Gewissensbisse wegen der Graugans, wollte aber dem Gänserich nicht sagen, was passiert war, als er sie hatte heilen wollen. ›Es wäre am besten, wenn Martin es gar nicht erfahren würde‹, dachte er. Aber zugleich wunderte er sich doch, dass der Weiße das Herz hatte, die Graugans zu verlassen.

Doch plötzlich machte der Gänserich kehrt. Der Gedanke an die junge Gans ließ ihm einfach keine Ruhe, die Lapplandreise hin oder her! In dem Bewusstsein, dass die junge Gans einsam und krank zurückblieb und verhungern musste, konnte er nicht mit den anderen davonfliegen.

Mit wenigen Flügelschlägen war er an dem Steinhaufen. Aber da lag keine junge Graugans zwischen den Steinen. »Daunenfein! Daunenfein! Wo bist du?« rief der Gänserich.

›Der Fuchs wird sie sich wohl geholt haben‹, dachte der Junge voller Traurigkeit.

Aber in demselben Augenblick hörte er eine schöne Stimme dem Gänserich antworten: »Hier bin ich, lieber Gänserich, hier bin ich! Ich habe nur ein Morgenbad genommen.« Und aus dem Wasser tauchte die kleine Graugans empor, vollständig frisch und gesund. Und nun erzählte sie, wie Däumling ihren Flügel eingerenkt habe, und dass sie ganz wiederhergestellt sei.

Die Wassertropfen lagen wie Perlen auf ihren wie Seide schillernden Federn, und der Däumling dachte abermals, sie sei gewiss eine richtige kleine Prinzessin.

Kapitel 9

Die Kleine Karlsinsel

Die Wildgänse waren zur nördlichen Spitze von Öland geflogen, hatten dort eine Weile Halt gemacht und waren nun auf dem Weg zum Festland. Ein recht heftiger Südwind, der über den Sund von Kalmar herfegte, trieb sie in nördlicher Richtung immer weiter auf das Meer hinaus. Doch in banger Furcht vor der Nacht flogen sie weiter. Die Dunkelheit schien ihnen an diesem von Gefahren erfüllten Abend gar zu schnell hereinzubrechen.

Der Sturm wurde immer heftiger, und es war schrecklich, dass sie noch immer kein Land sahen. Wie würde es ihnen erst gehen, wenn sie die ganze Nacht da draußen bleiben müssten? Entweder würden sie zwischen den Eisschollen zerquetscht oder von Seehunden aufgefressen oder nach allen Seiten auseinandergesprengt.

Auch der Junge hatte eine Weile gedankenvoll aufs Meer hinabgeschaut. Da war es ihm plötzlich, als werde das Brausen noch stärker als vorher. Er schaute auf; direkt vor ihm, nur ein paar Meter entfernt, ragte ein steiler Felsen auf. An seinem Fuß brachen sich die Wogen mit hoch aufspritzendem Schaum. Ja, ja, direkt vor ihm war eine raue, kahle Felsenwand, und auf diese flogen die Wildgänse zu. Der Junge war überzeugt, dass sie daran zerschellen müssten, und er glaubte schon dem Tod ins Gesicht zu sehen.

Er hatte kaum noch Zeit, sich darüber zu wundern, dass Akka die Gefahr nicht beizeiten erkannt hatte, als sie auch schon an dem Felsen angekommen waren. Doch jetzt sah der

 Kapitel 9

Junge auch die halbrunde Öffnung einer Grotte; in diese hinein stürzten die Gänse, und im nächsten Augenblick waren sie in Sicherheit.

Als sie sich umsahen, um festzustellen, ob auch alle Reisegefährten gerettet seien, bemerkten sie, dass Kaksi von Nuolja fehlte. Doch die Wildgänse nahmen die Sache leicht, denn Kaksi war alt und klug. Sie kannte alle Wege und Gewohnheiten der Schar, und es würde ihr schon gelingen, sich wieder mit dieser zu vereinigen.

Dann sahen die Wildgänse sich in der Höhle um. Es drang noch etwas Tageslicht durch den Eingang herein, und sie konnten erkennen, dass sie sehr tief und weit war. Sie freuten sich schon über die gute Nachtherberge, die sie gefunden hatten, als eine von ihnen einige glänzende grüne Punkte bemerkte, die aus einem dunklen Winkel hervorleuchteten. »Das sind Augen!« rief Akka. »Es sind große Tiere hier drinnen.«

Die Gänse stürzten dem Ausgang zu, aber Däumling, der in der Dunkelheit besser sehen konnte als die Wildgänse, rief ihnen zu: »Ihr braucht nicht zu fliehen. Es sind nur ein paar Schafe, die an der Höhlenwand liegen.«

Als die Wildgänse sich an den Dämmerschein in der Höhle gewöhnt hatten, sahen sie die Schafe recht gut. Die Erwachsenen waren ihnen wohl an Zahl gleich, aber außerdem waren noch einige Lämmer da. Ein großer Widder mit langen, gewundenen Hörnern schien der vornehmste von der kleinen Herde zu sein, und unter vielen Verbeugungen gingen die Wildgänse auf ihn zu. »Gott zum Gruß hier in der Wildnis!« begrüßten sie ihn. Aber der Widder lag ganz still, und kein einziges Wort des Willkommens drang über seine Lippen.

Da glaubten die Wildgänse, die Schafe seien missvergnügt über ihr Eindringen in die Höhle. »Es ist euch vielleicht nicht angenehm, dass wir hier hereingekommen sind«, sagte Akka. »Aber wir können nichts dafür, der Wind hat uns hierher verschlagen. Wir sind den ganzen Tag im Sturm umhergeflogen, und es wäre uns eine große Wohltat, wenn wir hier übernachten dürften.«

Es dauerte eine gute Weile, bis eines von den Schafen ein Wort erwiderte, dagegen hörten die Gänse deutlich, wie einige von ihnen tief aufseufzten. Akka wusste wohl, dass Schafe immer schüchtern sind und sonderbare Manieren haben, aber diese schienen ganz und gar keinen Begriff davon zu haben, was sich gehörte.

Schließlich begann ein altes, gramgebeugtes Mutterschaf mit klagender Stimme: »Von uns verweigert euch gewiss keines den Aufenthalt hier; aber dies ist ein Haus der Trauer, und wir können nicht mehr wie in früheren Zeiten Gäste bei uns aufnehmen.«

»Darüber braucht ihr euch keine Sorgen zu machen«, sagte Akka. »Wenn ihr wüsstet, was wir heute ausgestanden haben, würdet ihr gewiss verstehen, wie froh wir sind, wenn wir nur ein sicheres Plätzchen bekommen, wo wir schlafen können.«

Als Akka dies sagte, richtete sich der alte Widder auf. »Es wäre gewiss besser für euch, im stärksten Sturm umherzufliegen, als hierzubleiben. Aber jetzt sollt ihr euch nicht wieder auf den Weg machen, ehe wir euch bestmöglich bewirtet haben.«

Er führte sie zu einer mit Wasser gefüllten Vertiefung im Boden. Dicht daneben lag ein Haufen Spreu und Häcksel, und er bat die Gänse, es sich gut schmecken zu lassen. »Wir haben einen sehr strengen Schneewinter gehabt«, sagte er. »Die Bauern, denen wir gehören, brachten uns Heu und Haferstroh, damit wir nicht verhungern. Und dieser Haufen ist alles, was noch davon übrig ist.«

Die Gänse machten sich eifrig über das Futter her. Sie fanden, dass sie es herrlich getroffen hätten, und waren in allerbester Laune. Sie sahen wohl, dass die Schafe voller Angst waren; aber da sie wussten, wie leicht Schafe sich erschrecken lassen, glaubten sie nicht, dass es sich um eine wirkliche Gefahr handelte. Sobald sie satt waren, dachten sie darum an nichts anderes, als sich nun an einem guten Schlaf zu erfreuen. Aber da richtete sich der große Widder abermals auf und kam auf sie zu. Die Gänse meinten, noch nie ein Schaf mit so langen, starken Hörnern gesehen zu haben. Und auch sonst sah der Widder eindrucksvoll aus. Er hatte eine große, knochige Stirn, kluge Augen und eine vornehme Haltung, wie ein recht stolzes, mutiges Tier.

»Ich kann die Verantwortung nicht übernehmen, euch hier schlafen zu lassen, ohne euch zu sagen, dass dieser Ort hier alles andere als sicher ist«, sagte er. »Wir können für den Augenblick keine Logierbesuche bei uns aufnehmen.«

Jetzt erst merkte die alte Akka, dass er es tatsächlich ernst meinte. »Wenn ihr es wirklich wünscht, so werden wir uns gewiss entfernen«, sagte sie. »Aber wollt ihr uns nicht vorher sagen, was euch Sorgen bereitet? Wir wissen nichts, ja wir wissen nicht einmal, wohin wir geraten sind.«

»Dies ist die Kleine Karlsinsel«, erwiderte der Widder. »Sie liegt westlich vor Gotland, und es wohnen nur Schafe und Meeresvögel hier.«

»Vielleicht seid ihr wilde Schafe?« fragte Akka.

»Ja, man könnte uns beinahe so nennen«, antwortete der Widder. »Mit den Menschen haben wir eigentlich nichts zu tun. Es besteht ein altes Übereinkommen zwischen uns und den Bauern eines Hofes auf Gotland; demgemäß müssen uns diese in bösen Schneewintern mit Futter versehen, und dafür dürfen sie die Überzähligen von uns mitnehmen.

Die Insel ist so klein, dass sie nur eine begrenzte Anzahl von uns ernähren kann. Aber sonst versorgen wir uns das ganze Jahr hindurch selbst, und wir wohnen nicht in Häusern mit Türen und Riegeln, sondern halten uns in solchen Höhlen wie dieser hier auf.«

»Was? Bleibt ihr auch im Winter draußen?« fragte Akka verwundert.

»Jawohl«, antwortete der Widder. »Es gibt das ganze Jahr hindurch Futter genug hier.«

»Das klingt ja fast, als hättet ihr es besser als andere Schafe«, sagte Akka. »Aber was ist das nun für ein Unglück, das euch zugestoßen ist?«

»Im vergangenen Winter«, sagte der Widder, »war es so bitterkalt, dass das Meer zugefroren ist. Da kamen drei Füchse übers Eis herüber, und sie sind seitdem hier geblieben. Außer ihnen ist auf der ganzen Insel nicht ein einziges lebensgefährliches Tier.«

»Wie, wagen es die Füchse etwa, Tiere wie euch anzugreifen?«

»O nein, bei Tage nicht, da kann ich mich und die Meinen wohl verteidigen«, sagte der Widder und schüttelte seine Hörner. »Aber bei Nacht, wenn wir in der Höhle schlafen, da schleichen sie heran und überfallen uns. Wir geben uns zwar alle Mühe, wach zu bleiben, aber einmal muss man ja schlafen, und das nutzen sie aus. In den benachbarten Behausungen haben sie schon alle Schafe getötet, und es waren Herden darunter, die ebenso groß waren wie die meinige.«

»Es ist nicht angenehm, eingestehen zu müssen, dass wir so hilflos sind«, sagte jetzt das alte Mutterschaf, »und es wäre viel besser für uns, wenn wir zahme Schafe wären.«

»Meint ihr, die Füchse werden auch heute Nacht kommen?« fragte Akka.

»Es ist nicht anders zu erwarten«, antwortete das Mutterschaf voller Sorge. »Gestern Nacht sind sie hier gewesen und haben uns ein Lamm gestohlen, und sie werden keine Ruhe geben, solange noch eins von uns am Leben ist. So haben sie es bei den anderen Herden auch gemacht.«

»Aber wenn die wenigen, die übrig geblieben sind, noch länger hierbleiben, dann sterbt ihr ja vollständig aus«, sagte Akka.

»Ja, es wird nicht mehr lange dauern, bis es keine Schafe mehr auf der Kleinen Karlsinsel gibt«, seufzte das Mutterschaf.

Sehr unschlüssig stand Akka da. Wieder im Sturm umherzufliegen, war kein Vergnügen, aber in einem Haus zu bleiben, wo solche Gäste erwartet wurden, war auch keine schöne Aussicht. Nachdem sie eine Weile überlegt hatte, wandte sie sich an Däumling. »Sag, möchtest du uns diesmal nicht auch helfen, wie schon so oft?« fragte sie ihn.

»Jawohl«, erwiderte der Junge, »recht gern.«

»Du tust mir zwar leid, wenn du nicht schlafen darfst«, fuhr Akka fort, »aber trotzdem möchte ich dich bitten, heute zu wachen und uns zu wecken, wenn du die Füchse kommen siehst, damit wir wegfliegen können. Willst du das für uns tun?«

Der Junge versprach es, ohne zu zögern. Er wusste ja, dass die anderen müder waren als er und also auch mehr Recht auf ihren Schlaf hatten.

Er trat an die Öffnung der Höhle, kroch hier zum Schutz vor dem Sturm unter einen Stein und begann seine Wache. Allmählich klarte der Himmel auf, und der Mondschein spielte auf den Wogen. Der Junge trat unter den Höhleneingang und schaute hinaus. Die Höhle befand sich ziemlich hoch an der Felsenwand, und nur ein schrecklich steiler Weg führte zu ihr herauf. Auf diesem würden die Füchse wohl daherkommen.

Füchse sah er nun zwar noch keine, dafür aber etwas anderes, das ihm im ersten Augenblick großen Schrecken einjagte. Unterhalb des Berges auf dem schmalen Streifen Land am Ufer standen einige Riesen oder andere steinerne Ungeheuer. Oder vielleicht waren es auch Menschen. Zuerst glaubte er, er träume, dann aber war er ganz sicher, dass er noch nicht geschlafen hatte. Er sah die großen Männer ganz deutlich, es konnte keine Sinnestäuschung sein. Einige standen draußen am Ufer, die anderen aber ganz dicht am Berg, als ob sie hinaufklettern wollten. Die einen hatten große, dicke Köpfe, andere wieder gar keine. Die einen waren einarmig, und einige hatten hinten und vorne große Höcker.

So etwas Sonderbares hatte der Junge noch nie gesehen; er stand da oben und fürchtete sich so schrecklich vor den Ungeheuern, dass er beinahe vergessen hätte, auf die Füchse aufzupassen. Jetzt aber hörte er eine Klaue auf einem Stein kratzen, und er sah drei Füchse den Abhang heraufkommen. Sobald der Junge wusste, dass er es mit etwas Wirklichem zu tun hatte, beruhigte er sich vollständig und fühlte keine Spur von Angst mehr. Dann dachte er, es wäre doch schade, wenn er jetzt nur die Gänse weckte, die Schafe aber ihrem Schicksal überließe, und er wollte es lieber anders machen.

Eilig lief er in die Höhle hinein, weckte den großen Widder, indem er ihn an den Hörnern schüttelte und sich zugleich auf dessen Rücken schwang. »Steh auf, Alter, dann wollen wir den Füchsen mal einen ordentlichen Schrecken einjagen!« flüsterte er.

Er hatte versucht, so still wie möglich zu sein, aber die Füchse hatten dennoch ein Geräusch gehört. Als sie den Höhleneingang erreicht hatten, hielten sie an und überlegten. Bestimmt hatte sich eines von den Schafen bewegt. »Ich frage mich, ob sie wach sind?« sagte der eine Fuchs.

»Ach, geh nur hinein«, sagte einer von den anderen. »Sie können uns ja nichts tun.«

Als sie tiefer in die Höhle hineingekommen waren, blieben sie stehen und witterten aufmerksam. »Wen wollen wir heute nehmen?« flüsterte schließlich der vorderste.

Kapitel 9

»Heute nehmen wir den großen Widder«, zischelte der hinterste. »Wenn er nicht mehr da ist, haben wir mit den anderen leichte Arbeit.«

Der Junge saß auf dem Rücken des alten Widders und sah, wie die Füchse sich heranschlichen. »Stoß nur geradeaus!« flüsterte er. Der Widder stieß zu, und der erste Fuchs wurde Hals über Kopf an den Eingang zurückgeschleudert. »Stoß jetzt nach links!« sagte der Junge und drehte den großen Kopf des Widders in die richtige Lage. Der Widder vollführte einen gewaltigen Stoß nach links, der den zweiten Fuchs in die Seite traf, sodass er sich mehrere Male überschlug, ehe er wieder auf die Beine kam und fliehen konnte. Dem Jungen wäre es am liebsten gewesen, wenn der dritte auch noch einen Denkzettel bekommen hätte, aber der war schon auf und davon.

»Jetzt werden sie für heute Nacht genug haben!« rief der Junge.

»Das glaube ich auch«, sagte der Widder. »Lege dich ruhig auf meinen Rücken und krieche in die Wolle hinein. Nach dem Sturm, in dem du heute draußen gewesen bist, hast du dir ein warmes Lager verdient.«

Am nächsten Tag wanderte der Widder mit dem Jungen auf dem Rücken auf der Insel umher, die aus einem einzigen großen Felsen bestand. Sie war wie ein großes Haus mit senkrechten Mauern und einem Flachdach. Der Widder ging zuerst auf das Felsendach hinauf und zeigte Nils Holgersson die guten Weideplätze, die da oben waren, und dem Jungen kam die Insel tatsächlich gerade wie für Schafe geschaffen vor. Auf dem Berg wuchs nicht viel mehr als Schafschwingel und andere kleine, dürre, würzige Kräuter, die Schafe gern fressen.

Aber wer glücklich den steilen Abhang hinaufgekommen war, für den gab es da oben auch noch anderes zu sehen als nur Schafweiden. Da war zuerst das weite, weite Meer, das jetzt im Sonnenglanz herrlich blau leuchtete und mit schimmernden Wellen daherrollte. Nur an einzelnen Klippenvorsprüngen schäumte es weiß auf. Geradeaus im Osten lag die gleichmäßige, langgestreckte Küste von Gotland, und im Südwesten die Große Karlsinsel, die dieselbe Formation zeigte wie die Kleine Karlsinsel. Als der Widder ganz an den Rand der Felsenkuppe trat, sodass der Junge die Bergwand hinunterschauen konnte, sah er, dass sie voller Vogelnester war, und in der blauen Flut unten lagen in friedlicher Vereinigung die verschiedensten Arten von Möwen, Eidervögeln und Lummen und Alken, die eifrig Strömlinge fischten.

»Dies ist wirklich ein gelobtes Land«, sagte der Junge. »Ihr habt es gut, ihr Schafe.«

Kapitel 9

»Jawohl, es ist schön hier«, sagte der Widder. Es war, als wollte er noch etwas hinzufügen, aber dann sagte er doch nichts, sondern seufzte nur. »Aber wenn du allein hier umhergehst«, fuhr er nach einer Weile fort, »dann nimm dich ja vor all den Spalten in acht, die sich über den Berg ziehen.« Und das war eine gute Warnung, denn an mehreren Stellen waren tiefe und breite Felsenrisse. Die größte von diesen Spalten heiße das Höllenloch, sagte der Widder, sie sei mehrere Meter tief und mehr als einen Meter breit. »Wenn einer da hinunterfiele, dann wäre es aus mit ihm«, fügte der Widder noch hinzu, und dem Jungen kam es vor, als habe er dies mit einer besonderen Absicht gesagt.

Nun führte er den Jungen an den Strand hinunter. Da bekam er dann auch die Riesen, die ihn in der Nacht erschreckt hatten, aus der Nähe zu sehen. Es waren große Felsengebilde; der Widder nannte sie »Raukar«, und der Junge konnte sich nicht satt daran sehen. Er meinte, wenn es wirklich in Steine verwandelte Zauberer gäbe, müssten sie so aussehen.

Der Widder war schon eine Weile ziemlich schweigsam gewesen. Nun aber erzählte er, was er auf der Seele hatte: »Die Sache mit den Füchsen setzt uns arg zu. Wenn jemand, der klug und tüchtig wäre, nur unser Elend hier zu sehen bekäme, dann würde er gewiss nicht ruhen, bis die Füchse ihre gerechte Strafe bekommen hätten.«

»Die Füchse müssen aber doch auch leben«, sagte der Junge.

»Jawohl«, erwiderte der Widder. »Und wer nicht mehr Tiere tötet, als er zu seinem Unterhalt benötigt, der darf wohl am Leben bleiben. Diese hier aber sind Übeltäter!«

»Die Bauern, denen die Insel gehört, müssten kommen und euch helfen«, meinte der Junge.

»Sie sind auch schon mehrere Male hier gewesen«, sagte der Widder, »aber die Füchse haben sich in Höhlen und Felsspalten versteckt, wo man nicht auf sie schießen konnte.«

»Ach, mein guter Alter, Ihr glaubt doch wohl nicht, dass so ein armer kleiner Wicht wie ich mit ihnen fertigwerden könnte, nachdem weder ihr noch die Bauern sie haben überwältigen können?« sagte der Junge.

»Wer klein und pfiffig ist, kann vieles ausrichten«, antwortete der Widder.

Sie sprachen jetzt nicht weiter von dieser Sache, und der Junge begab sich zu den Wildgänsen, die auf dem Berggipfel weideten. Obgleich er es dem Widder nicht hatte zeigen wollen, war er doch sehr betrübt über das Schicksal der Schafe, und er hätte ihnen gar zu gern geholfen. ›Ich will auf jeden Fall mit Akka und dem Gänserich Martin darüber reden‹, dachte er. ›Vielleicht können sie mir einen guten Rat geben.‹

Etwas später nahm der weiße Gänserich den Jungen auf den Rücken und wanderte mit ihm über den Felsengipfel zum Höllenloch. Ganz sorglos lief er über die offene Berghöhe und schien gar nicht daran zu denken, wie weiß und groß er war. Er versuchte sich nicht hinter Erdhaufen oder anderen Erhöhungen zu verstecken, sondern ging ruhig seines Weges. Es war merkwürdig, dass er nicht ein bisschen vorsichtiger war, denn es schien ihm während des gestrigen Sturmes ziemlich schlecht gegangen zu sein. Er hinkte mit dem rechten Bein, und der linke Flügel schleifte am Boden, als ob er gebrochen wäre.

Er wanderte umher, als sei überhaupt keine Gefahr zu befürchten, biss da und dort einen Grashalm ab und sah sich gar nicht um. Der Junge lag auf dem Gänserücken ausgestreckt und schaute zum blauen Himmel empor. Er war das Reiten jetzt so gewohnt, dass er auf dem Gänserücken stehen und liegen konnte.

Da der Gänserich und der Junge so sorglos waren, bemerkten sie natürlich die drei Füchse nicht, die jetzt auf dem Berggipfel auftauchten. Und die Füchse, die genau wussten, dass es beinahe unmöglich ist, einer Gans auf offenem Feld beizukommen, dachten im ersten Augenblick gar nicht daran, auf sie Jagd zu machen. Da sie aber nichts anderes zu tun hatten, sprangen sie schließlich in eine der langen Felsenspalten hinein und versuchten, sich an die Gans heranzuschleichen. Sie gingen dabei so vorsichtig zu Werk, dass der Gänserich rein gar nichts von ihnen sehen konnte.

Als sie nicht mehr weit von dem Gänserich entfernt waren, machte dieser einen Versuch, aufzufliegen. Er schlug mit den Flügeln, aber es gelang ihm nicht, vom Boden wegzukommen. Daraus folgerten die Füchse, der Gänserich könne nicht fliegen, und sie eilten rascher vorwärts. Sie hielten sich nicht mehr in der Kluft versteckt, sondern liefen auf die Hochebene hinaus. Hier verbargen sie sich, so gut sie konnten, hinter Erdhaufen und Felsstücken und kamen so immer näher zu dem Gänserich, ohne dass dieser merkte, dass Jagd auf ihn gemacht wurde. Schließlich waren sie ihm ganz nahe, jetzt konnten sie den Sprung wagen, und mit einem großen Satz warfen sie sich alle drei zugleich auf ihn.

Im letzten Augenblick musste der Gänserich aber doch etwas gemerkt haben, denn er sprang rasch zur Seite, und die Füchse verfehlten ihn. Aber das war nicht von großer Bedeutung, denn der Gänserich hatte nur ein paar Meter Vorsprung, und dazu war er lahm. Doch der Ärmste lief, so schnell er konnte, und Gänse können ja ungeheuer schnell laufen, selbst einem Fuchs kann es schwerfallen, sie zu fangen.

Der Junge saß rücklings auf dem Gänserücken und rief und schrie den Füchsen zu: »Ihr habt euch am Schaffleisch zu fett gefressen, ihr könnt ja nicht einmal eine Gans fangen!« Er reizte und ärgerte sie; das machte sie ganz wild, und sie rannten jetzt sinnlos vorwärts.

Der weiße Gänserich aber lief geradewegs auf die große Kluft zu. Als er sie erreicht hatte, schlug er mit den Flügeln, und drüben war er! Gerade da hatten ihn die Füchse eingeholt.

Der Gänserich lief, nachdem er über das Höllenloch hinübergekommen war, ebenso schnell vorwärts wie vorher. Doch kaum war er einige Meter weiter gelaufen, als der Junge ihm auf den Hals klopfte und sagte: »Jetzt kannst du anhalten, Gänserich!«

In diesem Augenblick hörten sie hinter sich ein paar wilde Schreie, ein Kratzen von Krallen und das Aufschlagen von mehreren Körpern. Aber von den Füchsen sahen sie nichts mehr.

Am nächsten Morgen fand der Leuchtturmwächter auf der Großen Karlsinsel ein Stück Rinde unter seiner Haustür, auf dem mit krummen, eckigen Buchstaben geschrieben stand: »Die Füchse auf der kleinen Insel sind in das Höllenloch gefallen. Mach, dass du hinkommst!«

Und das tat der Leuchtturmwächter auch.

Kapitel 10

Zwei Städte

Es war eine stille, klare Nacht. Die Wildgänse brauchten nicht in einer der Höhlen Schutz zu suchen; sie schliefen oben auf dem Felsengipfel, und der Junge hatte sich neben den Gänsen auf dem kurzen, trockenen Gras ausgestreckt.

Der Mond schien hell in jener Nacht, so hell, dass der Junge lange nicht einschlafen konnte. Er dachte darüber nach, wie lange er nun schon von zu Hause fort war, und als er nachrechnete, waren seit dem Beginn seiner Reise gerade mal drei Wochen verflossen. Und da fiel ihm ein, dass heute der Samstag vor Ostern war.

Als er nun zum Himmel aufschaute, bot sich ihm ein sehr schöner Anblick. Ziemlich hoch über dem Horizont segelte der Vollmond rund und hell dahin, und ein großer Vogel flog über ihn hin. Er flog nicht am Mond vorüber, sondern tauchte so auf, als flöge er gerade aus ihm heraus. Ganz schwarz hob sich der Vogel von dem hellen Hintergrund ab, und seine Schwingen reichten von dem einen Rand der Mondscheibe bis zum anderen. Sein Körper war klein, der Hals lang und schmal, die Beine hingen lang und dünn herab, und der Junge erkannte bald, dass es ein Storch sein musste.

Ein paar Augenblicke später ließ sich auch wirklich der Storch, Herr Ermenrich, neben dem Jungen nieder. Er neigte sich behutsam über ihn und stieß ihn mit dem Schnabel an, um ihn zu wecken.

Der Junge setzte sich sogleich auf. »Ich schlafe nicht, Herr Ermenrich«, sagte er. »Aber

Kapitel 10

warum sind Sie mitten in der Nacht unterwegs, und wie steht es auf Glimmingehaus? Wollen Sie vielleicht mit Mutter Akka sprechen?«

»Die Nacht ist zu hell zum Schlafen«, antwortete Herr Ermenrich. »Ich bin daher über die Karlsinsel geflogen, um dich, meinen Freund Däumling, zu besuchen, denn ich habe von einer Fischmöwe gehört, dass du heute Nacht hier bist. Nach Glimmingehaus bin ich noch nicht gezogen, sondern wohne noch in Pommern.«

Der Junge freute sich gewaltig, dass Herr Ermenrich ihn aufgesucht hatte. Sie plauderten eine Weile über alles Mögliche wie alte Freunde. Plötzlich fragte der Storch den Jungen, ob er nicht Lust hätte, in dieser schönen Nacht einen Ausflug zu machen?

Doch, das wollte der Junge von Herzen gern, wenn der Storch ihn nur bis zum Sonnenaufgang wieder zu den Gänsen zurückbringen würde. Herr Ermenrich versprach es, und sogleich ging es auf die Reise.

Wieder flog Herr Ermenrich geradewegs auf den Mond zu. Höher und höher ging es hinauf, das weite Meer versank unter ihnen; aber sie schwebten ganz leicht dahin es war fast, als lägen sie still.

Als Herr Ermenrich sich auf die Erde hinabsinken ließ und anhielt, war es dem Jungen, als sei erst eine ganz kurze Zeit vergangen; und doch hatte der Storch einen ganz beachtlichen Weg zurückgelegt, denn in demselben Augenblick, als er den Jungen auf die Erde setzte, sagte er: »Dies ist Pommern. Jetzt bist du in Deutschland, Däumling.« Der Junge war über die Nachricht, dass er sich in einem fremden Land befinde, ganz verdutzt. Das hätte er nie gedacht. Schnell sah er sich um. Er stand auf einem einsamen, mit weichem, feinem Sand bedeckten Meeresstrand. Auf der Landseite verlief eine lange Reihe oben mit Strandhafer bewachsener Dünenhügel, die zwar nicht sehr hoch waren, dem Jungen aber die Aussicht ins Land hinein vollständig versperrten.

Herr Ermenrich stieg auf einen Sandhügel hinauf, zog das eine Bein in die Höhe und legte den Hals zurück, um den Schnabel unter die Flügel zu stecken. »Während ich mich ausruhe, kannst du eine Weile am Strand umherwandern«, sagte er zu Däumling. »Aber verlaufe dich nicht, damit du mich wiederfinden kannst.«

Der Junge wollte zuerst auf einen der Dünenhügel klettern, um zu sehen, wie das Land dahinter aussah. Aber kaum hatte er ein paar Schritte gemacht, als er mit der Spitze seines Holzschuhs an etwas Hartes stieß. Er bückte sich, und da sah er auf dem Sand eine kleine, von Grünspan zerfressene dünne Kupfermünze. Sie war in so schlechtem Zustand, dass sie ihm nicht einmal des Aufhebens wert schien, und er schleuderte sie mit dem Fuß weg. Aber als sich der Junge wieder aufrichtete, wie grenzenlos überrascht war er da! Keine zwei

Schritte vor ihm erhob sich eine dunkle Mauer mit einem großen turmgekrönten Tor. Vor einem Augenblick, als er sich nach der Münze bückte, hatte sich das Meer noch glänzend und glitzernd vor ihm ausgebreitet, jetzt aber war es durch eine lange Mauer mit Zinnen und Türmen verdeckt. Und direkt vor dem Jungen, wo vorher nur einige Tangbänke gewesen waren, öffnete sich das große Tor in der Mauer.

Der Junge war sich ganz klar darüber, dass dies eine Art Geisterspuk sein musste. Aber er dachte, davor brauche er sich nicht zu fürchten, denn was er sah, war ja gar nicht unheimlich oder grauenhaft. Die Mauern und Türme waren prächtig gebaut, und sofort regte sich der Wunsch in ihm, zu sehen, was dahinter sei. ›Ich muss herausfinden, was das ist‹, dachte er, und damit ging er durch das Tor.

Unter dem kleinen Torgewölbe saßen in bunten, gepufften Anzügen, langstielige Streitäxte neben sich, die Wächter und spielten Würfel. Sie waren ganz in ihr Spiel vertieft und gaben nicht auf den Jungen acht, der hastig an ihnen vorbeieilte.

Dicht am Tor war ein freier, mit glatten Steinfliesen gepflasterter Platz. Ringsum standen hohe, prachtvolle Häuser, und zwischen diesen öffneten sich lange, schmale Straßen.

Auf dem Platz vor dem Tor wimmelte es von Menschen. Die Männer trugen lange, pelzverbrämte Mäntel über seidenen Unterkleidern, federngeschmückte Barette saßen ihnen schräg auf dem Scheitel, und über die Brust herunter hingen ihnen wunderschöne Ketten. Alle waren herrlich gekleidet, es hätten lauter Fürsten sein können.

Die Frauen trugen spitze Hauben und lange Gewänder mit engen Ärmeln. Sie waren auch prächtig geschmückt, aber ihr Staat konnte sich bei Weitem nicht mit dem der Männer messen.

Dies alles glich ganz den Bildern in dem alten Märchenbuch, das seine Mutter ab und zu einmal aus ihrer Truhe holte und ihm zeigte. Der Junge wollte seinen Augen nicht trauen.

Aber noch viel beeindruckender als die Männer und die Frauen war die Stadt selbst. Jedes Haus hatte einen Giebel zur Straße hin, und diese Giebel waren so reich verziert, dass man hätte glauben können, sie wollten miteinander wetteifern, welcher von ihnen am schönsten geschmückt sei.

Doch während der Junge all dies bewunderte, wurde er von einer ihm selbst unbegreiflichen Hast überfallen. »So etwas haben meine Augen noch nie gesehen. So etwas werde ich mein Lebtag nicht wieder sehen«, sagte er sich. Und er begann in die Stadt hineinzulaufen, Straße auf, Straße ab, ohne anzuhalten. Die Straßen waren eng und schmal, aber keineswegs leer und düster wie in den Städten, die er bis jetzt gesehen hatte. Überall waren Menschen; alte Weiber saßen vor ihren Türen und spannen ohne Spinnrad, nur an der Kunkel.

Kapitel 10

Die Warenlager der Kaufleute waren wie Marktbuden zur Straße hin offen. An einem Platz wurde Tran gekocht, an einem anderen wurden Häute gegerbt, und an einem Weg war eine Seilerbahn.

Wenn der Junge nur Zeit gehabt hätte, ja dann hätte er hier alles Mögliche lernen können! Er sah, wie die Waffenschmiede dünne Brustharnische hämmerten, wie die Goldschmiede Edelsteine in Ringe und Armbänder einsetzten, wie die Drechsler ihre Dreheisen handhabten, wie die Schuhmacher weiche rote Schuhe besohlten, wie der Goldspinner Goldfäden drehte und wie die Weber Seide und Gold in ihre Gewebe hineinwoben. Aber der Junge hatte keine Zeit zum Verweilen. Er stürmte nur immer vorwärts, um so viel wie möglich zu sehen, ehe alles wieder verschwinden würde.

Die Stadtmauer ging rund um die ganze Stadt herum und umschloss sie, wie in Schweden die Steinmäuerchen die Äcker einfrieden. Am Ende jeder Straße sah man die Mauer turm- und zinnengekrönt hervorschauen. Und obendrauf wanderten Soldaten umher in glänzendem Harnisch und blankem Helm.

Als der Junge die ganze Stadt durchquert hatte, kam er wieder an ein Stadttor. Da draußen lag das Meer und der Hafen. Hier sah der Junge altertümliche Schiffe mit Ruderbänken in der Mitte und mit hohen Aufbauten vorn und hinten. Lastträger und Kaufleute liefen eifrig hin und her. Überall war Leben, und alle hatten es eilig.

Aber auch hier erlaubte ihm seine innere Unruhe nicht, sich aufzuhalten. Er eilte wieder in die Stadt hinein und kam jetzt auf den Marktplatz. Hier lag die Domkirche mit drei hohen Türmen und tiefen, mit steinernen Figuren geschmückten Toren. Die Wände waren mit Bildhauerarbeit so reich verziert, dass auch nicht ein einziger Stein zu sehen war, der nicht seinen Schmuck gehabt hätte. Und welch eine Pracht schimmerte durch das offene Portal heraus! Goldene Kruzifixe, mit vergoldeter Schmiedearbeit verzierte Altäre und Priester in goldenen Messgewändern! Der Kirche gegenüber stand ein Haus mit Zinnen auf dem Dach und mit einem einzigen schlanken, himmelhohen Turm. Das war wohl das Rathaus. Und von der Kirche bis zum Rathaus, rings um den ganzen Markt herum, standen die schönsten Giebelhäuser mit den mannigfaltigsten Verzierungen.

Der Junge hatte sich warm und müde gelaufen; er dachte, er habe nun so ziemlich das Beeindruckendste von der Stadt gesehen, und ging deshalb etwas langsamer weiter. Die Straße, in die er eben eingebogen war, das war gewiss die, wo die Stadtbewohner ihre prächtigen Kleider kauften. Die Leute drängten sich vor den kleinen Läden, wo die Kaufleute auf ihren Tischen geblümte Seidenstoffe, dicken Goldbrokat, schillernden Samt, leichte, flockig gewobene seidene Tücher und spinnwebdünne Spitzen ausbreiteten.

Vorher, als der Junge so rasch gelaufen war, hatte niemand auf ihn achtgegeben. Die Leute hatten gewiss geglaubt, es springe nur eine graue Ratte vorbei. Aber jetzt, wo er ganz langsam durch die Straße dahinwandelte, erblickte ihn einer der Kaufleute, und sogleich begann er ihm zu winken.

Der Junge wurde zuerst ängstlich und wollte davonlaufen, aber der Kaufmann winkte ihm nur, lachte ihm zu und breitete ein herrliches Stück Seidensamt auf seinem Tisch aus, als ob er ihn damit herbeilocken wollte.

Der Junge schüttelte den Kopf. ›Ich werde in meinem ganzen Leben nicht so reich sein, um auch nur einen Meter von diesem Stoff kaufen zu können‹, dachte er.

Aber jetzt hatte man ihn die ganze Straße entlang von jedem Laden aus bemerkt. Wohin er auch sah, überall stand ein Händler und winkte ihm. Sie ließen ihre reichen Kunden stehen und hatten nur noch Augen für ihn. Er sah, wie sie in den verstecktesten Winkel des Ladens liefen, um das Beste, was sie zu verkaufen hatten, hervorzuholen, und wie ihnen, während sie es auf den Tisch legten, vor Hast und Eifer die Hände zitterten.

Als der Junge nicht anhielt, sondern weiterging, sprang einer der Kaufleute über seinen Tisch weg, hielt ihn fest und breitete Silberbrokat und in allen Farben schillernde gewebte Tapeten vor ihm aus. Der Junge konnte nicht anders, als den guten Mann auszulachen. Er hätte ihm doch ansehen müssen, dass ein so armer Schlucker wie er keine solchen Waren kaufen konnte. Er blieb stehen und streckte dem Krämer seine beiden leeren Hände hin, um den Leuten zu zeigen, dass er nichts besaß und dass sie ihn in Ruhe lassen sollten.

Da hob der Kaufmann einen Finger hoch, nickte ihm zu und schob ihm den ganzen Haufen von herrlichen Waren hin.

»Kann er dies alles wirklich für ein einziges Geldstück verkaufen wollen?« fragte sich Däumling verwundert.

Der Kaufmann zog ein kleines, abgegriffenes, schlechtes Geldstück heraus, das geringste, das es überhaupt gibt, und hielt es dem Däumling hin. Und in seinem Eifer, zu verkaufen, legte er noch zwei große silberne Becher auf den Haufen.

Da begann der Junge in seinen Taschen zu suchen. Er wusste zwar wohl, dass er nicht einen einzigen roten Heller besaß, aber unwillkürlich sah er doch nach.

Alle anderen Kaufleute sahen eifrig zu, und als sie den kleinen Knirps in seinen Taschen suchen sahen, sprangen sie über ihre Tische, ergriffen so viel Gold- und Silberschmuck, wie ihre Hände zu fassen vermochten, und boten ihm die Kostbarkeiten an. Und alle machten ihm Zeichen, dass sie als Bezahlung nichts weiter verlangten als einen einzigen Heller.

Aber der Junge drehte seine Westen- und Hosentaschen um und um; er besaß nichts au-

ßer ein paar Streichhölzern. Da traten allen diesen stattlichen Kaufleuten, die doch so viel reicher waren als er, die Tränen in die Augen, und der Junge fühlte sich seltsam bewegt, denn sie sahen gar so ängstlich aus. Er besann sich, ob er ihnen denn nicht auf irgendeine Weise helfen könnte, und da fiel ihm plötzlich die grünspanige Kupfermünze ein, die er vorhin am Strand gesehen hatte.

Sofort lief er in größter Eile die Straße hinunter; und er hatte Glück, denn er kam an dasselbe Tor, durch das er zuerst gegangen war. Er stürzte hinaus und suchte nach der Kupfermünze, die vorhin hier gelegen hatte.

Und richtig, da lag sie! Aber als er sie aufgehoben hatte und mit ihr in die Stadt zurückeilen wollte, sah er nur noch das Meer vor sich. Keine Stadtmauer, kein Tor, keine Wächter, keine Straßen, keine Häuser waren mehr zu sehen, nichts, nichts als das Meer!

Unwillkürlich traten dem Jungen die Tränen in die Augen. Von Anfang an hatte er ja alles, was er gesehen hatte, für eine optische Täuschung gehalten, aber nachher hatte er das ganz vergessen und nur noch daran gedacht, wie schön alles sei; und jetzt, wo die Stadt verschwunden war, war er bitter enttäuscht.

In demselben Augenblick erwachte Herr Ermenrich und ging zu Däumling hinüber. Aber der Junge hörte ihn nicht, und der Storch musste ihn abermals mit dem Schnabel anstoßen, um sich bemerkbar zu machen. »Ich glaube, du hast ebenso fest geschlafen wie ich«, sagte er.

»Ach, Herr Ermenrich«, erwiderte Däumling. »Was war das nur für eine eigenartige Stadt, die eben hier stand?«

»Hast du eine Stadt gesehen?« fragte der Storch. »Du hast geschlafen und geträumt, ich habe es ja gesagt.«

»Nein, ich habe nicht geschlafen«, widersprach Däumling. Und er erzählte dem Storch alles, was er erlebt hatte.

Da sagte Herr Ermenrich: »Was mich betrifft, so glaube ich doch, dass du hier am Strand geschlafen und all dies geträumt hast. Aber ich will dir nicht verschweigen, dass Bataki, der Rabe, der der gelehrteste von allen Vögeln ist, mir einmal erzählt hat, hier habe einst eine Stadt namens Vineta gestanden. Diese Stadt sei außerordentlich reich und schön gewesen, und keine einzige Stadt auf der Welt habe sich mit ihr vergleichen können. Aber unglücklicherweise seien ihre Einwohner hochmütig und prunksüchtig geworden. Und«, fuhr der Storch fort, »Bataki sagt, zur Strafe dafür sei Vineta von einer Sturmflut überschwemmt und im Meer versenkt worden. Ihre Einwohner aber dürften nicht sterben und auch ihre Stadt nicht zerstören. Nur alle hundert Jahre einmal dürfe diese in all ihrer

Pracht aus dem Meer aufsteigen und liege dann genau eine Stunde lang auf dem Festland.«

»Ja, das muss wahr sein«, sagte Däumling, »denn ich habe sie gesehen.«

»Aber wenn die Stunde vorübergegangen und es während dieser Zeit niemandem in Vineta gelungen sei, irgendetwas an ein lebendes Wesen zu verkaufen, dann versinke die Stadt wieder im Meer. Wenn du auch nur ein einziges, noch so ärmliches Geldstück gehabt hättest, um den Kaufmann zu bezahlen, dann hätte Vineta am Strand liegen bleiben dürfen, und ihre Menschen hätten wie andere Menschen leben und sterben dürfen.«

»Ach, Herr Ermenrich«, sagte der Junge, »jetzt weiß ich, warum Sie mitten in der Nacht gekommen sind und mich geholt haben. Sie dachten, ich könne die alte Stadt retten. Ach, Herr Ermenrich, ich bin tief betrübt, dass es mir nicht gelungen ist!«

Er verbarg sein Gesicht in den Händen und weinte; und man hätte kaum sagen können, welcher von den beiden betrübter aussah, der Junge oder Herr Ermenrich.

Am Ostermontag waren die Wildgänse mit Däumling wieder auf der Reise und flogen jetzt über Gotland hin. Die große Insel lag flach und gleichmäßig unter ihnen, der Erdboden war ganz so wie in Schonen, und sie sahen viele Kirchen und Bauernhöfe. Der Unterschied aber war, dass hier zwischen den Feldern viele Baumwiesen prangten und dass die Höfe nicht im Viereck gebaut waren. Und große Herrensitze mit alten, von reichen Parkanlagen umgebenen Schlössern und Türmen gab es auf Gotland gar nicht.

Däumlings wegen hatten die Wildgänse den Weg über Gotland gewählt, denn der arme Junge war nun schon zwei Tage lang sehr niedergeschlagen.

In einem fort sah er jene Stadt vor sich, die sich ihm auf so merkwürdige Weise gezeigt hatte. Er konnte an nichts anderes denken als an diese schönen Gebäude und prächtigen Menschen. ›Ach, wenn es mir doch gelungen wäre, dies alles dem Leben zurückzugeben!‹ dachte er. ›Welch ein Unglück, dass so viel Schönes auf dem Meeresgrund liegen soll!‹

Akka und der Gänserich hatten sich alle Mühe gegeben, Däumling zu überzeugen, dass dieses Erlebnis ein Traum oder eine optische Täuschung gewesen sei, aber davon wollte der Junge nichts hören. Er war ganz sicher, alles selbst gesehen zu haben, und niemand hatte ihn von seiner Überzeugung abbringen können. Tiefbetrübten Herzens war er umhergegangen, und schließlich wurden seine Reisegefährten besorgt um ihn.

Doch dann, gerade als der Junge am allerniedergeschlagensten gewesen war, kam plötzlich die alte Kaksi dahergeflogen. Sie war von dem Sturm nach Gotland verschlagen worden und hatte über die ganze Insel hinfliegen müssen, bis sie erfahren hatte, wo sich ihre

Kapitel 10

Reisegefährten befanden. Als sie endlich auf der Kleinen Karlsinsel eingetroffen war und gehört hatte, was Däumling fehlte, sagte sie plötzlich:

»Wenn Däumling über eine alte Stadt trauert, dann kann ich ihn schnell trösten. Kommt nur mit mir, ich zeige ihm einen Ort, den ich gestern gesehen habe, und dann braucht er nicht länger betrübt zu sein.«

Darauf hatten sich die Gänse von den Schafen verabschiedet, und jetzt waren sie auf dem Weg zu dem Ort, den Kaksi dem Däumling zeigen wollte. Und so betrübt er auch war, so konnte er es doch nicht lassen, auf das Land hinunterzusehen, über das sie gerade flogen.

Lange hatte er still hinabgeschaut, als er zufällig aufsah. Nein, wie staunte er da! Ohne dass er es gemerkt hatte, waren die Gänse von dem Inneren der Insel in westlicher Richtung auf die Küste zugeflogen. Jetzt lag das weite, blaue Meer vor ihnen! Aber nicht das Meer erschien dem Jungen so bemerkenswert, sondern eine Stadt, die dort an dem hohen Meeresstrand aufragte.

Die Gänseschar kam von Osten her, und die Sonne ging gerade unter, als sie die Stadt erreichte, deren Mauern und Türme und hohe Giebelhäuser und Kirchen sich vollständig schwarz von dem hellen Abendhimmel abhoben. Der Junge konnte deshalb nicht sehen, wie sie in Wirklichkeit beschaffen waren, und ein paar Augenblicke glaubte er, dies sei eine ebenso prächtige Stadt wie jene, die er in der Osternacht gesehen hatte.

Als er aber richtig in die Stadt hineinkam, da sah er, dass sie jener auf dem Meeresgrund ähnlich und unähnlich zugleich war. Es herrschte derselbe Unterschied zwischen ihnen wie zwischen dem Aussehen eines Menschen, der an dem einen Tag in Purpur gekleidet und mit reichem Schmuck behängt, am nächsten aber in dürftige Lumpen gehüllt ist.

Ja, diese Stadt hier hatte wohl auch einmal so ausgesehen wie jene, die er an der pommerschen Küste bewundert hatte. Diese hier war auch von einer Ringmauer mit Türmen und Toren umgeben. Aber die Türme der Stadt, die auf der Erde hatte bleiben dürfen, waren ohne Dächer, leer und öde. Die Torbogen hatten keine Türen, die Wächter und Soldaten waren verschwunden, die ganze glänzende Pracht war dahin.

Als der Junge weiter über die innere Stadt hinflog, sah er, dass sie zum größten Teil aus kleinen, niedrigen Holzhäusern bestand; nur da und dort fanden sich einige hohe Giebelhäuser und Kirchen, die noch aus der alten Zeit stammten. Die Giebelhäuser waren weiß angestrichen und ohne jegliche Verzierung. Aber weil der Junge vor Kurzem erst die versunkene Stadt gesehen hatte, glaubte er zu wissen, wie sie geschmückt gewesen waren: die einen mit Bildsäulen, andere mit schwarzem und weißem Marmor.

Und genauso war es auch bei den alten Kirchen. Die meisten von ihnen waren ohne

Dach. Überall öde Fensterhöhlen, grasbewachsener, mit zerbrochenen Fliesen bedeckter Boden und mit Schlingpflanzen bewachsene Mauerreste! Aber jetzt wusste der Junge, wie diese Kirchen einstmals ausgesehen hatten: Die Wände waren mit Bildwerken und Gemälden bedeckt gewesen, im Chor hatten Altäre und goldene Kreuze gestanden, und da und dort hatten Priester in goldgestickten Messgewändern ihres Amtes gewaltet.

Der Junge sah auch die kleinen, jetzt am Abend fast menschenleeren Stadttore. Er wusste genau, wie es hier von prächtig gekleideten Menschen gewimmelt hatte! Er wusste, dass diese Tore wie große Werkstätten gewesen waren, wo alle Arten von Arbeit verrichtet wurden.

Aber was Nils Holgersson nicht sah, das war, dass diese Stadt auch heute noch schön und beeindruckend ist. Er sah weder die hübschen Häuschen in den hinteren Gässchen, mit ihren geschwärzten Mauern, ihren weißen Hausecken und der roten Pelargonienpracht hinter den blitzblanken Fensterscheiben, noch die vielen prächtigen Gärten und Alleen und ebenso wenig die großartige Schönheit der mit Schlingpflanzen bewachsenen Ruinen. Seine Augen waren so erfüllt von der vergangenen Herrlichkeit, dass er an der gegenwärtigen nichts Gutes sehen konnte.

Die Wildgänse flogen ein paarmal über der Stadt hin und her, damit Däumling alles genau sehen konnte. Zuletzt ließen sie sich in einer Kirchenruine auf dem grasigen Boden nieder, um dort zu übernachten.

Als die Gänse schon schliefen, war Däumling immer noch wach und schaute durch das zertrümmerte Dachgewölbe zu dem blassroten Abendhimmel empor. Nachdem er so eine Weile in Gedanken versunken war, beschloss er, sich nicht mehr darüber zu grämen, dass er die versunkene Stadt nicht hatte retten können.

Nein, jetzt wollte er nicht mehr trauern! Wenn die Stadt, die er gesehen hatte, nicht im Meer versunken wäre, hätte sie vielleicht nach einiger Zeit ebenso arm und verfallen ausgesehen wie diese hier mit ihren Kirchen ohne Dächer, mit Häusern ohne Verzierungen und mit ihren einsamen, leeren Gassen. Da war es doch besser, sie stand im Verborgenen dort unten in all ihrer Herrlichkeit.

›Es wird wohl so am besten sein, wie es gekommen ist‹, dachte er. ›Ich glaube, selbst wenn ich die Macht hätte, die Stadt zu retten, würde ich es jetzt nicht mehr tun.‹

Von da an trauerte er nicht mehr darüber. Und es gibt sicher viele, die so denken, weil sie noch jung sind. Aber wenn die Menschen alt werden und sich daran gewöhnt haben, sich mit wenigem zu begnügen, dann freuen sie sich mehr über das Visby, das da ist, als über das schöne Vineta auf dem Meeresgrund.

Kapitel 11

Der Eisenhammer

Der heftige Westwind blies fast den ganzen Tag hindurch, während die Wildgänse über den Bergwerksdistrikt hinflogen; und sobald sie sich gen Norden wenden wollten, wurden sie wieder ostwärts getrieben. Aber Akka glaubte, der Fuchs Smirre versuche ihnen durch den östlichen Teil des Landes zu folgen, deshalb wollte sie nicht zu dieser Seite fliegen, und so drehte sie immer wieder um und arbeitete sich mühselig gen Westen zurück. Auf diese Weise kamen die Wildgänse nur sehr langsam vorwärts, und am Nachmittag waren sie noch immer im Bergwerksdistrikt von Västmanland. Gegen Abend legte sich jedoch der Wind, und die ermatteten Reisenden hofften vor Sonnenuntergang mit Leichtigkeit noch eine gute Strecke zurücklegen zu können. Aber da fuhr plötzlich eine heftige Windsbraut daher, die die Wildgänse wie Bälle vor sich hertrieb, und der kleine Knirps, der seit einer guten Weile ganz sorglos dagesessen und an nichts Böses gedacht hatte, wurde unvermutet von dem Gänserücken weggerissen und in den weiten Luftraum hinausgeschleudert.

Der Junge hingegen war so klein und leicht, dass er bei dem heftigen Sturm nicht geradewegs auf die Erde hinunterfiel, sondern zuerst eine Strecke weit mit dem Wind fortgetrieben wurde, dann erst sank er langsam und flatternd hinunter, gerade wie ein Blatt, das von einem Baum herabwirbelt.

›O, das ist ja gar nicht gefährlich!‹ dachte der Junge noch im Fallen. ›Ich sinke so langsam auf den Boden hinunter, als ob ich ein Blatt Papier wäre oder eine Feder. Gänserich Martin wird bestimmt bald heruntersausen und mich auflesen.‹

Als er unten auf der Erde angekommen war, riss er sich zuerst die Mütze vom Kopf und winkte mit ihr, damit der Gänserich sehen konnte, wo er war. »Hier bin ich, wo bist du? Hier bin ich, wo bist du?« rief er und war fast erstaunt, dass der Gänserich Martin nicht schon neben ihm stand.

Aber der große Weiße war nirgends zu sehen, und ebenso wenig hob sich die Schar der Wildgänse irgendwo vom Himmel ab. Sie waren spurlos verschwunden.

Dies kam zwar dem Jungen etwas sonderbar vor, aber er beunruhigte sich deshalb nicht. Es fiel ihm keinen Augenblick ein, Mutter Akka und der Gänserich Martin könnten ihn im Stich lassen. Er dachte, der heftige Windstoß habe sie wohl mitgenommen, und sobald sie umdrehen könnten, würden sie zurückkehren, ihn zu holen.

Aber was war denn das? Wo befand er sich denn eigentlich? Zuerst hatte er immer nur zum Himmel hinaufgeschaut, um die Wildgänse zu entdecken, aber jetzt hatte er sich plötzlich umgesehen. Er war gar nicht auf die ebene Erde hinabgefallen, sondern in eine tiefe, weite Bergschlucht oder was es sonst sein mochte. Es war ein Raum, so groß wie eine Kirche, mit fast senkrechten Felswänden auf allen Seiten, ohne irgendein Dach darüber. Auf dem Boden lagen einige große Felsblöcke verstreut, und dazwischen wuchsen Moos und Heidekraut und kleine, niedrige Birken. Da und dort waren an den Felswänden hervorspringende Felsen, und von diesen hingen zerbrochene Leitern herab. Auf der einen Seite gähnte ein tiefes Gewölbe, das aussah, als ginge es weit, weit in den Berg hinein.

Der Junge war nicht umsonst einen ganzen Tag lang über die vielen Bergwerke geflogen. Er erriet gleich, dass diese große Schlucht von Menschen geschaffen worden war, die in alten Zeiten hier Erz aus dem Gebirge gebrochen hatten. ›Ich muss gleich versuchen, ob ich hinaufklettern kann‹, dachte er, ›sonst finden mich meine Reisekameraden nicht mehr.‹

Er wollte gerade an die Felswand treten, als er sich von hinten angefasst fühlte und eine raue Stimme vernahm, die ihm ins Ohr brummte: »Was bist denn du für ein Geschöpf?«

Rasch wandte sich der Junge um, und in der ersten Bestürzung glaubte er einem großen, mit langem, braunem Moos bedeckten Felsblock gegenüberzustehen; aber dann sah er, dass der Felsblock zwei breite Füße, einen Kopf, Augen und ein großes, brummendes Maul hatte.

Der Junge brachte kein Wort heraus, und das große Tier schien auch gar keine Antwort zu erwarten. Es warf den kleinen Wicht um, rollte ihn mit der Tatze hin und her und schnupperte an ihm herum. Es sah aus, als wollte es den Jungen im nächsten Augenblick verschlingen, doch da schien es sich plötzlich anders zu besinnen und rief: »Murre und Brumme, kommt her, kommt her! Hier ist ein guter Bissen für euch!«

Augenblicklich kamen zwei zottelige Junge dahergetrottet, die noch unsicher auf den Beinen waren und ein ganz weiches Fell wie junge Hunde hatten.

»Was hast du denn gefunden, Bärenmutter? Dürfen wir es sehen?« riefen die Jungen.

›Na, da bin ich also unter die Bären geraten‹, dachte der Junge. ›Dann kann sich Smirre wohl die Mühe sparen, noch länger hinter mir herzujagen.‹

Mit ihrer Schnauze schob die Bärenmutter den Fund ihren Jungen zu; das eine packte ihn auch sogleich mit dem Maul und lief mit ihm davon. Aber es biss nicht hart zu, denn es war ausgelassen und wollte erst eine Weile mit dem Däumling spielen, ehe es ihn umbrachte. Das zweite Junge lief hinter dem ersten her, um ihm das Spielzeug abzujagen; es humpelte und trottete aber so schwerfällig daher, dass es seinem Bruder, der den Jungen in der Schnauze hatte, direkt auf den Kopf fiel. Und dann wälzten sich die beiden übereinander, bissen und balgten sich und brummten dazu.

Während die beiden jungen Bären so beschäftigt waren, gelang es dem Jungen zu entwischen; er rannte eilig zu der Felswand hin und begann hinaufzuklettern.

Aber die beiden Bärenjungen stürzten hinter ihm her, kletterten rasch und behände die Wand hinauf, holten den Jungen ein und warfen ihn wie einen Ball aufs Moos hinunter.

›Nun weiß ich doch, wie es einem armen Mäuschen zumute sein muss, wenn es in die Krallen einer Katze geraten ist‹, dachte der Junge.

Noch mehrere Male versuchte er zu entwischen; er lief weit in den alten Grubengang hinein, verbarg sich hinter Steinblöcken und kletterte auf die Birken hinauf; aber wo er sich auch zu verstecken suchte, die jungen Bären fanden ihn überall. Und sobald sie ihn gefangen hatten, ließen sie ihn wieder los, damit er aufs Neue entfliehen sollte und sie ihn abermals einfangen könnten.

Schließlich war der Junge so müde und der ganzen Geschichte so überdrüssig, dass er sich platt auf den Boden warf. »Lauf, lauf!« brummten die jungen Bären ungeduldig. »Sonst fressen wir dich!«

»Ja, tut es nur«, sagte der Junge, »ich kann nicht mehr laufen.«

Rasch liefen die beiden Jungen zu der Bärenmutter hin. »Bärenmutter, Bärenmutter!« klagten sie. »Er will nicht mehr spielen!«

»Nun, dann nehmt ihn und teilt ihn unter euch auf«, sagte die Bärenmutter. Aber als der kleine Knirps das hörte, erschrak er so sehr, dass er sich zusammennahm und das Spiel trotz aller Müdigkeit sogleich wieder aufnahm.

Kapitel 11

Als es Schlafenszeit war und die Bärenmutter ihre Jungen herbeirief, damit sie sich dicht neben ihr niederlegten, waren sie so vergnügt, dass sie sich am nächsten Tag an demselben Spiel ergötzen wollten. Sie nahmen den Jungen mit und legten ihre Tatzen auf ihn, sodass er sich nicht rühren konnte, ohne dass sie erwachten. Sie schliefen auch gleich ein, und der Junge dachte, er werde nach einer Weile einen Versuch machen können, sich davonzuschleichen. Aber der arme Kerl war in seinem ganzen Leben noch nie so hin und her geworfen und gerollt, noch nie so herumgejagt und wie ein Kreisel herumgedreht worden, er war todmüde und schlief deshalb auch gleich ein.

Nach einer Weile kam auch der Bärenvater nach Hause. Er kletterte die Felswand herunter, und der Junge erwachte von dem Gerassel der herabrollenden Steine, als der Alte sich in die Grube hinuntergleiten ließ. Er war ein furchtbar großer Bär mit gewaltigen Gliedmaßen, einem riesigen Rachen, großen, blendend weißen Eckzähnen und kleinen, boshaften Augen. Dem Jungen lief unwillkürlich ein kalter Schauder den Rücken hinab, als er diesen alten Waldkönig erblickte.

»Es riecht hier nach Menschen!« sagte der Bärenvater, gleich als er bei der Bärin angekommen war, und dabei stieß er ein dröhnendes Brummen aus.

»Wie kannst du dir so etwas Dummes einbilden«, erwiderte die Bärin und blieb ganz ruhig auf ihrem Platz liegen. »Es ist zwar ausgemacht, dass wir den Menschen keinen Schaden mehr zufügen; aber wenn einer hierherkäme, wo ich und die Jungen unseren Aufenthaltsort haben, dann wäre bald nicht mehr so viel von ihm übrig, dass du es riechen könntest.«

Der Bärenvater legte sich neben der Bärin nieder; er schien aber mit der Antwort, die sie ihm gegeben hatte, nicht recht zufrieden zu sein, denn er schnupperte und witterte immer wieder von Neuem.

»Hör doch auf mit diesem Geschnupper!« sagte die Bärenmutter. »Du solltest mich doch gut genug kennen, um zu wissen, dass ich den Jungen niemanden nahe kommen lasse, der ihnen etwas zuleide tun könnte. Erzähl mir lieber, was du getan hast, denn ich habe dich ja seit acht Tagen nicht mehr gesehen.«

»Ich habe mich nach einer anderen Wohnung für uns umgesehen«, begann der Bärenvater. »Zuerst bin ich nach Värmland gegangen, um von den Verwandten in Nyskoge zu hören, wie es ihnen geht. Aber diese Mühe hätte ich mir sparen können, denn sie sind gar nicht mehr dort. In dem ganzen Wald ist nicht eine einzige Bärenhöhle mehr bewohnt.«

»Ich glaube, die Menschen wollen den ganzen Wald für sich allein haben«, erwiderte die Bärin. »Selbst wenn wir sie mitsamt ihrem Vieh ganz in Frieden lassen und uns von nichts als von Preiselbeeren, Ameisen und Kräutern nähren, dürfen wir nicht im Wald bleiben. Ich möchte wirklich wissen, wo wir hinsollen, um einen sicheren Aufenthaltsort zu finden.«

»Hier in dieser Grube ist es uns wirklich seit Jahren ausgezeichnet gegangen«, sagte der Bärenvater. »Aber seit das große Klopfwerk dicht neben uns errichtet worden ist, halte ich es hier nicht mehr aus. Schließlich habe ich mich dann noch östlich vom Dalälven, in der Nähe von Garpenberg umgesehen. Dort gibt es auch noch viele Grubenlöcher und andere gute Schlupfwinkel, und es kam mir vor, als könnte man dort ziemlich sicher vor den Menschen sein…«

In dem Augenblick, wo der Bärenvater dies sagte, richtete er sich auf und fing wieder an zu schnuppern. »Es ist doch merkwürdig, sobald ich von Menschen spreche, steigt mir dieser Geruch wieder in die Nase«, sagte er.

»Dann geh doch und sieh selber nach, wenn du mir nicht glaubst«, sagte die Bärin. »Ich möchte wissen, wo hier ein Mensch verborgen sein sollte?«

Schnuppernd ging der Bär in der Höhle umher. Schließlich kehrte er unverrichteter Dinge zu der Bärenmutter zurück und legte sich neben ihr nieder.

»Hab ich nicht recht gehabt?« fragte sie. »Aber du meinst natürlich, außer dir habe niemand Augen und Ohren.«

»Bei der Nachbarschaft, die wir haben, kann man nie vorsichtig genug sein«, sagte der Bär ruhig. Aber plötzlich fuhr er mit großem Gebrüll empor: Unglücklicherweise hatte einer von den jungen Bären seine Tatze auf Nils Holgerssons Gesicht geschoben, dies hatte dem Jungen den Atem genommen, und er hatte niesen müssen.

Jetzt konnte die Bärin den alten Bären nicht mehr beschwichtigen. Ein Junges flog nach rechts, das andere nach links, und dann sah er Nils Holgersson, ehe dieser sich aufrichten konnte.

Und er hätte ihn auch mit einem Happen hinuntergeschluckt, wenn sich die Bärenmutter nicht dazwischengeworfen hätte. »Rühr ihn nicht an! Das ist das Spielzeug von den Jungen. Sie sind den ganzen Abend so vergnügt mit ihm gewesen, dass sie ihn nicht aufgegessen, sondern für morgen früh aufgehoben haben.«

Aber der Bär stieß die Bärin weg. »Misch dich nicht in Dinge, die du nicht verstehst!« brummte er. »Merkst du denn nicht, dass es schon von Weitem nach Menschen riecht? Sogleich werde ich ihn fressen, sonst spielt er uns irgendeinen schlimmen Streich.«

Wieder sperrte er das Maul auf. Mittlerweile aber hatte der Junge ein wenig nachdenken können, und dann hatte er in aller Eile seine Streichhölzer aus seinem Beutel herausgerissen – das war das einzige Verteidigungsmittel, das er hatte. Er rieb eins an seinen Lederhosen an und steckte dem Bären das brennende Streichholz in den Rachen.

Der Bär fauchte stark, als ihm der Schwefelgeruch in die Nase stieg, und damit war die Flamme gelöscht. Der Junge hielt schon ein zweites Streichholz bereit, aber merkwürdigerweise griff ihn der Bär nicht wieder an.

»Kannst du viele solche blaue Blumen anzünden?« fragte der Bär.

»So viele, dass ich den Wald einäschern könnte«, antwortete der Junge, denn er glaubte, er könne den Bären dadurch in Angst versetzen.

»Könntest du vielleicht ein Haus oder einen ganzen Hof anzünden?« fragte der Bär.

»Das wäre keine Kunst für mich«, prahlte der Junge, in der Hoffnung, sich bei dem Bären in Respekt zu setzen.

»Das ist gut«, sagte der Bär. »Dann musst du mir einen Dienst leisten. Jetzt bin ich froh, dass ich dich nicht aufgefressen habe.«

Damit nahm der Bärenvater den Jungen ganz sachte und vorsichtig zwischen die Zähne und begann mit ihm die Felswand hinaufzuklettern. Es ging unbegreiflich leicht und schnell, obgleich der Bär so groß und schwer war, und sobald er oben angekommen war, rannte er eiligst in den Wald hinein. Auch hier ging es rasch vorwärts; es war klar, der Bär war wie dazu geschaffen, sich einen Weg durch dichte Wälder hindurch zu bahnen. Sein plumper Körper schob sich durchs Gestrüpp hindurch, wie ein Boot durch das Röhricht im Wasser hindurchgleitet.

»Sieh dir nun das große Klopfwerk dort unten an«, sagte der Bär zu dem Jungen.

Der große Eisenhammer mit seinen vielen mächtigen Gebäuden lag am Rand eines Wasserfalls. Riesige Schornsteine sandten schwarze Rauchwolken empor, die Feuer der Schmelzöfen züngelten hell auf, alle Fenster waren erleuchtet. Drinnen waren die Hämmer und Walzwerke im Gang, und es wurde mit voller Kraft gearbeitet, dass einem von dem Gerassel und Gedröhne die Ohren gellten. Rings um die Werkstätten herum lagen ungeheure Kohlenställe, große Schlackenhaufen, Lagerhäuser, Bretterstapel und Werkzeugschuppen. Etwas weiter entfernt befanden sich lange Reihen von Arbeiterwohnungen, schöne Villen, Schulhäuser, Vereinshäuser und Kaufläden. Aber dort war alles wie eingeschlafen. Der Junge sah nicht dorthin, er hatte nur Augen für den Eisenhammer. Der Boden ringsumher war kohlschwarz, der Himmel wölbte sich herrlich dunkelblau über den aus den Schmelzöfen herausschlagenden Flammen, der Wasserfall rauschte weiß schäumend herunter, die Gebäude selbst standen riesengroß da und stießen Licht und Rauch und Feuer und Funken heraus. Es war das großartigste Bild, das der Junge jemals gesehen hatte.

»Du willst doch wohl nicht behaupten, dass du kleiner Wicht so ein großes Gebäude in Brand stecken könntest?« fragte der Bärenvater ungläubig.

Da war nun der Junge zwischen den Bärentatzen eingeklemmt, und er war überzeugt, wenn er mit dem Leben davonkommen wollte, musste er dem Bären Respekt vor seiner Geschicklichkeit beibringen. »Ein großes oder kleines Gebäude, das ist mir ganz einerlei«, sagte er deshalb. »Ich kann es gut in Brand stecken.«

»Dann will ich dir etwas sagen«, fuhr der Bär fort. »Meine Vorfahren haben von der Zeit an, wo der Wald hier heranwuchs, in dieser Gegend gewohnt. Ich habe das Jagdgebiet und die Weideplätze, die Höhlen und Schlupfwinkel von ihnen geerbt und mein ganzes Leben lang in Ruhe und Frieden hier gewohnt. Anfangs störten mich die Menschen nur wenig. Sie kamen daher, hackten an den Bergen herum, holten etwas Erz heraus und bauten am Wasserfall einen Eisenhammer und einen Schmelzofen. Der Hammer dröhnte nur ein paarmal am Tag, der Schmelzofen wurde nie länger als ein paar Mondwechsel lang geheizt, und damit konnte ich mich schon abfinden. Aber seit die Menschen vor einigen Jahren dieses Klopfwerk da errichtet haben, das Tag und Nacht hindurch gleichmäßig weitergeht, kann ich es nicht mehr aushalten. Früher waren nur ein Fabrikdirektor und einige Schmiede da, aber jetzt sind eine Unmenge Leute hier, und ich bin nie mehr sicher vor ihnen. Ich dachte schon, ich müsste fortziehen, aber jetzt ist mir plötzlich eine viel bessere Idee gekommen.«

Der Junge überlegte, was der Bärenvater wohl ausgeheckt habe; aber er hatte keine Zeit mehr, zu fragen, denn jetzt nahm ihn der Bär wieder zwischen die Zähne und trottete mit ihm auf den Hügel zu. Der Junge konnte nichts sehen; aber an dem zunehmenden Getöse erriet er, dass sie sich dem Eisenhammer näherten.

Der Bärenvater kannte den Eisenhammer genau. In dunklen Nächten war er oft herumgestreift und hatte beobachtet, was dort drinnen vorging, und sich gefragt, ob man denn niemals eine Pause machte. Er hatte mit den Tatzen an den Mauern zu rütteln versucht und nur gewünscht, so stark zu sein, dass er das ganze Gebäude mit einem Schlag zerschmettern könnte.

Der Bär mit seinem dunklen Fell war von dem schwarzen Boden nicht leicht zu unterscheiden, und wenn er sich außerdem im Schatten der Mauern hielt, schwebte er nicht gerade in Gefahr, entdeckt zu werden. Jetzt begab er sich ohne Furcht zwischen die Werkstätten und kletterte geschwind auf einen Schlackenhaufen. Hier stellte er sich auf die Hinterbeine, nahm den Jungen zwischen die Vorderbeine und hob ihn in die Höhe. »Probiere, ob du in das Haus hineinsehen kannst!« sagte er.

# Kapitel 11

In dem Eisenhammer waren sie gerade beim Bessemerblasen. Oben an der Decke hing eine große, schwarze, runde, mit geschmolzenem Eisen gefüllte Kugel, in die ein starker Luftstrom hineingepresst wurde. Und als diese Luft mit furchtbarem Getöse in die Eisenmasse hineindrang, stob ein ganzer Funkenschwall heraus. In Strahlen, in Garben, in langen Dolden fuhren die Funken empor. Sie hatten die verschiedensten Farben, waren groß und klein, brachen sich an der Wand und flogen in dem ganzen Saal herum. Der Bärenvater ließ den Jungen das prächtige Schauspiel genießen, bis die Leute mit dem Blasen fertig waren und der rote, flüssige, glänzende Stahl aus der runden Kugel heraus in ein paar Gefäße floss. Dem Jungen kam alles, was er da sah, wundervoll vor; er war ganz hingerissen davon und hatte fast vergessen, dass er zwischen zwei Bärentatzen gefangen saß.

Nun ließ der Bärenvater den Jungen auch in das Walzwerk hineinsehen. Ein Arbeiter nahm gerade ein kurzes, dickes Stück Eisen aus dem Ofen heraus und legte es dann unter eine Walze. Als die Eisenstange unter der Walze wieder hervorkam, war sie zusammengepresst und in die Länge gezogen.

Jetzt ließ der Bär den Jungen auch in die Schmelzhütte und in die Eisenschmiede hineinsehen, und da sperrte er vor Verwunderung Mund und Nase auf. ›Diese Leute haben keine Angst vor Hitze und Flammen‹, dachte er. Schwarz und rußig waren sie auch, und sie kamen ihm wie eine Art Feuermenschen vor, weil sie imstande waren, das Eisen nach Belieben zu biegen und zu formen. Er konnte sich gar nicht denken, dass gewöhnliche Menschen wirklich solche Macht hatten.

»So geht es dadrinnen Tag für Tag, Nacht für Nacht weiter«, klagte der Bär und legte sich auf den Boden. »Nein, es ist auf die Dauer nicht auszuhalten, das wirst du begreifen. Deshalb bin ich heilfroh, dass ich der Sache jetzt ein Ende machen kann.«

»So, das könnt Ihr?«, fragte der Junge. »Wie wollt Ihr denn das anfangen?«

»Nun, ich meine, du sollst die Gebäude hier in Brand stecken«, sagte der Bär. »Dann hätte ich ein für alle Mal Ruhe vor dem ewigen Spektakel und könnte in meiner alten Heimat bleiben.«

Dem Jungen lief es eiskalt den Rücken hinunter. Also deshalb hatte der Bärenvater ihn hierhergebracht!

»Wenn du das Klopfwerk anzündest, dann schenke ich dir das Leben, wenn du aber nicht tust, was ich will, wird es bald aus mit dir sein.«

Der Junge wusste, dass er sofort Nein sagen sollte; aber er wusste auch, dass ihn dann die Bärentatzen, die ihn noch immer festhielten, mit einem einzigen Griff zerdrücken würden. Deshalb sagte er: »Ich muss es mir zuerst genau überlegen.«

»Nun, dann überleg dir's noch eine Weile«, sagte der Bärenvater. »Aber das will ich noch sagen: Das Eisen ist schuld daran, dass die Menschen so viel klüger geworden sind als wir Bären, und gerade deshalb möchte ich der Arbeit hier ein Ende machen.«

Als der Junge diese neue Bedenkzeit gewonnen hatte, wollte er sie zum Entwerfen eines Rettungsplanes anwenden. Aber es wollte und wollte ihm nicht gelingen, seine Gedanken zusammenzuhalten.

›Diese letzte Bedenkzeit muss ich mir wirklich zunutze machen‹, dachte der Junge. Doch ängstlich und verwirrt, wie er war, schaffte er es nicht, Herr über seine Gedanken zu werden, und diese beschäftigten sich jetzt mit allem, was er gesehen hatte, während er auf dem Rücken des Gänserichs über den Bergwerksdistrikt geflogen war. Ja, ja, es war beachtlich, wie viel Leben und Bewegung und wie viel nützliche Arbeit in der Wildnis entstanden war! Wie arm und öde wäre es doch da, wenn es kein Eisen gäbe! Der Junge dachte an den Eisenhammer hier, der, seit er gebaut worden war, so vielen Menschen ihr tägliches Brot gab, der so viele von Menschen bewohnte Häuser um sich versammelt und Eisenbahnen und Telegrafendrähte herbeigezogen hatte, und der in die Welt hinaus…

»Nun, wie steht's?« fragte der Bär. »Willst du oder willst du nicht?«

Der Junge fuhr sich mit der Hand über die Stirn. Keinerlei Rettung hatte er sich ausgedacht; aber so viel wusste er, dass er nichts gegen das Eisen unternehmen würde, gegen das Eisen, dem Reich und Arm so viel verdankte und das so vielen Menschen in diesem Land das tägliche Brot gab.

»Ich will nicht«, sagte der Junge.

Ohne etwas zu sagen, drückte der Bärenvater seine Tatzen fester zusammen.

»Ihr werdet mich nie dazu bringen, den Eisenhammer zu zerstören«, sagte der Junge. »Denn das Eisen ist ein großer Segen, und es wäre unrecht, sich daran zu vergreifen.«

»Dann erwartest du wohl auch nicht, dass ich dich am Leben lasse?« fragte der Bär.

»Nein, das erwarte ich nicht«, antwortete der Junge und sah dem Bären fest in die Augen.

Der Bärenvater drückte die Tatzen immer fester zusammen. Es tat sehr weh, und dem Jungen traten die Tränen in die Augen; aber er schwieg und sagte kein Wort.

»Gut! Eins, zwei, dr…!« sagte der Bär und hob langsam die eine Tatze, denn er hoffte bis zuletzt, der Junge werde nachgeben.

In diesem Augenblick hörte der Junge ganz in der Nähe etwas knacken, und nur ein paar Schritte entfernt sah er einen glänzenden Gewehrlauf blitzen. Er und der Bärenvater waren beide vollständig mit sich selbst beschäftigt gewesen und hatten deshalb gar nicht gemerkt, dass sich ein Mensch bis dicht zu ihnen herangeschlichen hatte.

»Bärenvater!« schrie der Junge plötzlich aufgeregt. »Hört Ihr nichts? Es hat jemand einen Hahn gespannt! Flieht, flieht, sonst werdet Ihr erschossen!«

Wie der Blitz sprang der Bär auf, fand aber doch noch Zeit, den Jungen mitzunehmen. Ein paar Schüsse knallten hinter ihm her, und die Kugeln pfiffen ihm um die Ohren, trafen ihn aber nicht.

Während der Junge nun so im Maul des Bären hing, dachte er, so dumm wie in dieser Nacht sei er doch noch nie gewesen. Wenn er nur geschwiegen hätte, dann wäre der Bär erschossen worden, und er hätte entwischen können. Aber er hatte sich so daran gewöhnt, den Tieren zu helfen, dass er es ganz unwillkürlich tat.

Als der Bär ein Stück weit in den Wald hineingelaufen war, blieb er stehen und stellte den Jungen auf den Boden. »Ich danke dir, Kleiner«, sagte er. »Wenn du nicht gewesen wärest, hätten die Kugeln sicher besser getroffen. Und nun will ich dir einen Gegendienst leisten. Wenn du je wieder mit einem Bären zusammentriffst, dann sage nur das zu ihm, was ich dir jetzt ins Ohr flüstere, und dann wird er dich nicht anrühren.«

Daraufhin sagte der Bärenvater dem Jungen ganz leise ein paar Worte ins Ohr und trottete dann eiligst davon, denn er glaubte zu hören, dass die Hunde und Jäger ihn verfolgten.

Der Junge aber stand allein im Wald, frei und unverletzt, und konnte es kaum glauben.

Die Wildgänse waren den ganzen Abend immer wieder hin und her geflogen, hatten gespäht und gerufen, aber keinen Däumling finden können. Sie suchten auch noch weiter, nachdem schon die Sonne untergegangen war, und als es so dunkel wurde, dass es Schlafenszeit für sie war, fühlten sich alle sehr niedergeschlagen. Sie fürchteten, der Junge sei beim Hinunterfallen verunglückt und liege nun irgendwo tot im Waldgestrüpp, wo sie ihn nicht sehen konnten.

Aber am nächsten Morgen, als die Sonne das Gesicht über die Berge erhob und die Gänse weckte, da lag der Junge wie gewöhnlich ruhig schlafend mitten unter ihnen, und als er erwachte und ihr verwundertes Geschrei und Geschnatter hörte, musste er hell auflachen.

Die Gänse waren äußerst begierig, zu hören, was passiert war, ja, sie wollten nicht einmal auf die Weide gehen, ehe sie die ganze Geschichte erfahren hatten. Da berichtete der Junge rasch und vergnügt sein ganzes Abenteuer mit dem Bären, aber dann schien er plötzlich nicht weitererzählen zu wollen. »Nun, wie ich zu euch zurückgekommen bin, das wisst ihr wohl schon«, sagte er.

»Nein, nein, wir wissen gar nichts! Wir dachten, du wärst in den Tod gestürzt!«

»Das ist merkwürdig«, sagte der Junge. »Denn als der Bärenvater mich verlassen hatte, bin ich auf eine Tanne geklettert und eingeschlafen. Aber beim ersten Morgengrauen bin

Der Eisenhammer

ich davon erwacht, dass ein Adler auf mich zusauste, mich in seine Klauen nahm und mit mir davonflog. Ich dachte natürlich, jetzt sei es aus mit mir. Aber er tat mir gar nichts zuleide, flog nur geradewegs hierher und setzte mich mitten unter euch ab.«

»Hat er nicht gesagt, wer er ist?« fragte der große Weiße.

»Ehe ich mich bedanken konnte, war er schon verschwunden. Ich dachte, Mutter Akka hätte ihn geschickt, mich zu holen.«

»Das ist wirklich merkwürdig«, sagte der Gänserich. »Bist du dir ganz sicher, dass es ein Adler war?«

»Ich habe zwar noch nie einen Adler gesehen«, sagte der Junge, »aber der Vogel war so groß, dass ich keinen anderen Namen für ihn wüsste.«

Der Gänserich Martin wandte sich an die Wildgänse und fragte sie, was sie von der Sache hielten. Diese aber schauten nur in die Luft hinauf, als wären sie mit ganz anderen Dingen beschäftigt.

»Wir dürfen aber doch unser Frühstück nicht ganz vergessen«, sagte Mutter Akka schließlich. Damit breitete sie die Flügel aus und flog eilig davon.

Kapitel 12

Der Bruderteil

Bataki, der Rabe, wusste in ganz Schweden keinen Ort, wo es ihm so gut gefiel wie in Falun. Sobald im Frühjahr die Erde wieder ein wenig hervorschimmerte, begab er sich dahin und hielt sich dann mehrere Wochen lang in der Nähe der alten Bergwerkstadt auf.

Die Stadt Falun, die in der Talsenkung rechts und links von einem Fluss liegt, sieht aus, als sei sie ganz nach der Bodenbeschaffenheit, auf der sie steht, gebaut worden. Auf der grünen Seite des Tales sind alle hübschen und stattlichen Gebäude. Da stehen die beiden Kirchen, das Rathaus, die Wohnung des Bezirkspräsidenten, die Bergwerkskanzleien, die Bank, die Gasthäuser, die vielen Schulen, das Krankenhaus, sowie alle hübschen Villen und schönen Landhäuser. Auf der schwarzen Seite dagegen gibt es straßauf, straßab nichts als rot angestrichene einstöckige Häuser, traurige Holzschuppen und große, plumpe Fabrikgebäude. Und auf der anderen Seite dieser Gassen, mitten in der großen Steinwüste, liegen die Faluner Gruben mit ihren Kränen, Winden und Pumpwerken, mit altmodischen Gebäuden, die schief auf dem untergrabenen Erdreich stehen, mit hohen, schwarzen Schlackenbergen und langen Reihen Schmelzöfen ringsumher.

Was nun Bataki betrifft, so pflegte er niemals auch nur einen Blick auf den östlichen Stadtteil zu werfen und ebenso wenig auf den schönen Varpansee im Norden. Umso besser aber gefiel ihm die westliche Seite und der kleine, trübe Tiskensee im Süden der Stadt.

Der Bruderteil

Der Rabe Bataki liebte alles, was geheimnisvoll war, alles, was ihm Gelegenheit zum Grübeln gab und ihn zum Nachdenken anregte, und dazu fand er auf der schwarzen Seite reichlich Gelegenheit. So bereitete es ihm zum Beispiel großes Vergnügen, zu ergründen, warum diese alte, rote Holzstadt nicht auch abgebrannt sei, wie alle anderen roten Holzstädte in diesem Land? Ebenso hatte er sich gefragt, wie lange wohl die windschiefen Häuser am Rande der Gruben noch stehen bleiben könnten? Er hatte über den großen »Schacht«, jene ungeheure Öffnung im Boden mitten auf dem Grubenfeld, ernsthaft nachgedacht und war auch ganz bis auf den Grund hineingeflogen, um zu untersuchen, wie dieser unermesslich große leere Raum entstanden sei. Er war in helle Verwunderung ausgebrochen über die riesigen Schlackenhaufen, die wie Mauern den Schacht und die Grubenhäuser umgaben. Auch hatte er sich klarzumachen versucht, was die kleine Signalglocke zu bedeuten habe, die das ganze Jahr hindurch in bestimmten Abständen einen kurzen, unheimlich klingenden Glockenschlag vernehmen ließ; und in erster Linie hätte er gern gewusst, wie es ganz unten in der Erde aussah, wo das Kupfererz seit so vielen hundert Jahren herausgebrochen wurde, und wo die Erde so untergraben und so voller Gänge war wie ein Ameisenhaufen. Wenn es dann Bataki schließlich gelungen war, einigermaßen Klarheit in seine Gedanken zu bringen, schwebte er fort und hinaus in die unheimliche Steinwüste, um weiter darüber nachzugrübeln, warum kein Gras zwischen den Feldsteinen wuchs, oder zuweilen begab er sich auch hinunter an den Tisken. Dieser See erschien ihm als das wunderbarste Wasser, das er je gesehen hatte. Woher mochte es nur kommen, dass gar keine Fische darin waren, und warum wurde das Wasser, wenn es ein Sturm aufwühlte, manchmal ganz rot? Das war umso verwunderlicher, als ein Grubenfluss, der in den See floss, glänzendes hellgelbes Wasser hatte. Bataki zerbrach sich den Kopf über die Ruinen der zerstörten Gebäude, die noch am Ufer des Sees lagen, sowie über die Tisker Sägemühle, die von grünen Gärten umgeben und von hohen Bäumen beschattet zwischen der öden Steinwüste und dem merkwürdigen See hervorschimmerte.

In dem Jahr, als Nils Holgersson mit den Wildgänsen durchs Land zog, stand ein wenig außerhalb der Stadt am Ufer des Tiskensees ein altes Haus, das die »Schwefelküche« genannt wurde, weil dort alle paar Jahre einige Monate lang Schwefel gekocht wurde. Das Haus war eine alte Baracke, die einst rot angestrichen gewesen war, allmählich aber eine graubraune Färbung angenommen hatte. Statt der Fenster sah man nur eine Reihe Luken, die außerdem fast immer verrammelt waren. In dieses Haus hatte Bataki noch nie einen Blick hin-

Kapitel 12

einwerfen können, und deshalb kam es ihm viel interessanter vor als jedes andere. Er hüpfte auf dem Dach umher, um irgendein Loch zu entdecken, und oftmals saß er auf dem hohen Schornstein und schaute durch die enge Öffnung hinunter.

Aber eines Tages erging es Bataki schlecht. Es hatte tüchtig gestürmt, und in der alten Schwefelküche war eine Luke aufgerissen worden. Bataki hatte die Gelegenheit natürlich sogleich genutzt und war durch die Luke in das Gebäude hineingeflogen. Doch kaum war er drinnen, da schlug die Luke hinter ihm wieder zu, und Bataki war gefangen. Er hoffte, der Sturm werde die Luke von Neuem aufreißen, aber dazu schien der gar keine Lust zu haben.

Durch die Risse in den Mauern fiel ziemlich viel Licht in das Gebäude hinein, und so wurde Bataki wenigstens die Freude zuteil, sich in dem Raum umsehen zu können. Es war nichts darin als ein großer Herd mit einem eingemauerten Kessel, und daran hatte sich der Rabe bald sattgesehen. Er wollte darum das Gebäude wieder verlassen, stellte aber fest, dass dies noch immer unmöglich war; der Wind wollte die Luke nicht wieder aufreißen. Kein einziges Loch und keine Tür standen offen; der Rabe befand sich ganz allein in seinem Gefängnis.

Bataki begann um Hilfe zu rufen, und als keine kam, setzte er sein Geschrei den ganzen Tag hindurch fort. Es gibt wohl kein anderes Tier, das ein so ununterbrochenes Spektakel veranstalten kann wie ein Rabe, und das Gerücht, dass Bataki in Gefangenschaft geraten sei, verbreitete sich wie ein Lauffeuer. Die grau gestreifte Katze von der Tisker Sägemühle war die Erste, die von dem Unglück erfuhr. Sie teilte es den Hühnern mit, und diese gackerten es den vorbeifliegenden Vögeln zu. Bald wussten alle Dohlen und Tauben und Krähen und Sperlinge in ganz Falun, was geschehen war, und alle flogen auch sogleich zu der alten Schwefelküche, um die Sache aus der Nähe zu betrachten. Alle hatten großes Mitleid mit dem Raben, aber keinem kam ein guter Gedanke, wie man ihm heraushelfen könnte.

Da plötzlich rief ihnen Bataki mit seiner scharfen, krächzenden Stimme zu: »Still, ihr da draußen! Und hört mich an! Da ihr sagt, ihr möchtet mir gern heraushelfen, so findet heraus, wo sich die alte Wildgans von Kebenekajse mit ihrer Schar befindet. Soviel ich weiß, ist sie zu dieser Jahreszeit in Dalarna. Sagt Akka, wie es hier um mich steht. Ich glaube, der Einzige, der mir helfen kann, ist unter ihrer Schar!«

Die Taube Agar, der beste Botschafter im ganzen Land, traf die Wildgänse am Ufer des Dalälven, und als die Dämmerung anbrach, kam sie mit Akka dahergeflogen. Die beiden ließen sich vor der Schwefelküche nieder. Auf Akkas Rücken saß der Däumling; die anderen Wildgänse waren auf einer kleinen Insel im Runnsee zurückgeblieben, weil Akka gefürchtet hatte, es könnte mehr schaden als nützen, wenn alle miteinander nach Falun kämen.

Kapitel 12

Nachdem Akka sich einen Augenblick mit Bataki beraten hatte, nahm sie den Däumling auf den Rücken und flog zu einem Hof, der ganz in der Nähe der Schwefelküche lag. Sachte schwebte sie über den Garten und das Birkengehölz hin, die den kleinen Hof umgaben, und währenddessen schauten die beiden, Akka und der Junge, unverwandt auf die Erde hinab. Hier spielten die Kinder im Freien, das war leicht zu erraten, denn auf dem Boden lagen allerlei Spielsachen umher, und es dauerte auch gar nicht lange, bis die beiden in der Luft oben entdeckt hatten, was sie suchten. In einem lustig plätschernden Frühlingsbach hämmerte eine Reihe kleiner Mühlen, und ganz in der Nähe davon lag ein kleines Stemmeisen. Auf ein paar kleinen Holzböcken stand ein halb fertiges Boot, und daneben fand der Junge einen winzigen Knäuel Bindfaden.

Mit diesen Sachen flogen die beiden zu der Schwefelküche zurück. Der Junge band das eine Ende des Bindfadens um den Schornstein, führte das andere in das tiefe Loch hinein und ließ sich dann selbst daran hinuntergleiten. Nachdem er Bataki begrüßt hatte, der ihm mit vielen schönen Worten für sein Kommen dankte, machte sich der Junge daran, mit dem Stemmeisen ein Loch in die Wand zu schlagen.

Die Schwefelküche hatte keine dicken Wände, aber der Junge brach mit jedem Schlag nur einen ganz kleinen dünnen Span los; ein Mäuschen hätte mit seinen Vorderzähnen ganz dasselbe leisten können. Ach, der Junge sah schon, er würde bestimmt die ganze Nacht arbeiten müssen, wenn er ein genügend großes Loch für den Raben zustande bringen wollte!

Bataki sehnte sich ungeheuer nach der Freiheit und konnte vor lauter Aufregung nicht schlafen. Anfangs war der Junge sehr fleißig; aber nach einer Weile hörte der Rabe, dass die Schläge in immer längeren Abständen ertönten, und schließlich setzten sie ganz aus.

»Du bist gewiss erschöpft«, sagte Bataki, »und kannst vielleicht nicht mehr weitermachen.«

»Nein, ich bin nicht erschöpft«, antwortete der Junge und griff wieder nach dem Stemmeisen. »Aber ich habe schon längere Zeit keine Nacht ordentlich geschlafen, und nun weiß ich nicht, wie ich mich wach halten soll.«

Wieder ging die Arbeit eine Weile rasch vorwärts, doch nach kurzer Zeit ertönten die Schläge wieder in immer längeren Abständen. Und wieder weckte der Rabe den Jungen; aber so viel war ihm jetzt klar, wenn er nicht irgendetwas ausfindig machte, womit er ihn wach halten konnte, musste er nicht nur diese eine Nacht, sondern auch noch den ganzen nächsten Tag in seinem Gefängnis bleiben.

»Meinst du, die Arbeit ginge dir vielleicht besser von der Hand, wenn ich dir eine alte

Geschichte aus dieser Gegend erzählen würde, während du das Loch für mich in die Wand schlägst?« fragte der Rabe Bataki den kleinen Knirps.

»Ja, das wäre wohl möglich«, antwortete der Junge. Zugleich aber musste er laut gähnen; der arme Kerl war furchtbar schläfrig und konnte kaum noch sein Werkzeug festhalten.

»Siehst du, mein lieber Däumling«, begann der Rabe, »ich habe schon sehr lange auf der Welt gelebt. Gutes und Schlimmes ist mir widerfahren, und mehrere Male bin ich sogar von den Menschen gefangen gehalten worden; dadurch habe ich nicht nur ihre Sprache verstehen gelernt, sondern ich habe mir auch viel von ihrer Gelehrsamkeit zu eigen gemacht. Und jetzt kann ich behaupten, dass es im ganzen Land keinen Vogel gibt, der so gut über deine Artgenossen Bescheid wüsste wie ich. Einmal saß ich viele Jahre lang ununterbrochen in einem Käfig bei einem Obersteiger hier in Falun, und in seinem Haus erfuhr ich das, was ich dir jetzt erzählen will.

In alten Zeiten wohnte hier in Dalarna ein Riese mit seinen beiden Töchtern. Als nun der Riese alt war und fühlte, dass er sterben musste, ließ er seine Töchter zu sich kommen, um sein Besitztum zwischen ihnen aufzuteilen.

Sein Hauptreichtum bestand in einigen ganz mit Kupfer angefüllten Bergen, und diese wollte er seinen Töchtern schenken. ›Aber ehe ich euch die Erbschaft übergebe‹, sagte der Riese, ›müsst ihr mir versprechen, jedweden Fremdling, der euern Kupferberg entdeckt, totzuschlagen, ehe er seine Entdeckung irgendeinem anderen Menschen mitteilen kann.‹

Die älteste der beiden Riesentöchter war wild und grausam, und sie versprach ohne Zögern, dem Gebot des Vaters Folge zu leisten. Die andere aber hatte ein weicheres Gemüt, und der Vater sah, dass sie überlegte, ehe sie das Versprechen gab. Deshalb vermachte er ihr nur ein Drittel der Erbschaft; die Älteste erhielt also doppelt so viel wie die Jüngste.

›Auf dich kann ich mich verlassen wie auf einen Mann, das weiß ich‹, sagte der Riese, ›und deshalb erhältst du den Bruderteil.‹

Gleich darauf starb der Riese, und lange Zeit hielten die beiden ungleichen Töchter gewissenhaft ihr Gelübde. So mancher arme Holzfäller oder Jäger entdeckte das Kupfererz, das an mehreren Stellen ganz an der Oberfläche der Berge lag; aber kaum war er zu Hause angekommen und hatte den Seinen mitgeteilt, was er gesehen hatte, als ihm auch schon ein Unglück zustieß. Entweder wurde er von einem umfallenden Baum erschlagen oder unter einem Bergsturz begraben. Nie hatte einer von ihnen Zeit, einem anderen Menschen zu zeigen, wo der Schatz in der Wildnis zu finden war.

 Kapitel 12

Zu jener Zeit war es allgemein Brauch im Land, dass die Bauern im Sommer ihr Vieh weit hinein in die Wälder auf die Weide schickten. Die Hirtenmädchen zogen mit aus, sie zu bewachen, sie zu melken und Butter und Käse zu bereiten. Und damit die Leute und das Vieh ein Obdach in der Einöde hatten, rodeten die Bauern mitten in der Wildnis ein Stück Wald und errichteten ein paar kleine Blockhäuser, die sie Sennhütten nannten.

Nun aber hatte einmal ein Bauer, der am Dalälven im Kirchspiel Torsång wohnte, seine Sennhütten drüben am Runnsee errichtet, wo der Boden so steinig war, dass ihn bis dahin niemand urbar zu machen versucht hatte. In einem Herbst begab sich der Bauer mit zwei Lastpferden zu der Viehweide, um beim Heimschaffen des Viehs, der Butterfässer und der Käselaibe zu helfen. Als er das Vieh zählte, bemerkte er, dass einer der Geißböcke ganz rote Hörner hatte.

›Was hat denn der Geißbock Kåre für merkwürdig rote Hörner?‹ fragte der Bauer die Sennerin.

›Ich weiß nicht, was es ist‹, antwortete das Mädchen. ›Den ganzen Sommer ist er jeden Abend mit solchen roten Hörnern zurückgekommen. Er glaubt gewiss, das sei schön.‹

›Meinst du?‹ fragte der Bauer.

›Ach, dieser Bock ist eine eigensinnige Kreatur; ich mag ihm die roten Hörner noch so oft abreiben, sofort läuft er wieder davon und macht sie sich von Neuem rot.‹

›Reibe die rote Farbe noch einmal ab‹, sagte der Bauer. ›Dann will ich sehen, woher er sie bekommt.‹

Kaum hatte das Mädchen die Hörner abgerieben, als der Bock auch schon wieder rasch in den Wald hineinsprang. Der Bauer lief hinter ihm her, und als er den Bock einholte, rieb dieser gerade seine Hörner an einigen roten Steinen. Der Bauer hob die Steine auf, leckte und roch daran und war überzeugt, dass er hier Erz gefunden hatte.

Während er noch dastand und über die Sache nachdachte, rollte dicht neben ihm ein Felsblock den Berg herunter. Der Bauer sprang auf die Seite und rettete sich, der Bock Kåre aber wurde getroffen und erschlagen. Als der Bauer den Abhang hinaufschaute, sah er ein großes, starkes Riesenweib, das eben im Begriff war, einen zweiten Felsblock auf ihn herunterzuwälzen.

›Was tust du denn da?‹ rief der Bauer verblüfft. ›Ich habe doch weder dir noch den Deinen etwas zuleide getan.‹

›Das weiß ich wohl‹, erwiderte die Riesin. ›Aber ich muss dich umbringen, weil du meinen Kupferberg entdeckt hast.‹ Sie sagte dies mit so betrübter Stimme, als ob sie den Bauern ganz gegen ihren Willen töten müsse, und so fasste sich dieser ein Herz und knüpfte ein Gespräch mit ihr an. Da erzählte sie ihm schließlich von dem alten Riesen, ihrem Vater, von dem Versprechen, das sie hatte geben müssen, und von der Schwester, die den Bruderteil bekommen hatte.

›Ach, es tut mir in der Seele weh, dass ich die armen unschuldigen Tröpfe, die meinen Kupferberg entdecken, immer gleich umbringen muss, und ich wünschte, ich hätte die Erbschaft gar nicht angetreten‹, sagte die Riesin. ›Aber was ich versprochen habe, muss ich halten.‹ Und damit machte sie sich wieder an dem Felsblock zu schaffen.

›Wozu die Eile?‹ rief der Bauer. ›Mich brauchst du deines Versprechens wegen nicht umzubringen, denn ich habe ja das Kupfer nicht entdeckt; der Bock ist es gewesen, und ihn hast du doch schon erschlagen.‹

›Meinst du wirklich, ich könnte mich damit begnügen?‹ fragte die Riesentochter mit zweifelnder Stimme.

›Ja, sicherlich‹, antwortete der Bauer. ›Du hast dein Versprechen treu gehalten, mehr kann niemand von dir verlangen.‹ Und er redete ihr so verständig zu, bis sie ihn wirklich am Leben ließ.

Zuallererst zog der Bauer nun mit seinem Vieh heimwärts. Dann ging er hinunter in den Bergwerksdistrikt und verpflichtete da ein paar Bergleute. Diese halfen ihm, an der Stelle, wo der Bock erschlagen worden war, nach dem Erz zu schürfen. Anfangs hatte er Angst, er würde noch nachträglich erschlagen; aber die Riesentochter war der ewigen Bewachung ihres Kupferbergs überdrüssig geworden, und deshalb tat sie ihm nie etwas zuleid.

Die Erzader, die der Bauer entdeckt hatte, lief an der Oberfläche des Berges entlang. Das Ausbrechen des Erzes war deshalb weder eine schwierige noch eine mühselige Arbeit. Der Bauer und die Knechte schleppten Holz aus dem Wald herbei, schichteten große Holzstöße auf dem Kupferberg auf und zündeten sie an. Von der Hitze zersprang das Gestein, und nun konnten sie leicht zu dem Erz gelangen. Dann läuterten sie das Erz so lange immer wieder in einem anderen Feuer, bis sie das reine Kupfer von allen Schlacken befreit hatten. Und da in früheren Zeiten die Leute noch viel mehr Kupfer zum täglichen Gebrauch verwendeten als heutzutage, war Kupfer eine sehr gesuchte, nützliche Ware, und der Bauer, dem die Grube gehörte, wurde bald ein steinreicher Mann. Er baute sich einen großen, prächtigen Hof, und die Grube nannte er nach dem Bock das Kårerbe.

Zu jener Zeit blieben die Leute meistens ruhig zu Hause, jeder in seinem eigenen Bezirk, und die Neuigkeiten verbreiteten sich nicht so schnell wie jetzt. Aber das Gerücht von der Kupfergrube drang doch allmählich zu vielen Menschen durch, und wer nichts Wichtigeres zu tun hatte, machte sich auf den Weg hinauf nach Dalarna. Auf dem Kårerbe wurden alle bedürftigen Wanderer gut aufgenommen. Der Bauer nahm sie in seinen Dienst, gab ihnen einen guten Lohn und ließ sie Erz für ihn graben. Davon gab es mehr als genug, und je mehr Leute der Bauer beschäftigte, desto reicher wurde er.

Eines Abends, so geht die Sage, kamen vier starke Männer mit dem Bergmannspickel über der Schulter zum Kårerbe gewandert. Sie wurden freundlich aufgenommen wie alle anderen, aber als der Bauer sie fragte, ob sie für ihn arbeiten wollten, schüttelten sie die Köpfe und verneinten es rundweg.

›Wir wollen auf eigene Rechnung Erz graben‹, sagten sie.

›Ihr wisst doch wohl, dass der Erzberg mir gehört?‹ fragte der Bauer.

›Wir wollen gar nichts aus deiner Grube holen‹, entgegneten die Fremden. ›Der Berg ist groß; und an dem, was frei und unbeschützt in der Wildnis liegt, haben wir ebenso viel Anrecht wie du.‹

›Das weiß ich wohl‹, sagte der Bauer, ›aber ich meine doch, ihr solltet mir von dem Erz, das ihr ausbrecht, eine Abgabe zahlen, denn mir habt ihr es zu verdanken, dass ihr überhaupt hier arbeiten könnt.‹

›Wir wissen nicht, was du damit sagen willst‹, entgegneten die Männer.

›Nun, ich habe doch den Berg durch meine Klugheit erlöst‹, sagte der Bauer. Und dann erzählte er den Fremden von den beiden Riesentöchtern und dem Bruderteil.

Die Männer hörten aufmerksam zu; aber was sie sich aus der Erzählung merkten, war etwas ganz anderes, als was der Bauer gemeint hatte.

›Bist du dir sicher, dass die andere Riesentochter gefährlicher ist als die, mit der du zusammengetroffen bist?‹ fragten sie.

›Jawohl, und sie würde euch nicht verschonen‹, lautete die Antwort des Bauern.

Als an diesem Abend der Bauer mit seinen Leuten beim Abendessen saß, drang plötzlich lautes Wolfsgeheul aus dem Wald heraus.

›Wer in Not ist, dem muss man beistehen‹, sagte der Bauer und begab sich rasch mit allen seinen fünfzig Knechten in den Wald.

Dort sahen sie gleich ein großes Rudel Wölfe, die umeinander herumsprangen und sich um eine Beute balgten. Nachdem die Knechte die Wölfe auseinandergejagt hatten, sahen sie die vier Männer tot auf der Erde liegen.

Nach diesem Ereignis verblieb der Kupferberg im Besitz des einen Bauern bis zu dessen Tod. Dann übernahmen ihn die Söhne; diese ließen die Grube gemeinsam bearbeiten. Alles Erz, das im Laufe des Jahres gewonnen worden war, wurde in Haufen geteilt, um diese das Los geworfen, und dann schmolz jeder das Kupfer in seiner eigenen Hütte aus. Sie alle wurden mächtige Bergleute und bauten sich große stattliche Höfe. Nach ihnen kamen deren Erben an die Reihe; diese öffneten neue Grubenschächte und vermehrten den Erzgewinn. Mit jedem Jahr nahm die Grube an Umfang zu, und immer mehr Bergwerkleute hatten Teil daran. Die einen wohnten ganz in der Nähe, andere hatten ihre Höfe und Schmelzöfen im ganzen Bezirk ringsumher. Es entstand allmählich eine Anzahl Dörfer, und alles zusammen bekam den Namen Großer Kupferbergwerksbezirk.«

Damit endigte die Erzählung des Raben. Der Junge war wirklich die ganze Zeit wach geblieben, trotzdem aber hatte er sein Werkzeug nicht besonders fleißig gehandhabt.

»Nun, wie ging es dann weiter?« fragte er, als der Rabe zu sprechen aufgehört hatte.

»Ach, seit jener Zeit ist der Kupfergewinn zurückgegangen. Die Stadt steht zwar noch, aber die alten Schmelzöfen sind nicht mehr da. Die ganze Gegend ist mit alten Bergmannshöfen übersät, aber die Leute, die darin wohnen, müssen Land- und Forstwirtschaft betreiben. Die Faluner Grube ist bald erschöpft, und es wäre jetzt notwendiger als je, dass man den Bruderteil fände.«

»Du bist sicher viel in dieser Gegend umhergestreift?« fragte der Junge, um etwas Näheres zu erfahren. »Und während du über die Berge und Wälder hingeschwebt bist, hast du bestimmt allerlei gefunden?«

»Allerdings, und ich könnte dir viel Erstaunliches zeigen, wenn du nur erst mit dieser Arbeit fertig wärest. Sobald du ein Loch in die Wand gehauen und mich befreit hast, werde ich dir mehr erzählen«, sagte der Rabe.

Jetzt hackte der Junge mit einem Eifer drauflos, dass die Späne nur so flogen. Ganz gewiss hatte der Rabe den Bruderteil gefunden!

Der Junge arbeitete und arbeitete; schließlich wurde das Eisen ganz heiß in seiner Hand. Er glaubte, die Absicht des Raben zu erraten. Dieser konnte schließlich nicht selbst Erz ausbrechen, und da hatte er bestimmt vor, seine Entdeckung ihm, Nils Holgersson, zu vermachen. Das war das Wahrscheinlichste und Naheliegendste. Und wenn der Junge erst das Geheimnis kannte, dann wusste er, was er tun würde: Sobald er seine menschliche Gestalt wiedererlangt hatte, würde er hierher zurückkehren, um den großen Reichtum zu heben. Und wenn er dann genug Geld verdient hätte, würde er das ganze Kirchspiel Westvemmenhög kaufen und sich da ein Schloss bauen, so groß wie Vittskövle. Und eines schönen Tages würde er dann Holger Nilsson und dessen Frau aufs Schloss einladen. Wenn diese ankamen, würde er auf der Freitreppe stehen und sagen: »Bitte, treten Sie ein und tun Sie, als ob Sie zu Hause wären!« Sie würden ihn natürlich nicht erkennen, sondern sich nur immer wieder fragen, wer denn der feine Herr sei, der sie eingeladen habe. Und dann würde der feine Herr fragen: »Würden Sie nicht gern auf so einem Schloss wie diesem hier wohnen?« – »Doch, das versteht sich von selbst, aber das ist nichts für uns«, würden sie antworten. – »Doch, doch, Sie sollen das Schloss hier als Entschädigung bekommen für den großen weißen Gänserich, der Ihnen einst davongeflogen ist«, würde dann der feine Herr antworten …

Der Junge bewegte sein Eisen immer schneller.

»Jetzt muss ich deinen Fleiß tatsächlich loben«, sagte der Rabe. »Ich glaube, das Loch ist schon groß genug.«

Und der Rabe konnte sich wirklich hindurchzwängen. Der Junge folgte ihm und sah Bataki ein paar Schritte entfernt auf einem Stein sitzen.

»Jetzt werde ich mein Versprechen halten, Däumling«, begann Bataki in höchst feierlichem Ton, »und dir sagen, dass ich selbst den Bruderteil gesehen habe. Aber ich möchte dir nicht raten, ihn zu suchen, denn ich habe mich viele Jahre lang abgemüht, bis ich ihn gefunden hatte.«

»Ich dachte, du würdest mir zur Belohnung für meine Hilfe vielleicht zeigen, wo er ist«, sagte der Junge.

»Ach, Däumling, du musst doch schrecklich schläfrig gewesen sein, während ich von dem Bruderteil erzählte«, sagte Bataki. »Sonst könntest du so etwas nicht erwarten. Hast du denn nicht gehört, dass alle, die erzählen wollten, wo der Bruderteil sich befindet, das Leben eingebüßt haben? Nein, mein Freund, Bataki hat in seinem langen Leben gelernt, den Mund zu halten.«

Damit breitete Bataki seine Flügel aus und flog davon.

Dicht neben der Schwefelküche schlief Mutter Akka; aber es dauerte eine gute Weile, bis der Junge zu ihr trat und sie weckte. Er war verstimmt und betrübt, weil er um den großen Reichtum gekommen war, und er hatte jetzt das Gefühl, als habe er nicht das Geringste, worüber er sich freuen könnte.

»Im Übrigen glaube ich gar nicht an die Geschichte mit den Riesentöchtern und all den anderen Unglücken«, sagte er vor sich hin. »Bestimmt sind die armen Grubenarbeiter, als sie die reiche Erzader mitten im wilden Wald entdeckt haben, vor lauter Freude ganz von Sinnen gewesen und haben deshalb später den rechten Platz nicht mehr finden können. Und dann hat sie die Enttäuschung so vollständig überwältigt, dass sie einfach nicht mehr leben konnten. Denn genau so ist es mir jetzt zumute.«

Kapitel 13

Vor den Kirchen

Am nächsten Abend übernachteten die Wildgänse am Siljansee, der noch vollständig zugefroren war. Als der Junge am Morgen erwachte und aufs Eis hinunterglitt, musste er hell auflachen. Während der Nacht hatte es geschneit, ja es schneite noch immer, die ganze Luft war voll von weißen Flocken, und solange sie herunterfielen, sah es fast aus, als seien es lauter Flügel von erfrorenen Schmetterlingen. Auf dem See lag der Schnee mehrere Zentimeter tief, die Ufer schimmerten ganz weiß, und die Wildgänse sahen wie kleine Schneewehen aus, so viel Schnee hatten sie auf dem Rücken.

Ab und zu rührten sich Akka oder Yksi oder Kaksi ein wenig; wenn sie aber sahen, dass es noch immer schneie, steckten sie schnell den Kopf wieder unter den Flügel. Sie dachten wohl, bei solchem Wetter könnten sie nichts Besseres tun als schlafen, und darin gab ihnen der Junge vollkommen recht.

Einige Stunden später erwachte er von dem munteren Geläute der Kirchenglocken in Rättvik, die zum Gottesdienst riefen. Das Schneien hatte jetzt aufgehört, aber ein starker Nordwind fegte daher, und auf dem Eis draußen war es bitterkalt. Der Junge war froh, als die Wildgänse endlich den Schnee abschüttelten und ans Land flogen, um sich etwas zum Essen zu beschaffen.

An diesem Tag war in Rättvik Konfirmation, und die Konfirmanden, die schon früh zur Kirche gekommen waren, standen in kleinen Gruppen an der Kirchhofmauer. Sie waren

alle in ihren Sonntagsgewändern gekommen, und ihre Kleider waren so neu und bunt, dass man sie schon von Weitem leuchten sah.

»Liebe Mutter Akka, fliegt hier ein wenig langsamer, damit ich die Kinder dort sehen kann!« rief der Junge.

Die alte Wildgans hielt dies offenbar für einen sehr natürlichen Wunsch, denn sie ließ sich so tief wie möglich hinabsinken und flog dreimal um die Kirche herum. Es ist schwer zu sagen, wie die Kinder in Wirklichkeit aussahen; aber als Nils Holgersson die Jungen und die Mädchen von oben herab betrachtete, meinte er, noch nie so viele schöne junge Menschenkinder beisammen gesehen zu haben. »Ich glaube nicht, dass es in des Königs Schloss schönere Prinzen und Prinzessinnen geben kann«, sagte er voller Überzeugung vor sich hin.

Es hatte in der Tat tüchtig geschneit. In Rättvik waren alle Felder mit Schnee bedeckt, und Akka konnte nirgends ein Plätzchen entdecken, wo sie sich mit ihrer Schar hätte niederlassen können. Da überlegte sie nicht lange und flog südwärts nach Leksand.

In Leksand waren wie gewöhnlich alle jungen Leute zum Arbeiten ausgezogen. Es waren also hauptsächlich alte Leute in dem Dorf, und als die Wildgänse dahergeflogen kamen, wanderte gerade ein langer Zug von lauter alten Frauen durch die stattliche Birkenallee, die zur Kirche führt. Sie spazierten auf den weißen Wegen durch die weißstämmigen Birken in schneeweißen Mänteln aus Schaffellen, weißen Pelzröcken, gelb oder schwarz-weiß gestreiften Schürzen und weißen Hauben, die das weiße Haar dicht umrahmten.

»Liebe Mutter Akka, flieg hier ein wenig langsamer, damit ich mir die alten Leute ansehen kann!« rief der Junge.

Das schien der alten Anführerin wohl ein natürlicher Wunsch, denn sie ließ sich so weit, wie sie es wagen konnte, herabsinken und flog dreimal über der Birkenallee hin und her. Es ist schwer zu sagen, wie die alten Leute aus der Nähe aussahen, aber dem Jungen war es, als habe er noch niemals alte Frauen mit einem so klugen und freundlichen Ausdruck gesehen. »Diese alten Frauen sehen aus, als hätten sie Könige zu Söhnen und Königinnen zu Töchtern«, sagte der Junge vor sich hin.

Aber in Leksand war es auch nicht besser als in Rättvik. Überall lag tiefer Schnee, und Akka wusste sich keinen anderen Rat, als weiter gen Süden nach Gagnef zu fliegen.

In Gagnef hatte an diesem Tag vor dem Gottesdienst ein Begräbnis stattgefunden. Der Leichenzug hatte sich etwas verspätet, und dann hatte das Begräbnis auch noch länger gedauert, als man gedacht hatte. Als die Wildgänse dahergeflogen kamen, waren noch nicht alle Leute in der Kirche, mehrere Frauen gingen sogar noch auf dem Kirchhof umher und besuchten ihre Gräber. Sie trugen grüne Leibchen mit roten Ärmeln, und auf dem Kopf hatten sie farbige Tücher mit bunten Fransen.

»Liebe Mutter Akka, fliegt hier ein wenig langsamer, damit ich mir die Bauernweiber ansehen kann!« rief der Junge.

Dies hielt die alte Gans wohl für einen natürlichen Wunsch, denn sie flog dreimal über dem Kirchhof hin und her. Es ist schwer zu sagen, wie die Leute aus der Nähe wirkten, aber als der Junge die Frauen von oben durch die Bäume des Kirchhofs hindurch sah, erschienen sie ihm wie lauter schöne Blumen. ›Sie sehen alle aus, als seien sie im Garten eines Königs gewachsen‹, dachte er.

Aber selbst in Gagnef fand sich nirgends ein freies Feld, und so blieb den Wildgänsen nichts anderes übrig, als sich noch weiter südwärts nach Floda zu wenden.

In Floda saßen die Leute schon in der Kirche, als die Wildgänse dahergeflogen kamen; aber gleich nach dem Gottesdienst sollte eine Hochzeit stattfinden, und der ganze Hochzeitszug stand draußen auf dem Kirchenhügel. Die Braut trug eine goldene Krone auf dem aufgelösten Haar und war über und über mit Blumen und bunten Bändern und Schmucksachen behängt, so dass einem die Augen richtig wehtaten, wenn man sie ansah. Der Bräutigam trug einen langen, blauen Gehrock, Kniehosen und eine rote Mütze. Die Leibchen und Rocksäume der Brautjungfern waren mit Rosen und Tulpen bestickt, und die Eltern und Nachbarn gingen in ihren bunten Bauerntrachten mit im Zug.

»Liebe Mutter Akka, fliegt hier ein wenig langsamer, dass ich die jungen Leute sehen kann!« bat der Junge.

Und die Anführerin ließ sich so weit, als sie es nur wagen konnte, hinabsinken und flog dreimal über dem Kirchenhügel hin und her. Es ist schwer zu sagen, wie die Hochzeitsleute in der Nähe ausgesehen hätten, aber so von oben aus meinte der Junge, eine so schöne Braut und einen so stolzen Bräutigam und einen so stattlichen Hochzeitszug könne es bestimmt sonst nirgends geben. ›Ich möchte wissen, ob der König und die Königin schöner aussehen, wenn sie in ihrem Schloss umhergehen?‹ dachte er in seinem Herzen.

Hier in Floda fanden die Wildgänse endlich ein vom Schnee befreites Feld, sodass sie nicht noch länger nach Futter suchen mussten.

Kapitel 14

Die Überschwemmung

Mehrere Tage lang herrschte in den Gebieten nördlich vom Mälarsee entsetzliches Wetter. Der Himmel war dicht mit Wolken bedeckt, der Wind heulte, und es regnete in Strömen. Die Menschen und Tiere wussten wohl, dass es so sein musste, wenn es bald Frühling werden sollte, aber trotzdem erschien ihnen dieses Wetter fast unerträglich.

Nachdem es einen ganzen Tag lang geregnet hatte, fingen die Schneemassen in den Wäldern tatsächlich zu schmelzen an, und die Frühlingsbäche und Flüsse begannen zu rauschen, und es dauerte nicht lange, da hatten sie so viel Wasser aufgenommen, wie sie überhaupt fassen konnten. Und auch die Seen, durch die diese Flüsse flossen, waren bald übervoll, so auch der große Mälarsee, dem schließlich gar nichts anderes übrig blieb, als über seine Ufer zu treten.

Der See stieg sehr langsam, als wollte er den schönen Ufern nur ungern Schaden zufügen. Da diese aber überall sehr niedrig und flach sind, hatte das Wasser schon nach kurzer Zeit das Land weit überschwemmt, und mehr brauchte er nicht, um überall die größte Aufregung hervorzurufen.

Doch nicht allein die Menschen gerieten in Aufregung, als der Mälarsee immer weiter über seine Ufer stieg, nein, auch die Tiere waren in großer Not: Die Enten, deren Eier zwischen den Büschen am Ufer lagen, die Wasserratten und die Spitzmäuse, die am Ufer zu

 Kapitel 14

Hause waren und kleine hilflose Junge in ihrem Nest hatten, ja selbst die stolzen Schwäne bekamen Angst um ihre Nester und ihre Eier.

Und es waren keine unnötigen Sorgen, denn der See stieg und stieg mehrere Tage lang an. Die tief gelegenen Wiesen um Gripsholm herum standen unter Wasser, und das große Schloss war jetzt durch breite Sunde vom Festland getrennt.

In dieser schwierigen Zeit schlich Smirre, der Fuchs, eines Tages durch ein Birkengehölz, das etwas nördlich vom Mälarsee lag. Wie gewöhnlich beschäftigten sich seine Gedanken mit den Wildgänsen und dem Däumling, und er zerbrach sich den Kopf, wie er sie wiederfinden könnte, denn er hatte ihre Spur vollständig verloren.

Während er so mutlos dahinwanderte, entdeckte er plötzlich die Taube Agar, die Botschafterin, auf einem Birkenzweig. »Wie gut, dass ich dich treffe, Agar!« rief Smirre. »Du kannst mir vielleicht sagen, wo sich Akka von Kebenekajse mit ihrer Schar aufhält.«

»Es ist wohl möglich, dass ich es weiß«, sagte Agar, »aber ich habe nicht vor, es dir mitzuteilen.«

»Das ist mir auch einerlei«, fuhr Smirre fort, »wenn du ihr nur eine Botschaft ausrichten willst, die man mir für sie aufgetragen hat. Du weißt doch, wie schrecklich es in diesen Tagen am Mälarsee aussieht. Es ist eine fürchterliche Überschwemmung, und das große Schwanenvolk, das in der Hjälstabucht wohnt, ist in größter Sorge um seine Nester und Eier. Nun hat der Schwanenkönig Dagklar von dem Knirps gehört, der mit den Wildgänsen umherzieht und für alles Rat weiß, und er hat mich zu Akka geschickt, um sie zu bitten, mit dem Däumling zur Hjälstabucht zu kommen.«

»Ich werde deinen Auftrag ausrichten«, erwiderte Agar. »Aber es ist mir nicht recht klar, wie der kleine Wicht den Schwänen helfen könnte.«

»Mir ist es auch nicht klar, aber er kann ja alles Mögliche.«

»Ich wundere mich auch sehr darüber, dass Dagklar einen Fuchs mit einem Auftrag an die Wildgänse schickt«, wandte Agar ein.

»Da hast du recht, wir sind sonst Feinde«, erwiderte Smirre mit freundlicher Stimme. »Aber in der Not muss man einander beistehen. Übrigens wirst du guttun, wenn du Akka nicht sagst, dass du die Botschaft durch einen Fuchs erhalten hast, sonst könnte sie am Ende misstrauisch werden.«

Der sicherste Zufluchtsort für die Schwimmvögel am ganzen Mälarsee ist die Hjälstabucht; sie hat flache Ufer, einen niedrigen Wasserstand und eine Menge Binsen. Sie ist eine ideale Heimat für die Vögel, weil sie seit vielen Jahren als Zufluchtsort anerkannt ist. Es wohnt nämlich ein großes Schwanenvolk dort, und der Besitzer des ganz in der Nähe liegenden alten Krongutes Ekolsund hat die Jagd da verboten, damit die Schwäne nicht gestört oder beunruhigt würden.

Sobald Akka erfahren hatte, dass die Schwäne ihrer Hilfe bedurften, flog sie eiligst zur Hjälstabucht. Als sie am Abend ankam, sah sie gleich, welche ungeheuren Zerstörungen die Überschwemmung angerichtet hatte. Die großen Schwanennester waren losgerissen und von dem heftigen Wind auf die Bucht hinausgetrieben worden; einige waren schon auseinandergefallen, andere umgestürzt, und die Eier lagen jetzt hell glänzend unten im Wasser auf dem Grund.

Als sich Akka in der Bucht niederließ, waren alle hier wohnenden Schwäne am östlichen Ufer versammelt, wo sie vor dem Wind am besten geschützt waren. Die Überschwemmung hatte großen Schaden bei ihnen angerichtet, aber sie waren viel zu stolz, um irgendeinen Kummer zu zeigen. »Es hat keinen Sinn, unglücklich darüber zu sein. Hier in der Gegend gibt es genug Wurzelfasern und Stiele, um neue Nester zu bauen«, sagten sie. Kein einziger Schwan hatte daran gedacht, fremde Hilfe in Anspruch zu nehmen, und sie hatten keine Ahnung, dass Smirre die Wildgänse herbeigerufen hatte.

Es waren mehrere hundert Schwäne versammelt, und sie hatten sich ihrem Rang und ihrer Stellung gemäß aufgestellt; die jungen und unerfahrenen ganz außen im Kreis, die alten und weisen mehr nach innen. Ganz in der Mitte lag Dagklar, der Schwanenkönig, mit Schneefrid, der Schwanenkönigin; diese beiden waren älter als alle anderen, und fast alle Mitglieder des Schwanenvolkes waren ihre Kinder und Kindeskinder.

Die Wildgänse hatten sich zufälligerweise auf der westlichen Seite der Bucht niedergelassen; aber nachdem Akka entdeckt hatte, wo die Schwäne lagen, schwamm sie sogleich zu ihnen hinüber. Sie war selbst sehr erstaunt, dass nach ihr geschickt worden war; aber sie betrachtete es als eine Ehre und wollte keinen Augenblick verlieren, wenn sie den Schwänen beistehen konnte.

Als Akka in die Nähe der Schwäne kam, hielt sie an, um zu sehen, ob die Gänse hinter ihr auch in gerader Linie und in der rechten Entfernung voneinander schwammen. »Schwimmt nun hübsch und gerade!« sagte sie. »Starrt die Schwäne nicht an, als hättet ihr noch nie etwas Schönes gesehen, und kümmert euch nicht um das, was sie zu euch sagen!«

Akka besuchte die alte Schwanenherrschaft nicht zum ersten Mal, und bis jetzt war sie immer mit der Aufmerksamkeit empfangen worden, die einem so weit gereisten und angesehenen Vogel gebührte. Aber es war ihr nie angenehm, wenn sie durch alle die anderen

Kapitel 14

Schwäne, die die Alten umringten, hindurchschwimmen musste. Sie kam sich nie so klein und grau vor, als wenn sie mit den Schwänen zusammen war, und zuweilen ließ auch der eine oder der andere eine Bemerkung über gewisse graue, hässliche Leute fallen. Aber da hielt es Akka immer für das Klügste, zu tun, als ob sie es nicht gehört hätte, und nur ruhig weiterzuschwimmen.

Diesmal schien alles ungewöhnlich gut zu gehen. Die Schwäne glitten ganz still zur Seite, und die Wildgänse schwammen wie durch eine mit großen, weiß schimmernden Vögeln eingefasste Straße hindurch. Und diese weißen Vögel, die ihre Flügel wie Segel ausspannten, um sich vor den Fremden in ihrer ganzen Schönheit zu zeigen, boten einen überaus prächtigen Anblick. Sie machten nicht eine einzige spitze Bemerkung, worüber Akka sich sehr wunderte. ›Gewiss hat König Dagklar von ihren Unarten erfahren und ihnen gesagt, sie sollten sich wie anständige Tiere benehmen‹, dachte die alte Wildgans.

Aber während die Schwäne sich alle Mühe gaben, ihre guten Sitten zu zeigen, entdeckten sie plötzlich den weißen Gänserich, der ganz hinten in der langen Reihe der Gänse schwamm. Da ging ein Raunen der Verwunderung und des Zorns durch die Schwanenreihen, und mit einem Schlag war es aus mit dem anständigen Benehmen.

»Was ist denn das?« rief einer von den Schwänen. »Wollen die Wildgänse jetzt weiße Federn haben?«

»Sie werden sich doch nicht einbilden, dass sie deshalb Schwäne würden!« schrie es von allen Seiten.

Und mit ihren weithin tönenden Stimmen schrien die Schwäne immer lauter durcheinander; es war Akka ganz unmöglich, sich Gehör zu verschaffen, um ihnen zu erklären, dass dies eine zahme Gans sei, die sich ihnen angeschlossen habe.

»Da kommt gewiss der Gänsekönig selbst daher!« spotteten die Schwäne.

»Sie sind ganz unglaublich unverschämt!« riefen die anderen.

»Es ist gar keine Gans, es ist eine zahme Ente!«

Der große Weiße gedachte Akkas Ermahnung, sich nicht um das zu kümmern, was ihnen zugerufen würde. Er schwieg also ganz still und schwamm so schnell wie möglich vorwärts; aber es half nichts, die Schwäne wurden nur noch boshafter.

»Was hat er denn für eine Kröte auf dem Rücken?« fragte einer von ihnen. »Die Gänse meinen wohl, wir könnten nicht sehen, dass es eine Kröte ist, auch wenn sie sich wie ein Mensch herausgeputzt hat?«

Nun schwammen alle die Schwäne, die vorher in so schöner Ordnung dagelegen hatten, aufgeregt durcheinander; alle drängten sich vor, um die weiße Wildgans zu sehen.

Die Überschwemmung

»So ein weißer Gänserich sollte sich wenigstens schämen, sich hier vor uns Schwänen sehen zu lassen! Was denkt er sich nur dabei?« riefen sie aufgebracht durcheinander.

»Er ist bestimmt ebenso grau wie die anderen und nur in einen Melkkübel getaucht.«

Jetzt hatte Akka den König Dagklar erreicht und wollte ihn gerade fragen, womit sie ihm behilflich sein könnte, als dieser den Aufruhr unter seinem Volk bemerkte.

»Was ist denn da los? Habe ich ihnen nicht befohlen, höflich gegenüber Fremden zu sein?« rief er und sah sehr unzufrieden aus.

Schneefrid, die Schwanenkönigin, schwamm zu ihren Untertanen hin, um Ordnung unter ihnen zu schaffen, und Dagklar wandte sich wieder an Akka. Doch schon kehrte Schneefrid sehr erregt zurück. »Kannst du sie nicht zum Schweigen bringen?« rief ihr der Schwanenkönig entgegen.

»Es ist eine weiße Wildgans unter ihnen«, antwortete die Schwanenkönigin. »Das ist wirklich schändlich. Es wundert mich nicht, dass sie wütend sind.«

»Eine weiße Wildgans!« rief Dagklar. »Das ist unglaublich! Das gibt es ja gar nicht. Du wirst nicht recht gesehen haben.«

Das Gedränge um den Gänserich Martin herum wurde immer größer. Akka und die anderen Wildgänse versuchten, zu ihm hinzuschwimmen; aber sie wurden hin und her geschubst und konnten nicht bis zu ihm gelangen.

Jetzt setzte sich auch der alte Schwanenkönig, der stärkste von dem ganzen Volk, in Bewegung. Er schob alle anderen zur Seite und bahnte sich einen Weg zu dem weißen Gänserich. Aber als er sah, dass da wirklich eine weiße Gans auf dem Wasser lag, wurde er ebenso erregt wie alle anderen. Er fauchte vor Zorn, stürzte geradewegs auf den Gänserich los und rupfte ihm ein paar Federn aus. »Ich will dich lehren, du Wildgans, in so einem Aufzug zu den Schwänen zu kommen!« rief er.

»Flieh, Martin, flieh, flieh!« rief Akka, denn sie erkannte, dass ihm die Schwäne jede Feder ausrupfen würden. Und »Flieh, flieh!« schrie auch der Däumling.

Aber der Gänserich war so fest zwischen den Schwänen eingekeilt, dass er seine Flügel nicht ausspannen konnte; und von allen Seiten streckten die erzürnten Schwäne ihre starken Schnäbel vor, um ihm die Federn auszurupfen.

Der Gänserich verteidigte sich, so gut er konnte; er biss und stieß um sich, und die anderen Wildgänse griffen die Schwäne auch an. Aber das Ende war nur zu gut abzusehen. Plötzlich jedoch wurde den Wildgänsen ganz unerwartet von anderer Seite Hilfe zuteil. Ein Rotkehlchen, das gesehen hatte, wie übel es den Wildgänsen bei den Schwänen erging, war der Helfer. Es stieß jenen scharfen Warnruf aus, dessen sich die kleinen Vögel bedienen, wenn es gilt, einen Habicht oder Falken in die Flucht zu jagen. Und kaum war der Ruf dreimal erklungen, als auch schon alle kleinen Vögel der Umgebung auf blitzschnellen Schwingen in einem großen kreischenden Schwarm auf die Hjälstabucht zustürmten.

Und diese armen schwachen Vögelein warfen sich auf die Schwäne; sie zwitscherten ihnen in die Ohren, versperrten ihnen die Aussicht mit ihren Flügeln, verwirrten sie mit ihrem Geflatter und brachten sie ganz aus der Fassung, indem sie ihnen in die Ohren schrien: »Schämt euch! Schämt euch, ihr Schwäne!«

Der Überfall der kleinen Vögel dauerte nur ein paar Augenblicke; aber als der Vogelschwarm wieder weggeflogen und die Schwäne einigermaßen zu sich gekommen waren, hatten die Wildgänse die Flucht ergriffen und schon die andere Seite der Bucht erreicht.

Kapitel 15

Der neue Kettenhund

Etwas Gutes wenigstens hatten die Schwäne: Als sie sahen, dass die Wildgänse entkommen waren, fanden sie es unter ihrer Würde, ihnen nachzujagen. Die Wildgänse durften also in aller Ruhe auf einer mit Binsen bewachsenen Insel schlafen. Nils Holgersson aber konnte vor lauter Hunger nicht einschlafen. ›Ich muss sehen, dass ich in irgendeinem Haus etwas zum Essen finde‹, sagte er sich.

In diesen Tagen, wo so vielerlei auf dem Wasser umhertrieb, war es für Nils Holgersson nicht schwer, ein Beförderungsmittel zu finden. Er besann sich daher nicht lange, sondern sprang auf ein Bretterstück, das zwischen die Binsen hineingetrieben war. Dann fischte er einen kleinen Stock auf und steuerte durch das seichte Wasser dem Ufer zu.

Kaum hatte er dieses erreicht, als er neben sich ein Plätschern im Wasser hörte. Er blieb unbeweglich stehen und sah zuerst eine Schwänin, die ganz in seiner Nähe in ihrem großen Nest lag; dann aber erblickte er einen Fuchs, der ein paar Schritte ins Wasser hineingewatet war und sich zu dem Schwanennest hinschlich.

»Hallo, hallo! Steh auf, steh auf!« rief der Junge und schlug mit seinem Stock ins Wasser.

Die Schwänin stand auf, aber doch nicht so rasch, dass der Fuchs sich nicht hätte auf sie werfen können, wenn er gewollt hätte. Aber er gab diesen Plan auf und rannte stattdessen eiligst auf den Jungen zu.

Als der Däumling den Fuchs auf sich zukommen sah, lief er ohne lange zu überlegen ins

Land hinein. Vor ihm lagen nur weite, flache Wiesen, nirgends sah er einen Baum, auf den er hätte klettern, nirgends ein Loch, in dem er sich hätte verstecken können. Es blieb ihm nichts anderes übrig, als zu fliehen. Nun war der Junge zwar ein guter Läufer, aber dass er es in der Geschwindigkeit mit einem Fuchs, der frei und ungehindert laufen konnte und nichts zu tragen hatte, nicht aufnehmen konnte, dessen war er sich nur zu bewusst.

Ein Stück weiter im Landesinneren lagen einige Bauernhäuser, aus deren Fenstern heller Lichtschein herausdrang. Natürlich lief der Junge darauf zu; aber er musste sich eingestehen, dass ihn der Fuchs längst eingeholt haben würde, ehe er die Häuser erreicht hätte.

Einmal war ihm der Fuchs schon so nahe, dass er den Jungen sicher zu haben meinte; aber da sprang dieser hastig zur Seite und lief wieder der Bucht zu. Diese Wendung hielt den Fuchs ein wenig auf, und ehe er den Jungen aufs Neue eingeholt hatte, war dieser zu ein paar Männern hingelaufen, die den ganzen Tag hindurch und noch am Abend das auf dem Wasser umhertreibende Gut geborgen hatten und jetzt auf dem Heimweg waren.

Die Männer waren müde und schläfrig; sie hatten weder den Fuchs noch den Jungen bemerkt, obgleich dieser auf sie zugelaufen war. Der Junge wollte sie indes gar nicht anreden und sie auch nicht um Hilfe bitten; er begnügte sich damit, neben ihnen herzulaufen, denn er dachte: ›Der Fuchs wird sich wohl hüten, ganz dicht zu den Menschen hinzugehen.‹

Aber bald hörte er, wie der Fuchs herbeischlich. Ja, er wagte sich wirklich ganz nah an die Menschen heran, denn er sagte sich: ›Sie werden mich wohl für einen Hund halten.‹

»Was schleicht denn da für ein Hund hinter uns her?« sagte auch in der Tat einer von den Männern. »Er kommt uns so nahe, als ob er uns beißen wollte.«

Der andere blieb stehen und sah sich um. »Weg mit dir! Was willst du?« rief er und versetzte dem Fuchs einen heftigen Stoß, der ihn auf die andere Seite des Weges beförderte. Von da an hielt sich der Fuchs in ein paar Metern Abstand, lief aber unentwegt hinter den Männern her.

Bald erreichten die Männer die Bauernhäuser und gingen miteinander in eins von ihnen hinein. Der Junge hatte eigentlich im Sinn gehabt, sich mit ihnen hineinzuschleichen; aber kaum war er im Flur angekommen, da sah er einen großen, schönen, langhaarigen Kettenhund aus der Hütte herausrasen und den Hausherrn stürmisch begrüßen. Da änderte der Junge seine Absicht und blieb vor dem Haus.

»Hör einmal, Hofhund«, sagte er leise, sobald die Männer die Tür hinter sich zugemacht hatten. »Willst du mir nicht helfen, heute Nacht einen Fuchs zu fangen?«

Der Hofhund hatte keine scharfen Augen, und das Angebundensein hatte ihn zornig und hitzig gemacht. »Wie soll ich einen Fuchs fangen?« bellte er wütend. »Wer bist denn

 Kapitel 15

du, dass du herkommst und mich verspottest? Komm mir nur so nahe, dass ich dich fassen kann, dann werde ich dich lehren, deinen Spott mit mir zu treiben.«

»O, ich habe durchaus keine Angst vor dir!« rief der Junge und lief zu dem Hund hin. Und als der Hund den kleinen Knirps sah, war er so überrascht, dass er kein Wort herausbringen konnte.

»Ich bin der Junge, den die Tiere den Däumling nennen und der mit den Wildgänsen umherzieht«, sagte Nils Holgersson. »Hast du noch nicht von mir reden hören?«

»Doch, die Schwalben haben wohl so etwas von dir gezwitschert«, antwortete der Hund. »Du scheinst große Dinge ausgerichtet zu haben, obwohl du nur so klein bist.«

»Ja, bis heute ist es mir ganz gut gegangen, aber wenn du mir nicht hilfst, dann ist es wohl aus mit mir. Ein Fuchs ist mir dicht auf den Fersen. Er steht dort an den Ecke und lauert auf mich.«

»Ei freilich, ich wittere ihn wirklich deutlich«, sagte der Hund. »Na warte, den werden wir bald haben.«

Damit jagte der Hofhund davon, so weit seine Kette reichte, und bellte und kläffte eine gute Weile.

»Ich glaube nicht, dass er sich jetzt noch einmal heranwagt«, sagte er dann.

»Ach, vom Bellen allein lässt sich dieser Fuchs nicht in die Flucht schlagen«, sagte der Junge. »Er wird gleich wieder da sein, und das wäre auch am besten, denn ich habe mir nun einmal in den Kopf gesetzt, dass du ihn gefangen nehmen sollst.«

»Treibst du schon wieder deinen Spott mit mir?« rief der Hund.

»Nein, gewiss nicht. Komm nur mit mir in die Hundehütte hinein, damit der Fuchs uns nicht hören kann; dann sage ich dir, wie du es machen musst«, sagte der Junge.

Der Junge und der Hund krochen miteinander in die Hütte hinein und flüsterten da eifrig zusammen.

Nach einer Weile steckte der Fuchs die Nase um die Ecke, und als alles still war, schlich er sich sachte in den Hof hinein. Er verfolgte die Spur des Jungen bis zur Hundehütte hin und setzte sich in angemessener Entfernung davon nieder, um zu überlegen, wie er ihn herauslocken könnte. Plötzlich steckte der Hund den Kopf heraus und knurrte den Fuchs an. »Mach, dass du fortkommst, sonst komme ich heraus und packe dich!« rief er.

»Du wirst mich nicht davon abhalten, ruhig hier sitzen zu bleiben, so lange ich Lust habe«, erwiderte der Fuchs.

»Geh nur rasch deiner Wege!« brummte der Hund noch einmal in drohendem Ton. »Sonst versichere ich dir, dass du heute Nacht zum allerletzten Mal gejagt hast!«

Aber der Fuchs grinste den Hund nur an und wich nicht vom Fleck. »Ich weiß genau, wie weit deine Kette reicht«, sagte er siegessicher und voller Verachtung.

»Nun habe ich dich zweimal gewarnt«, sagte der Hund und trat aus seiner Hütte heraus. »Jetzt musst du die Folgen selbst tragen.«

Und in demselben Augenblick sprang er mit einem großen Satz auf den Fuchs los. Er erreichte ihn ohne jegliche Schwierigkeit, denn er war frei; der Junge hatte ihm sein Halsband abgenommen.

Einen Augenblick kämpften die beiden Tiere miteinander; aber der Streit war bald entschieden: Der Hund stand als Sieger da, der Fuchs lag auf dem Boden und wagte sich nicht zu rühren. »Ruhig, ruhig! Wenn du nicht ganz ruhig bleibst, beiße ich dich tot«, sagte der Hund. Dann packte er ihn am Nacken und schleppte ihn in seine Hütte hinein. Da stand der Junge mit der Hundekette; er legte dem Fuchs das Halsband zweimal um den Hals und zog es recht fest zu, damit er ganz sicher gefangen saß; und die ganze Zeit über musste der Fuchs vollkommen still liegen und wagte sich nicht zu rühren.

»So, mein Herr Smirre, nun hoffe ich, dass ein guter Kettenhund aus dir wird«, sagte der Junge, als er fertig war.

Kapitel 16

Stockholm

Vor mehreren Jahren wohnte auf Skansen, dem großen Freiluftmuseum bei Stockholm, wo vielerlei Außergewöhnliches aus ganz Schweden zusammengebracht worden ist, ein kleiner, alter Mann namens Klement Larsson. Er stammte aus Hälsingland und war nach Skansen gekommen, um dort alte Volkstänze und Volkslieder auf seiner Geige zu spielen. Er trat aber natürlich meist nur an den Nachmittagen als Geiger auf, vormittags saß er als Wächter in einem der schönen Bauernhäuser, die man aus allen Teilen des Landes nach Skansen verpflanzt hat.

Eines schönen Tages, Anfang Mai, hatte Klement ein paar Stunden frei, und als er gerade den steilen Hügel hinabging, auf dem Skansen liegt, begegnete er einem Fischer aus den Schären, der mit seinem Kasten auf dem Rücken daherkam. Der Fischer war ein kräftiger Mann, der oft nach Skansen kam und Seevögel anbot, die er lebendig gefangen hatte; Klement war schon oft mit ihm zusammengetroffen.

Heute nun hielt der Fischer Klement an und fragte ihn, ob der Vorstand von Skansen zu Hause sei. Nachdem Klement ihm Auskunft gegeben hatte, fragte er seinerseits den Fischer, was er denn Seltenes in seinem Kasten habe.

»Ich will es dir zeigen, Klement«, sagte der Fischer, »wenn du mir dafür einen guten Rat geben und mir sagen willst, was ich dafür verlangen soll.«

Damit streckte er dem alten Klement seinen Fischkasten hin. Klement sah hinein, sah

Kapitel 16

noch einmal hinein und trat darauf hastig einen Schritt zurück. »Um alles in der Welt, Asbjörn, wo hast du denn den aufgetrieben?«

Es war ihm eingefallen, dass ihm seine Mutter, als er noch ein Kind war, oft von den Wichtelmännchen, die unter dem Steinboden wohnten, erzählt hatte. Er sollte nicht weinen und nicht schreien, damit die Wichtelmännchen nicht erzürnt würden. Als er dann erwachsen war, hatte er geglaubt, seine Mutter habe die Geschichten von den Wichtelmännchen nur erfunden, um ihm einen heilsamen Schrecken einzujagen. ›Aber nun ist es also doch keine Erfindung von meiner Mutter gewesen‹, dachte Klement. ›Denn hier in Asbjörns Kasten liegt ja einer aus dem Wichtelvolk.‹

In Klements Herz wohnte noch immer ein Rest von jener Kinderangst, und es lief ihm kalt über den Rücken hinab, als er in den Kasten hineinschaute. Asbjörn sah Klements Schrecken und fing an zu lachen; aber Klement nahm die Sache sehr ernst.

»Erzähle mir, wo du ihn herhast«, sagte er.

»O, du musst nicht denken, ich hätte ihm aufgelauert«, sagte Asbjörn. »Das Kerlchen ist selbst zu mir gekommen. Heute Morgen bin ich in aller Frühe im Boot hinausgefahren, und kaum hatte ich das Festland hinter mir, als eine Schar Wildgänse mit lautem Geschnatter von Osten dahergezogen kam. Ich feuerte einen Schuss auf sie ab, traf jedoch keine von ihnen, dafür aber sauste dieser kleine Kerl aus der Luft herunter und fiel dicht neben meinem Boot ins Wasser, ich brauchte nur die Hand nach ihm auszustrecken.«

»Du wirst ihn doch nicht getroffen haben, Asbjörn?«

»O nein, er ist ganz frisch und gesund; aber zuerst war er nicht so recht bei sich, und diese Gelegenheit habe ich genutzt, um ihm Hände und Füße mit einem Stück Bindfaden zusammenzubinden, damit er mir nicht davonlaufen kann. Denn ich dachte ja gleich, das sei etwas für Skansen.«

Dem alten Klement wurde ganz sonderbar zumute, als der Fischer sein Erlebnis erzählte. Alles, was er in seiner Jugend von den Wichtelmännchen gehört hatte, von ihrer Rachgier gegen Feinde und ihrer Hilfsbereitschaft gegen Freunde, tauchte in seiner Seele auf. Wer es je einmal versucht hatte, ein Wichtelmännchen gefangen zu halten, dem war es schlecht ergangen.

»Hör mal, Asbjörn, du hättest ihn gleich wieder freigeben sollen«, sagte Klement.

»Ich hätte auch beinahe gar nicht anders gekonnt«, antwortete Asbjörn. »Die Wildgänse haben mich bis nach Hause verfolgt, und selbst dann flogen sie noch lange über den Schären hin und her und schrien pausenlos, als wollten sie das Kerlchen wiederhaben. Meine Frau sagte, ich solle den Knirps wieder laufen lassen, aber ich hatte mir nun einmal in den

Kapitel 16

Kopf gesetzt, ihn hierher nach Skansen zu bringen. Da habe ich einfach eine Puppe von unserem Kleinen ans Fenster gestellt, den Knirps rasch in meinen Fischkasten hier gesteckt und mich wieder auf den Weg gemacht. Die Vögel meinten wohl, die Puppe am Fenster sei das Kerlchen, denn sie ließen mich diesmal unbehelligt gehen.«

»Spricht er nicht?« fragte Klement.

»Doch, er hat versucht, den Vögeln etwas zuzurufen; aber das wollte ich nicht, und so habe ich ihm einen Knebel in den Mund gestopft.«

»Aber Asbjörn, dass du das gewagt hast! Begreifst du denn nicht? Dies ist doch etwas Übernatürliches.«

»Ach, wie soll ich wissen, was es ist«, sagte Asbjörn ruhig. »Das müssen die anderen herausfinden, mir genügt es, wenn man mich gut dafür bezahlt. Und nun sag mir, Klement, wie viel wird mir der gelehrte Herr Doktor oben auf Skansen wohl für das Kerlchen geben?«

Klement überlegte lange, ehe er antwortete. Er hatte auf einmal schreckliche Angst um den Knirps bekommen. Es war ihm geradezu, als stehe seine Mutter neben ihm und sage zu ihm, er solle immer gut gegen das Wichtelvolk sein.

»Ich weiß nicht, was der Doktor dir dafür geben wird«, sagte er schließlich. »Aber wenn du ihn mir verkaufen willst, dann biete ich dir zwanzig Kronen dafür.«

Als der Spielmann diese große Summe nannte, sah ihn der Fischer grenzenlos überrascht an. Er dachte, Klement meine wohl, der Kleine sei im Besitz von geheimen Kräften, die ihm von Nutzen sein könnten; und da er keineswegs sicher war, ob der Doktor seinen Fund für ebenso wichtig halten und ihm so viel dafür bieten würde, nahm er Klements Angebot erfreut an.

Der Spielmann steckte seinen Einkauf in eine seiner weiten Taschen, stieg wieder den Hügel hinauf und ging in eine der Sennhütten, wo weder fremde Besucher noch sonst ein Aufseher waren. Er schloss die Tür hinter sich zu, nahm das Kerlchen heraus, das noch immer an Händen und Füßen gefesselt war und einen Knebel im Mund hatte, und legte es vorsichtig auf eine Bank.

»Gib nun acht, was ich dir sage«, begann Klement. »Ich weiß, du und deinesgleichen, ihr lasst euch nicht gern vor den Menschen sehen, sondern wollt am liebsten ungehindert euer Wesen treiben. Ich will dir deshalb deine Freiheit zurückgeben, aber nur unter einer Bedingung: Du musst hier im Park bleiben, bis ich dir erlaube, dich von hier zu entfernen. Wenn du darauf eingehen willst, dann nicke dreimal mit dem Kopf.«

Erwartungsvoll sah Klement den Kleinen an; dieser aber rührte sich nicht. »Es soll dir nicht schlecht gehen«, fuhr Klement fort. »Ich werde dir jeden Tag dein Essen bringen;

außerdem wirst du auch sicher hier allerlei zu tun bekommen und brauchst also keine Langeweile zu haben. Aber du darfst nirgendwo anders hingehen, bis ich es dir erlaube, hörst du! Wir wollen ein Zeichen ausmachen: Solange ich dir dein Essen in einem weißen Napf hinstelle, musst du hierbleiben, wenn es aber in einer blauen Schale ist, dann darfst du dich entfernen.«

Wieder sah Klement den Kleinen erwartungsvoll an und hoffte auf das verabredete Zeichen; das Kerlchen aber rührte sich nicht.

»Ja, dann muss ich dich eben doch dem Direktor von Skansen zeigen, es bleibt nichts anderes übrig«, sagte Klement. »Du wirst dann in eine Glasflasche gesteckt, und alle Leute aus der großen Stadt Stockholm kommen hierher und gucken dich an.«

Dies schien dem Kleinen einen Schrecken einzujagen; denn kaum hatte Klement es gesagt, als der Kleine mit dem Kopf nickte.

»So ist's recht!« sagte Klement. Er zog sein Messer heraus, durchschnitt dem Kerlchen die Fessel an den Händen und ging dann hastig zur Tür hinaus.

Vor allem anderen löste der Junge jetzt die Schnur von seinen Füßen und zog sich den Knebel aus dem Mund. Als er sich dann aber nach Klement Larsson umsah, um ihm zu danken, war dieser schon verschwunden.

Klement war gerade erst zur Tür hinausgekommen, als er einem schönen alten Herrn begegnete, der zu einem nahe gelegenen, herrlichen Aussichtspunkt unterwegs zu sein schien. Klement konnte sich nicht erinnern, den vornehmen alten Herrn schon einmal gesehen zu haben; dieser aber hatte Klement wohl schon öfter bemerkt, wenn er seine Volksweisen spielte, denn er blieb stehen und sprach ihn an.

»Guten Tag, Klement«, sagte er. »Wie geht es dir? Du wirst doch nicht krank sein? Du kommst mir seit einiger Zeit etwas abgemagert vor.«

Der Herr hatte etwas so unbeschreiblich Leutseliges in seinem Wesen, dass sich Klement ein Herz fasste und ihm erzählte, wie sehr ihn das Heimweh plage.

»Wie? Hier in Stockholm hast du Heimweh? Das ist doch wohl nicht möglich!« sagte der vornehme alte Herr und sah dabei fast ein wenig gekränkt aus. Aber dann fiel ihm ein, dass er ja einen alten Bauern aus Hälsingland vor sich hatte, und der frühere freundliche Ausdruck trat wieder in sein Gesicht.

»Du hast sicher noch nie gehört, wie Stockholm eigentlich entstanden ist, Klement? Sonst wüsstest du ganz genau, dass du dir das Heimweh nur einbildest. Komm, begleite mich zu der Bank dort drüben, dann will ich dir ein wenig von Stockholm erzählen.«

Nachdem der vornehme alte Herr sich auf der Bank niedergelassen hatte, ließ er seinen

Kapitel 16

Blick zuerst einige Augenblicke auf Stockholm ruhen, das sich in seiner ganzen Pracht vor ihm ausbreitete, und er atmete tief ein, als wollte er die ganze Schönheit der Gegend in sich aufnehmen. Dann wandte er sich an den Spielmann.

»Eines Tages hatte ein Fischer, der auf der Lidinginsel draußen am Meer wohnte, sein Boot in den Mälarsee hereingesteuert und fing da eine solche Menge Fische, dass er ganz vergaß, zu rechter Zeit sein Boot wieder heimwärts zu lenken. Er war nicht weiter gekommen als bis zu den drei Inseln im See, als auch schon die Nacht hereinbrach. Da dachte der Fischer, es wäre bestimmt das Beste, hier an Land zu gehen und zu warten, bis der Mond aufgegangen wäre, denn es war fast Vollmond.

Es war im Spätherbst und noch wunderschönes Wetter, obwohl die Abende schon recht dunkel waren. Der Fischer zog also sein Boot an Land, legte sich daneben, bettete seinen Kopf auf einen Stein und versank bald in einen tiefen Schlaf. Als er erwachte, war der Mond schon hoch am Himmel; er stand genau über dem Fischer und leuchtete gar prächtig mit fast taghellem Schein.

Der Mann sprang auf und wollte gerade sein Boot ins Wasser schieben, als er draußen auf dem Norrström viele dunkle Punkte sah, die sich hin und her bewegten. Eine große Schar Seehunde schwamm eilig auf die Insel zu, und als der Fischer merkte, dass die Seehunde ans Land kriechen wollten, bückte er sich nach seinem Spieß, den er im Boot liegen hatte. Doch als er sich wieder aufrichtete, sah er keine Seehunde mehr; anstatt der Seehunde standen wunderschöne junge Mädchen am Strand, in grünen, seidenen Gewändern mit langer Schleppe, jede mit einer Perlenkrone auf dem Kopf. Da wusste der Fischer, wen er vor sich hatte, nämlich die Meerweibchen, die auf den öden Schären weit draußen im Meer wohnten. Sie hatten ihre Seehundgewänder nur übergeworfen, um ans Land zu schwimmen, wo sie sich im Mondschein auf den grünen Inseln vergnügen wollten.

Ganz leise legte der Fischer seinen Speer wieder hin, und als die Meerweibchen tiefer in die Insel hineingingen, um zu spielen, schlich er ihnen nach und betrachtete sie. Er hatte gehört, die Meermädchen seien wunderschön, wer sie sehe, werde von ihrer Schönheit ganz bezaubert; und er musste wirklich zugeben, dass nicht zu viel von ihnen behauptet worden war.

Nachdem die Meerweibchen eine Weile unter den Bäumen getanzt hatten, ging der Fischer ans Ufer hinunter, nahm eines von den Seehundfellen, die noch dalagen, und versteckte es unter einem Stein. Dann ging er zu seinem Boot zurück, legte sich daneben nieder und stellte sich schlafend.

Nach kurzer Zeit sah er die Meermädchen an den Strand zurückkehren und ihre Seehundhüllen wieder überwerfen. Anfangs herrschte eitel Lachen und Scherzen unter ihnen; aber bald verwandelte sich die Freude in lautes Jammern und Klagen, weil eine von ihnen ihr Seehundgewand nicht mehr finden konnte. Alle liefen am Ufer hin und her und halfen ihr suchen, aber kein Seehundfell war zu finden. Während sie noch eifrig suchten, sahen sie, dass sich der Himmel im Osten lichtete und der Tag graute. Da schienen sie nicht länger bleiben zu können, und alle schwammen davon, ausgenommen die eine, die ohne Seehundfell war. Sie blieb am Strand sitzen und weinte bitterlich.

Dem Fischer tat das arme Meerweibchen herzlich leid; aber er zwang sich, ganz ruhig liegen zu bleiben, bis es heller Tag war. Dann stand er auf, schob sein Boot ins Wasser, und erst als er das Ruder aufgehoben hatte, tat er, als ob er sie ganz zufälligerweise bemerke.

›Wer bist denn du?‹ rief er. ›Bist du eine Schiffbrüchige?‹

Sie stürzte auf ihn zu und fragte ihn, ob er nicht ihr Seehundfell gesehen habe; aber der Fischer tat, als verstehe er nicht einmal, was sie meinte. Da setzte sie sich wieder nieder und fing aufs Neue zu weinen an. Aber jetzt schlug er ihr vor, zu ihm ins Boot zu steigen.

›Komm mit mir in meine Hütte‹, sagte er, ›meine Mutter wird sich deiner annehmen. Du kannst doch nicht hier auf der Insel bleiben, wo du weder ein Bett findest noch etwas zu essen bekommst.‹ Und er sprach ihr ganz freundlich zu, bis sie sich überreden ließ und zu ihm ins Boot stieg.

Der Fischer und seine Mutter waren alle beide außerordentlich freundlich zu dem armen Meerweibchen, und es schien sich auch ganz wohl bei ihnen zu fühlen. Mit jedem Tag wurde es fröhlicher, half der Alten bei der Arbeit und war ganz wie ein anderes Mädchen, nur viel schöner als alle anderen aus der Umgebung. Eines Tages fragte sie der Fischer, ob sie seine Frau werden wolle; da hatte sie gar nichts dagegen und sagte sofort Ja.

Nun bereitete man die Hochzeit vor, und als sich die Jungfrau zur Hochzeit schmücken sollte, zog sie das grünseidene Schleppkleid an und setzte die schimmernde Perlenkrone auf, die sie damals getragen hatte, als der Fischer sie zum ersten Mal sah. In jenen Zeiten aber gab es weder eine Kirche noch einen Geistlichen auf den Schären; die Hochzeitsleute setzten sich in ein Boot, fuhren auf den Mälarsee hinaus und ließen sich in der ersten Kirche, an der sie vorbeikamen, trauen.

Der Fischer hatte seine Braut und seine Mutter im Boot, und er steuerte es so gut, dass es alle anderen überholte. Als sie jene Insel sehen konnten, wo er seine Braut gewonnen hatte, die nun glücklich und geschmückt neben ihm im Boot saß, musste er lächeln.

›Warum lachst du?‹ fragte die Braut.

›Ach, ich denke gerade an jene Nacht, als ich dein Seehundfell versteckt habe‹, antwor-

Kapitel 16

tete der Fischer mit heiterer Stimme. Er fühlte sich ihrer jetzt vollkommen sicher und meinte, er brauche nichts mehr vor ihr zu verheimlichen.

›Was sagst du da?‹ fragte die Braut. ›Ich habe doch nie ein Seehundfell gehabt.‹ Es war, als habe sie alles vergessen.

›Ja, weißt du denn nicht mehr, wie du mit den anderen Meermädchen getanzt hast?‹ fragte der Fischer.

›Ich weiß nicht, was du meinst‹, antwortete die Braut. ›Du hast wohl heute Nacht einen sonderbaren Traum gehabt.‹

›Wenn ich dir nun aber dein Seehundfell zeige, glaubst du mir dann?‹ fragte der Fischer und steuerte sogleich auf jene Insel zu. Als sie dort angekommen waren, stieg das Brautpaar aus, und der Fischer zog das Fell unter dem großen Stein hervor, wo er es damals versteckt hatte.

Aber kaum erblickte die Braut das Seehundfell, als sie es auch schon an sich riss und sich über den Kopf warf. Das Fell schmiegte sich ihr um die Glieder wie etwas Lebendiges, und sie warf sich augenblicklich in den Strom hinein.

Der erstaunte Bräutigam sah sie fortschwimmen. Rasch sprang er ihr nach ins Wasser, konnte sie aber nicht mehr erreichen. Als er sah, dass er sie nicht mehr zurückhalten konnte, warf er in seiner Verzweiflung seinen Spieß hinter ihr her. Dieser traf besser, als der Fischer gewollt hatte, denn das arme Meerweibchen stieß einen lauten Schrei aus und verschwand in der Tiefe.

Der Fischer blieb am Ufer stehen und hoffte, sie werde wieder an der Oberfläche auftauchen. Aber da sah er, wie sich über das Wasser ringsum ein milder Glanz ergoss, der ihm eine wunderbare Schönheit verlieh. So etwas hatte der Fischer noch nie gesehen; das Wasser glänzte und blinkte und spielte in rosigem und weißem Schimmer, gerade wie Perlmutter in einer Muschel.

Und als die glitzernden Wellen ans Ufer schlugen, sah der Fischer, dass auch dieses sich nach und nach veränderte. Überall begann es zu blühen und zu duften; ein zarter weicher Glanz breitete sich aus, und alles bekam auf einmal eine Schönheit, die es früher nicht gehabt hatte.

Und der Fischer erriet auch sogleich, woher das alles kam. Die Sache ist nämlich die: Wer ein Meerweibchen sieht, findet es schöner als alle anderen Menschenkinder – er kann gar nicht anders –, und als sich nun das Blut des Meerweibchens mit dem Wasser vermischte und dann mit den Wellen über die Ufer floss, teilte sich die außergewöhnliche Schönheit des Mädchens auch diesen mit; die Schönheit wurde ihnen als Erbteil geschenkt, sodass alle, die sie sahen, von der Lieblichkeit dieser Ufer hingerissen wurden und von da an stets von gewaltiger Sehnsucht nach ihnen erfüllt waren.«

Als der vornehme Herr in seiner Erzählung so weit gekommen war, sah er Klement an, und dieser nickte dem Erzähler mit ernster Miene zu, sagte aber nichts, denn er wollte ihn nicht unterbrechen.

»Und nun pass wohl auf, Klement, was ich dir sage«, fuhr der vornehme alte Herr fort, und jetzt blitzte es plötzlich schalkhaft in seinen Augen auf. »Von jener Zeit an siedelten sich die Menschen auf den Inseln an. Zuerst waren es nur Bauersleute und Fischer, aber eines schönen Tages kam der König mit seinem Herzog den Strom heraufgezogen. Auf der größten der drei Inseln, siehst du, hier, baute der Herzog eine Burg mit einem prächtigen Wachturm. Rings um die Insel herum zog er Mauern. Und hier im Süden machte er ein Tor in die Mauer und setzte einen starken Turm darauf. Er baute Brücken zu den anderen Inseln hinüber und versah auch diese mit hohen Türmen. Und draußen auf dem Wasser, in weitem Umkreis um die Inseln herum, schlug er einen Kranz von Pfählen mit Querbalken, die geöffnet und geschlossen werden konnten, sodass kein Schiff ohne seine Erlaubnis vorbeifahren konnte.

Du siehst also, Klement, die drei Inseln, die so lange unbemerkt dagelegen hatten, waren plötzlich in eine starke Festung verwandelt worden. Aber damit war es noch nicht genug. Diese Ufer und Sunde hier zogen die Menschen an, und bald strömten von allen Seiten Leute herbei, die sich auf den Inseln niederließen. Auch Mönche und Nonnen, die auf den Inseln ihre Klöster und Kirchen erbauten.

Aber nun, Klement, darfst du nicht glauben, es seien nur Herrscher und Klosterleute nach Stockholm gezogen. O nein, außer ihnen kamen noch viele andere Leute, vor allem eine Menge deutscher Handwerker und Kaufleute, und da diese tüchtiger waren als die schwedischen, wurden sie gut aufgenommen. Sie ließen sich in der Stadt innerhalb der Mauern nieder, rissen die kleinen, ärmlichen Häuser, die vorher da standen, nieder und bauten dafür große, prächtige Gebäude aus Stein. Aber es war nur wenig Platz dadrinnen innerhalb der Mauern, und so mussten die Häuser mit den Giebeln zur Straße dicht nebeneinander gebaut werden. Jaja, Klement, da siehst du, wie Stockholm die Menschen herbeizog.«

In diesem Augenblick tauchte unten am Weg ein anderer Herr auf, der rasch auf die beiden zukam. Doch der alte Herr, der mit Klement sprach, winkte den Neuangekommenen mit einer Handbewegung zurück, woraufhin dieser in der Ferne stehen blieb. Der vornehme alte Herr aber wandte sich wieder an den Spielmann.

»Nun sollst du mir einen Gefallen tun, Klement«, sagte er. »Ich habe keine Zeit, mich noch länger mit dir zu unterhalten, aber ich werde dir ein Buch über Stockholm schicken, und das sollst du von Anfang bis zu Ende durchlesen. Jetzt habe ich sozusagen bei dir den Grund von Stockholm gelegt, Klement, nun sollst du weiter daran bauen. Ja, studiere jetzt selbst weiter und mache dir klar, wie es der Stadt ferner ergangen ist und wie sie sich allmählich verändert hat.

Und wenn du dann das alles über Stockholm liest, Klement, dann denke daran, dass ich dir gesagt habe, Stockholm habe die Kraft, alles andere anzuziehen. Zuerst zog der König hierher, dann bauten sich die vornehmen Herren ihre Paläste da. Dann zog einer nach dem anderen hierher, sodass Stockholm jetzt nicht nur eine Stadt für sich oder für die nächste Umgebung ist, nein, Klement, es ist eine Stadt für das ganze Reich.

Aber wenn du dies alles von Stockholm gelesen hast, Klement, dann sollst du dich vor allem auf diesen Platz hier setzen; du sollst sehen, wie die Wellen ihr glitzerndes Spiel treiben und die Ufer in blendender Schönheit erglänzen. Ja, du sollst selbst dafür sorgen, dass auch du von dem Zauber ergriffen und hingerissen wirst.«

Der schöne alte Herr hatte die Stimme etwas erhoben; sie klang nun laut und majestätisch gebietend, und seine Augen blitzten. Jetzt stand er auf, winkte Klement noch freundlich mit der Hand und verließ ihn. Klement aber fühlte plötzlich in seinem Herzen ganz deutlich, der Herr, der da mit ihm gesprochen hatte, musste ein sehr vornehmer Herr sein, und er verbeugte sich hinter ihm, so tief er nur konnte.

Am nächsten Tag kam ein königlicher Lakai mit einem großen, rot eingebundenen Buch und einem Brief zu Klement, und in dem Brief stand, dass das Buch vom König sei.

Danach war der gute alte Klement Larsson mehrere Tage lang ganz durcheinander; es war fast kein vernünftiges Wort aus ihm herauszubringen, und nach acht Tagen kam er zu dem Direktor von Skansen, kündigte seine Stelle und machte sich daran, in seine Heimat zurückzukehren.

Kapitel 17

Der Adler Gorgo

Weit oben auf dem lappländischen Gebirge lag ein altes Adlernest auf einem Felsvorsprung. Dieser überschattete ein ziemlich hohes Tal, das im Sommer immer von einer Schar Wildgänse bewohnt war; und dieses Tal war auch wirklich ein ausgezeichneter Zufluchtsort für die Gänse. Dort lag ein kleiner runder See, wo sich reichlich Nahrung für die kleinen Gänschen fand, und an den dicht bestandenen Ufern gab es so gute Brutplätze, wie sie sich die Gänse nur wünschen konnten.

Seit undenklichen Zeiten hatten oben auf dem Felsen Adler und unten im Tal Wildgänse gewohnt. Jedes Jahr raubten die Adler einige von den Wildgänsen, hüteten sich aber wohl, so viele zu rauben, dass diese aus dem Tal verscheucht worden wären. Ihrerseits hatten die Wildgänse auch nicht wenig Nutzen von den Adlern; diese waren zwar Räuber, aber sie hielten andere Räuber fern.

Ein paar Jahre, ehe Nils Holgersson mit den Wildgänsen umherzog, bemerkte die alte Anführerin der Schar, Akka von Kebenekajse, jedoch eines Tages, dass die Adler von ihrem täglichen Jagdausflug nicht mehr zurückgekehrt waren. Da flog sie hinauf zum Nest der Adler und fand ein halb nacktes Junges namens Gorgo, das zornig und jämmerlich zugleich nach Nahrung schrie.

Jetzt war Akka überzeugt, dass die alten Adler erschossen worden waren, und sie dachte, wenn sie das Junge hier verhungern ließe, wäre sie die ganze Räubergesellschaft in Zu-

Kapitel 17

kunft los. Aber sie konnte sich eben doch nicht entschließen, ein verlassenes Junges so elendiglich umkommen zu lassen, wenn es in ihrer Macht stand, ihm zu helfen. So machte sie sich daran, das Junge mit Nahrung zu versorgen, indem sie ihm Fische und Frösche brachte. Trotz anfänglichem Widerstand schien dem jungen Adler diese Kost gar nicht übel zu bekommen, denn er wuchs groß und kräftig heran. Bald hatte er seine Eltern vollständig vergessen und glaubte, Akka sei seine rechte Mutter. Und Akka liebte ihn wie ein eigenes Kind. Sie erzog ihn mit aller Sorgfalt und gab sich die größte Mühe, ihm seine Wildheit und seinen Hochmut abzugewöhnen.

Nach ein paar Wochen konnte sie ihn sogar überzeugen, sich nach unten ins Tal zu begeben. Von da an verbrachte Gorgo den Sommer zusammen mit den jungen Küken und wurde ihnen bald ein sehr guter Kamerad. Da er sich selbst für einen jungen Gänserich hielt, gab er sich alle Mühe, genauso zu leben wie sie, und wenn sie auf den See hinausschwammen, lief er hinter ihnen her, bis er fast ertrank. Er schämte sich fürchterlich, dass er nicht schwimmen lernen konnte, doch Akka verriet ihm nicht die Wahrheit und beruhigte ihn, dass aus ihm doch noch ein rechter Vogel werden würde.

Als Gorgo und die jungen Gänse schließlich fliegen lernten, brach eine herrliche Zeit für ihn an, denn in dieser Kunst war er bald der Beste von allen. Seine Kameraden blieben nie länger als unbedingt nötig oben in der Luft, er aber hielt sich fast den ganzen Tag da oben auf und übte sich im Fliegen. Aber er war noch immer nicht darauf gekommen, dass er von anderer Art war als die Gänschen.

Bald schon lernte er auch ganz von selbst, Fische und Frösche zu fangen, doch darüber begann er nachzugrübeln.

»Woher kommt es, dass ich von Fischen und Fröschen lebe?« fragte er. »Das tun ja meine Brüder und Schwestern auch nicht?« Doch auch hier beschwichtigte Akka ihn, ohne ihm die Wahrheit zu sagen.

Als die Wildgänse im Herbst südwärts zogen, flog Gorgo mit in der Schar. Er betrachtete sich immer noch als zu ihnen gehörig; aber ringsumher flogen unzählige Vögel, die alle auf dem Weg nach Süden waren, und als Akka mit einem Adler in ihrem Gefolge daherkam, gerieten sie in große Aufregung. Akka gebot ihnen zu schweigen, aber es war nicht möglich, so viele böse Zungen im Zaum zu halten.

»Warum nennen sie mich einen Adler?« fragte Gorgo unaufhörlich, und er wurde immer hitziger. »Können sie denn nicht sehen, dass ich eine Wildgans bin? Ich bin doch kein Vogelräuber, der seinesgleichen verzehrt!«

Eines Tages flogen die Wildgänse über einen Bauernhof hin, wo viele Hühner auf dem

Misthaufen scharrten. »Ein Adler! Ein Adler!« riefen alle Hühner und liefen eiligst davon, um sich zu verstecken. Aber jetzt konnte Gorgo, der von den Adlern immer als von wilden Bösewichten hatte reden hören, seinen Zorn nicht mehr zähmen. Er schlug mit den Flügeln, schoss hinunter und schlug seine Fänge in eines der Hühner. »Ich will dich lehren, dass ich kein Adler bin!« schrie er und hackte mit dem Schnabel auf das Huhn los.

Da hörte er, dass Akka ihn von oben aus rief. Er gehorchte augenblicklich und flog hinauf. Die alte Wildgans kam ihm entgegengeflogen. »Was tust du?« rief sie erzürnt und schlug mit dem Flügel nach ihm. »Hattest du etwa vor, das arme Huhn zu zerreißen? Du solltest dich schämen!«

Als aber der Adler die Züchtigung ohne Widerstand hinnahm, erhob sich unter den großen Vogelscharen ringsumher ein wahrer Sturm von Spottreden und Schmähungen. Der Adler hörte es und wandte sich mit zornigen Blicken an Akka. Aber er änderte seine Absicht sogleich wieder, stieg mit heftigen Flügelschlägen hoch in die Luft hinauf, so hoch, bis ihn kein Ruf mehr erreichen konnte, und schwebte da oben umher, bis die Wildgänse ihn nicht mehr sehen konnten.

Drei Tage später erschien er wieder bei den Wildgänsen.

»Jetzt weiß ich, wer ich bin«, sagte er zu Akka. »Und da ich ein Adler bin, muss ich so leben, wie es einem Adler geziemt. Aber deshalb können wir doch gute Freunde bleiben; dich oder eine der Deinigen werde ich nie angreifen.«

Aber Akka hatte ihren ganzen Stolz darein gesetzt, diesen Adler zu einem ungefährlichen Vogel heranzuziehen, und sie wollte es einfach nicht zulassen, dass er nach seiner Art leben wollte.

»Meinst du etwa, ich werde mit einem Vogelräuber befreundet sein?« sagte sie streng. »Lebe so, wie ich es dich gelehrt habe, dann darfst du wie bisher in meiner Schar bleiben.«

Beide waren stolz und unbeugsam; keiner wollte nachgeben, und schließlich verbot Akka dem Adler geradezu, sich in ihrer Nähe sehen zu lassen.

Von dieser Stunde an zog Gorgo im Land umher, einsam und von allen gemieden, wie alle großen Räuber. Er war oftmals in trüber Stimmung, und sicherlich sehnte er sich oft nach der Zeit zurück, als er sich noch für eine Wildgans gehalten und mit den lustigen jungen Gänschen gespielt hatte. Unter den Tieren war er wegen seiner Kühnheit berühmt. Es hieß, er fürchte sich vor nichts und niemandem als vor seiner Pflegemutter Akka, und er stand auch in dem Ruf, sich noch nie an einer Wildgans vergriffen zu haben.

Gorgo war erst drei Jahre alt, als er eines Tages von einem Jäger gefangen wurde, der ihn an das Freiluftmuseum Skansen in Stockholm verkaufte. Als Gorgo nach Skansen kam,

waren schon zwei Adler da. Sie wurden in einem Käfig aus eisernen Stangen und Stahldraht gefangen gehalten; der Käfig stand im Freien und war sehr groß, und damit die Adler sich heimisch fühlen sollten, hatte man sogar einige Bäume hineingepflanzt und einen ordentlichen Berg aus Steinblöcken darin errichtet. Aber trotz allem gediehen die Vögel nicht. Fast den ganzen Tag saßen sie unbeweglich auf demselben Platz, ihr schönes dunkles Gefieder wurde struppig und verlor seinen Glanz, und mit hoffnungsloser Sehnsucht im Blick starrten die armen Tiere in die Luft hinaus.

In der ersten Woche seiner Gefangenschaft war Gorgo noch wach und lebendig; aber dann überfiel ihn allmählich eine dumpfe Gleichgültigkeit, die ihn nicht mehr losließ. Er saß ganz ruhig auf demselben Platz, starrte vor sich hin, ohne etwas zu sehen, und die Tage vergingen, ohne dass er es merkte.

Eines Morgens, als Gorgo wie gewöhnlich vor sich hin döste, hörte er, dass ihn jemand vom Boden aus anrief.

»Wer ruft mich?« fragte er.

»Aber erkennst du mich denn nicht mehr? Ich bin der Däumling, der mit den Wildgänsen umherzog.«

»Ist Akka auch gefangen worden?« fragte Gorgo, in einem Ton, als ob er aus einem tiefen Schlaf erwachte und seine Gedanken erst zusammennehmen müsste.

»Nein, Akka und der weiße Gänserich und die ganze Schar der Wildgänse sind wahrscheinlich jetzt oben in Lappland«, sagte der Junge. »Nur ich bin hier gefangen.«

Während der Junge dies sagte, sah er, dass Gorgo die Augen abwandte und wie vorher in die Luft hinausstarrte.

»Königsadler!« rief der Junge. »Ich habe nicht vergessen, dass du mich einmal zu den Wildgänsen zurückgebracht und auch das Leben des weißen Gänserichs verschont hast. Sag mir, ob ich dir irgendwie helfen kann!«

Aber Gorgo hob kaum den Kopf. »Störe mich nicht, Däumling!« sagte er. »Ich träume gerade, dass ich hoch oben in der Luft umherfliege, und ich will nicht erwachen.«

»Du musst dir unbedingt Bewegung verschaffen und dich darum kümmern, was um dich herum vorgeht«, mahnte der Junge. »Sonst siehst du bald ebenso elend aus wie die anderen Adler hier.«

»Ich wünschte, ich wäre schon wie sie. Sie sind so traumverloren, dass sie nichts mehr berühren kann«, sagte Gorgo seufzend und starrte sehnsuchtsvoll in die Ferne.

Als es Nacht geworden war und alle Adler schliefen, ertönte ein leichtes Kratzen an dem Stahldrahtnetz, das den Adlerkäfig bedeckte. Die beiden alten und abgestumpften Gefan-

Kapitel 17

genen ließen sich von dem Geräusch nicht weiter stören, aber Gorgo erwachte. »Wer ist da?« rief er. »Wer bewegt sich da oben auf dem Dach?«

»Ich bin's, Gorgo, der Däumling«, antwortete der Junge. »Ich versuche hier den Draht durchzufeilen, damit du entfliehen kannst.«

Der Adler hob den Kopf und sah in der hellen Nacht, wie der Junge eifrig an dem Drahtnetz, das über den Käfig gespannt war, feilte. Einen Augenblick regte sich Hoffnung in seinem Herzen, aber die Mutlosigkeit gewann doch gleich wieder die Oberhand. »Ach, Däumling, ich bin ein sehr großer Vogel«, sagte er. »So viele Drähte, dass ich hinauskommen kann, wirst du kaum durchfeilen können. Gib dein Vorhaben lieber gleich auf und lass mich in Frieden.«

»Schlaf du nur und kümmere dich nicht um mich«, erwiderte der Junge. »Heute Nacht werde ich ohnehin noch nicht fertig und morgen Nacht auch nicht; aber ich will nun einmal versuchen, dich zu befreien, denn hier gehst du ja vollständig zugrunde.«

Gorgo schlief wieder ein; als er aber am nächsten Morgen erwachte, sah er gleich, dass schon eine große Menge Drähte durchgefeilt waren. An diesem Tag fühlte er sich nicht so schläfrig wie am vorhergehenden; er schlug oft mit den Flügeln und hüpfte auf den Ästen umher, um seine steifen Glieder wieder geschmeidig zu machen.

Eines Morgens in aller Frühe, gerade als der erste Streifen Morgenlicht am Himmel aufleuchtete, weckte der Däumling den Adler. »Versuch es jetzt, Gorgo!« sagte er.

Der Adler schaute auf. Der Junge hatte wirklich die vielen Drähte durchgefeilt; da oben in dem Stahldrahtnetz war ein großes Loch. Gorgo bewegte die Flügel und schwang sich hinauf. Zweimal fiel er wieder in den Käfig zurück, aber schließlich gelangte er doch glücklich ins Freie.

Mit stolzen Flügelschlägen stieg er hoch zu den Wolken empor. Der kleine Däumling stand unten und sah ihm mit einem wehmütigen Ausdruck nach. Ach, wie sehr wünschte er, es käme jemand und gäbe auch ihm die Freiheit!

Der Junge fühlte sich mittlerweile schon ganz heimisch auf Skansen. Er hatte mit allen Tieren Bekanntschaft geschlossen und viele Freunde unter ihnen gewonnen; er sah ja auch wohl ein, dass in diesem Freiluftmuseum außerordentlich viel Interessantes und Lehrreiches zu sehen war, und es wurde ihm nicht schwer, sich die Zeit zu vertreiben; aber dennoch zogen seine Gedanken jeden Tag aufs Neue sehnsüchtig hinaus zu seinem lieben Gänserich Martin und allen seinen anderen Reisegefährten.

›Wenn ich doch nur nicht durch mein Versprechen gebunden wäre! Dann würde ich schon einen Vogel finden, der mich zu den Wildgänsen bringt‹, dachte er.

Es klingt recht merkwürdig, dass Klement Larsson dem Jungen seine Freiheit nicht wiedergegeben hatte, aber man muss bedenken, wie verwirrt der kleine Spielmann war, als er Skansen verließ. An dem Morgen, an dem er abreiste, hatte er sich zwar vorgenommen, dem kleinen Knirps sein Essen in einem blauen Napf hinzustellen, aber unglücklicherweise hatte er keinen solchen finden können. Dann waren all die Leute von Skansen – die Lappen, die Mädchen aus Dalarna, die Maurer und Gärtner – herbeigekommen, um ihm Lebewohl zu sagen, und so hatte er keine Zeit mehr gehabt, sich einen blauen Napf zu verschaffen. Die Stunde der Abreise kam näher, und schließlich wusste er sich nicht anders zu helfen, als einen der Lappländer um Hilfe zu bitten.

»Hör einmal«, sagte er. »Hier auf Skansen wohnt einer von dem Wichtelvolk, dem ich jeden Morgen etwas zu essen bringe. Willst du mir nun einen Gefallen tun? Hier ist etwas Geld, dafür kaufe einen blauen Napf und stelle ihn morgen mit etwas Grütze und Milch auf die Treppe der Bollnäshütte.«

Der alte Lappe machte ein sehr verwundertes Gesicht; aber Klement hatte keine Zeit mehr, ihm die Sache noch näher zu erklären, denn er musste jetzt zum Bahnhof.

Der Lappe war dann auch wirklich in die Stadt gegangen, um einen blauen Napf zu kaufen; als er aber keinen blauen sah, der ihm für seinen Zweck passend erschien, kaufte er einen weißen, und in diesem stellte er gewissenhaft jeden Morgen Milch und Grütze hin. Auf diese Weise war der Junge seines Versprechens nicht entbunden worden. Er wusste wohl, dass Klement fort war, aber er selbst durfte nicht davongehen.

In dieser Nacht nun sehnte sich der Junge mehr als gewöhnlich nach der Freiheit, und das kam daher, dass es jetzt wirklich Frühling und Sommer geworden war. Er hatte während der Reise ja oft unter der Kälte und dem schlechten Wetter gelitten, und in der ersten Zeit auf Skansen hatte er oft gedacht, es sei vielleicht ganz gut, dass er die Reise hatte aufgeben müssen, denn wenn er im Mai nach Lappland gekommen wäre, hätte er dort oben sicherlich erfrieren müssen. Aber jetzt war es warm geworden, die Wiesen prangten in frischem Grün, Birken und Pappeln hatten ein seidig schillerndes Blätterkleid, die Kirschbäume, ja alle möglichen Obstbäume standen mit Blüten übersät da, die Beerensträucher hatten schon ganz kleine Früchte auf den Zweiglein, die Eichen rollten äußerst vorsichtig ihre Blätter auf, Erbsen, Kohl und Bohnen grünten auf den Gemüsebeeten auf Skansen.

›Jetzt wäre es wohl auch in Lappland warm und schön‹, dachte der Junge. ›Wie gern säße ich an einem schönen Morgen auf dem Rücken des Gänserichs Martin! Wie prächtig wäre jetzt ein Ritt durch die warme stille Luft da oben, von wo ich auf die mit grünem Gras und mit herrlichen Blumen geschmückte Erde herunterschauen könnte!‹

Der Junge war noch mit diesem Gedanken beschäftigt, als plötzlich Gorgo aus der Luft heruntersauste und sich neben dem Däumling auf das Dach des Käfigs setzte. »Ich wollte nur meine Flügel prüfen, um zu sehen, ob sie mich noch ordentlich tragen«, sagte er. »Du hast hoffentlich nicht gedacht, ich würde dich hier in der Gefangenschaft zurücklassen? Setz dich auf meinen Rücken, dann bringe ich dich zu deinen Reisegefährten zurück.«

»Nein, das ist unmöglich«, sagte der Junge. »Ich habe mein Wort darauf gegeben, dass ich hierbleibe, bis man mir die Freiheit zurückgibt.«

»Was redest du da für dummes Zeug?« erwiderte Gorgo. »Zuerst hat man dich gegen deinen Willen hergebracht und dich dann noch obendrein gezwungen, hierzubleiben. So ein Versprechen braucht man nicht zu halten, das wirst du doch verstehen?«

»Ich muss es trotzdem halten«, sagte der Junge. »Nein, mein lieber Gorgo, ich danke dir für deine gute Absicht, aber du kannst mir nicht helfen.«

»So, kann ich es nicht?« erwiderte Gorgo. »Das sollst du bald sehen!« Und in demselben Augenblick ergriff Gorgo den Jungen mit seinen großen Fängen, schwang sich mit ihm zu den Wolken hinauf und verschwand in nördlicher Richtung.

Kapitel 18

Västerbotten und Lappland

Nils Holgersson saß nun auf Gorgos Rücken und flog mit ihm über das Land. Anfangs war er wütend gewesen, dass er auf diese Weise sein Wort brechen sollte, aber der Adler hatte ihm erzählt, wie er von Akka von Kebenekajse aufgezogen worden, mit seiner Pflegemutter aber jetzt in Feindschaft geraten sei. »Nun kannst du vielleicht verstehen, Däumling, warum ich dich zu den Wildgänsen zurückbringen möchte«, hatte er gesagt. »Ich habe gehört, in welch hoher Gunst du bei Akka stehst, und deshalb wollte ich dich bitten, den Friedensstifter zwischen uns zu machen.« Sobald der Junge hörte, dass der Adler ihn nicht nur aus Eigensinn fortgetragen hatte, wurde er wieder freundlich zu ihm.

Der Adler hatte ihm gesagt, der flache Küstenstrich, der sich da unter ihnen ausbreitete, sei Västerbotten, und die blauenden Höhen ganz draußen im Westen seien Lappland.

Am Morgen war der Wind von Norden gekommen, jetzt hatte er sich gewendet, die Reisenden hatten ihn im Rücken, und deshalb spürten sie ihn gar nicht. Da auch der Adler ganz gleichmäßig dahinflog, glaubte der Junge bisweilen, dieser stehe ganz still, und er schlage nur immer wieder mit den Flügeln, ohne vom Fleck zu kommen. Stattdessen aber schien unter ihm alles in Bewegung zu sein. Der ganze Erdboden und alles, was darauf war, glitt langsam südwärts. Wälder, Häuser, Wiesen, Zäune, Flüsse, Ortschaften, Schäreninseln, Sägewerke, alles war auf der Wanderschaft! Der kleine Knirps überlegte, wohin alle

Kapitel 18

miteinander nur wollten? Waren sie es müde geworden, so lange da oben im Norden zu stehen, und wollten sie nun südwärts ziehen?

Zwischen all diesem, das sich bewegte und gen Süden wanderte, stand nur eins still, nämlich ein Eisenbahnzug. Er hielt gerade unter den beiden, die da oben durch die Lüfte flogen, und es ging dem Zug genau wie Gorgo: Er konnte nicht vom Fleck kommen. Die Lokomotive spie Rauch und Funken aus, der Junge konnte bis zu sich herauf hören, dass die Räder laut auf den Schienen rasselten, aber der Zug selbst bewegte sich nicht. Die Wälder glitten an ihm vorüber, die Bahnwärterhäuschen glitten vorüber, die Schlagbäume und die Telegrafenstangen glitten vorüber, aber der Zug stand still. Ein breiter Fluss mit einer langen Brücke über sich floss ihm entgegen; aber der Fluss und die Brücke glitten ohne jegliche Schwierigkeit unter dem Zug durch. Schließlich kam ein Bahnhof dahergelaufen. Der Stationsvorsteher stand mit seiner roten Fahne in der Hand auf dem Bahnsteig und glitt langsam zu dem Zug hin. Als er seine Fahne schwang, stieß die Lokomotive noch schwärzere Rauchwirbel heraus als vorher und pfiff jämmerlich, als beklage sie sich darüber, dass sie nicht vorwärtskommen könne. Aber in demselben Augenblick setzte sich der Zug in Bewegung und, genau wie der Bahnhof und alles andere, glitt jetzt auch er südwärts dahin. Der Junge sah, wie die Wagentüren aufgemacht wurden und die Reisenden ausstiegen, während doch alle beide, die Reisenden mitsamt dem Zug, sich in südlicher Richtung weiterbewegten. Aber jetzt wandte Nils Holgersson seine Blicke von der Erde ab und versuchte geradeaus zu schauen. Der Anblick dieses wunderbaren Eisenbahnzuges hatte ihn richtig schwindlig gemacht.

Doch nachdem er eine Weile eine kleine weiße Wolke angestarrt hatte, wurde ihm diese Unterhaltung langweilig, und er schaute wieder hinunter. Immer noch war es, als halte sich der Adler ganz ruhig in den Lüften, während alles andere südwärts davoneilte. Als nun der Junge so auf dem Rücken des Adlers saß und sich mit nichts anderem unterhalten konnte als mit seinen eigenen Gedanken, machte es ihm Spaß, sich auszudenken, wie es wäre, wenn ganz Västerbotten in Bewegung käme und gen Süden zöge. Ei der Tausend, wenn nun der Acker dort, der da unter ihm hinglitt – er war wohl eben erst eingesät, denn nirgends war ein grünes Hälmchen zu sehen – hinunter auf die Südebene in Schonen fahren würde, wo der Roggen um diese Zeit schon Ähren trug!

Die Nadelwälder hatten sich hier oben verändert. Die Bäume standen jetzt weit auseinander, mit kurzen, trockenen Zweigen und fast schwarzen Nadeln. Viele Bäume hatten völlig verdorrte Wipfel und sahen krank aus. Die Erde unter ihnen war mit alten Stämmen bedeckt, die wegzuschaffen niemand sich die Mühe gemacht hatte. Was würde wohl geschehen, wenn nun so ein Wald so weit hinunterkäme, dass er bis zum Kolmården sehen könnte? Wie ärmlich müsste er sich dann vorkommen!

Und der Garten, den er jetzt gerade unter sich sah! Es waren schöne Bäume darin, aber weder Obstbäume noch edle Linden oder Kastanien, nur Vogelbeeren und Birken. Es war auch schönes Gebüsch darin, aber kein Goldregen und Flieder, nur Faulkirschen und Holunder. Auch Gemüsebeete sah der Junge, aber die waren bis jetzt weder umgegraben noch angepflanzt. Wie, wenn nun so ein kleiner Hof an einem Herrschaftsgarten in Sörmland angefahren käme? Da würde er sich selbst sicher nur für eine Einöde halten!

Oder diese Wiese dort, die mit so vielen kleinen grauen Scheunen bedeckt war, dass man hätte meinen können, die Hälfte des Bodens sei als Bauplätze verwendet worden! Wenn sie hinunterzöge in die Ostgötaebene, würden die Bauern da unten bestimmt große Augen machen!

Aber wenn das große Moorland, das jetzt unter ihm lag und ganz mit Fichten bestanden war, die aber nicht wie in gewöhnlichen Wäldern aufrecht und gerade wuchsen, sondern sich mit buschigen Zweigen und üppigen Kronen in hübschen Gruppen auf dem schönsten Teppich von Rentiermoos aufgestellt hatten, wenn dieses Moorland den Weg hinunter zum Schloss Övedskloster einschlüge, dann würde der prächtige Park dort einräumen müssen, dass nun seinesgleichen gefunden sei.

Wie, wenn die hölzerne Kirche dort unter ihm, mit den roten Holzschindeln an den Wänden, mit dem bunt bemalten Glockenturm und einem ganzen Städtchen von grauen Kirchenhütten um sich herum, in denen die Familien, die von weit her kamen, übernachteten, an einer der großen fest gemauerten Kirchen auf der Insel Gotland vorübergezogen käme? Die würden einander ordentlich etwas zu erzählen haben!

Aber der Stolz und die Ehre der ganzen Landschaft waren die gewaltigen dunklen Flüsse mit ihren prächtigen Tälern, diesen Tälern mit ihren vielen Höfen, ihrer Menge Bauholz, ihren Sägewerken, ihren Dörfern und mit dem großen Gewimmel von Dampfschiffen an den Mündungen! Wenn solch ein Fluss sich weiter unten im Land zeigen würde, dann würden alle Flüsse südlich vom Dalälven vor lauter Scham in die Erde versinken!

Und wie, wenn so eine ungeheuer große Ebene, eine so gut gelegene, so leicht zu bebauende Ebene vor die Augen der armen Smålandbauern herangeglitten käme? Da würden sie von ihren kleinen Äckerchen und ihren steinigen Wiesen herbeilaufen und eifrig zu graben und zu bebauen anfangen!

Und seht, an einem war diese Landschaft reicher als alle anderen, nämlich an Licht. Die Kraniche schliefen stehend auf den Mooren; die Nacht musste angebrochen sein, aber das

Kapitel 18

Licht war nicht verschwunden. Die Sonne war nicht südwärts gezogen wie alles andere. Dagegen war sie jetzt so weit nördlich gewandert, dass sie dem Jungen mit geraden Strahlen ins Gesicht schien. Und sie hatte offenbar gar nicht vor, hinter den Horizont hinabzutauchen. Wie, wenn dieses Licht und diese Sonne in Westvemmenhög scheinen würden? Das würde Holger Nilsson und seiner Frau gefallen, ein Arbeitstag, der vierundzwanzig Stunden dauerte!

Am nächsten Morgen erwachte Nils Holgersson, hob den Kopf und schaute sich plötzlich hellwach um. Das war doch merkwürdig! Hier lag er und hatte an einem Ort geschlafen, wo er noch nie gewesen war. Nein, dieses Tal hier, in dem er lag, hatte er gewiss noch nie gesehen, und ebenso wenig die Berge, die es umgaben. Er erkannte den runden See nicht, der mitten im Tal lag, und noch niemals hatte er so ärmliche, verkrüppelte Birken gesehen wie die, unter denen er ruhte.

Und wo war der Adler? Er konnte ihn nirgends entdecken. Gorgo musste ihn verlassen haben. Welch ein Abenteuer!

Der Junge legte sich wieder auf den Boden nieder, schloss die Augen und versuchte sich ins Gedächtnis zurückzurufen, wie alles vor seinem Einschlafen gewesen war.

Er erinnerte sich, dass es ihm, während sie über Västerbotten hingeflogen waren, die ganze Zeit gewesen war, als ob der Adler ganz ruhig in der Luft oben auf ein und demselben Fleck bliebe, während das Land unter ihnen gen Süden zog. Aber dann hatte sich der Adler nordwestwärts gewandt, und in demselben Augenblick hatte das Land unten stillgestanden, und der Junge hatte gefühlt, dass der Adler ihn mit Windeseile davontrug.

»Jetzt fliegen wir nach Lappland hinein«, sagte Gorgo dann. Und sofort beugte sich der Junge weit vor, um die Landschaft zu sehen, von der er so viel gehört hatte.

Aber er fühlte sich ziemlich enttäuscht, denn er sah nichts als große Wälder und weite Moore. Nichts als Wald und Moor, Moor und Wald, bis ins Unendliche. Die große Einförmigkeit machte ihn schließlich so schläfrig, dass er beinahe hinuntergestürzt wäre.

Da sagte er zu dem Adler, er könne nicht länger auf dessen Rücken sitzen bleiben, er müsse dringend ein wenig schlafen. Sofort ließ sich Gorgo ins Tal hinuntersinken, und der Junge warf sich ins Moos; aber dann nahm ihn Gorgo zwischen seine Klauen und schwang sich wieder mit ihm in die Luft hinauf.

»Schlaf du nur, Däumling!« rief er. »Ich bin noch lange nicht müde, außerdem hält mich der Sonnenschein wach, daher will ich die Reise fortsetzen.«

Und obgleich der Junge sehr unbequem zwischen den Klauen des Adlers hing, schlief er wirklich ein, und während er schlief, hatte er einen eigenartigen Traum.

Es war ihm, als sei er auf einer breiten Straße unten im südlichen Schweden, und als laufe er da so schnell vorwärts, wie seine kleinen Beine ihn nur zu tragen vermochten. Er war jedoch nicht allein: Eine Menge Wanderer zog denselben Weg. Dicht neben ihm marschierten Roggenhalme mit schweren Ähren an der Spitze, blaue Kornblumen und andere bunte Feldblumen; die knorrigen Apfelbäume keuchten unter der Last ihrer Früchte daher, hinter ihnen kamen die Bohnen und Erbsen mit vollen Hülsen, große Büsche Wucherblumen und ein ganzes Buschwerk von Beerensträuchern. Große Laubholzbäume, Buchen, Eichen und Linden schritten in aller Ruhe in der Mitte der Straße; stolz rauschten ihre Kronen, und sie gingen niemandem aus dem Weg. Die kleinen Pflanzen liefen dem Jungen zwischen den Beinen durch: Erdbeerstöcke, Anemonen, Löwenzahn, Klee und Vergissmeinnicht. Zuerst meinte der Junge, es seien lauter Pflanzen, die auf dem Weg dahinzogen, aber bald entdeckte er, dass auch Tiere und Menschen dazwischen waren. Die Insekten summten zwischen den vorwärtsstrebenden Pflanzen, in den Gräben schwammen Fische, auf den dahinwandernden Bäumen sangen die Vögel, zahme und wilde Tiere liefen um die Wette mit; und mitten zwischen all diesem Gewimmel wanderten Menschen daher, die einen trugen Spaten und Sensen, andere Äxte, wieder andere Flinten und einige Fischgeräte.

Der Zug wanderte fröhlich und lustig dahin, und das wunderte den Jungen gar nicht, als er sah, wer ihn führte. Denn das war niemand Geringeres als die Sonne selbst. Diese rollte auf der Straße vor ihnen her wie ein großes glänzendes Haupt, von vielfarbig strahlendem Haar umgeben und mit einem Gesicht, das vor Frohsinn und Güte leuchtete.

»Vorwärts!« rief sie ununterbrochen. »Niemand braucht sich zu fürchten, wenn ich dabei bin. Vorwärts! Vorwärts!«

»Ich möchte wissen, wohin die Sonne uns zu führen gedenkt?« sagte der Junge nachdenklich vor sich hin.

Die Roggenhalme, die neben ihm gingen, hörten, was der Junge sagte, und entgegneten sogleich: »Sie will uns nach Lappland hinaufführen und dort sollen wir gegen den großen Versteinerer kämpfen.«

Nils Holgersson sah bald, dass allmählich mehrere von den Fußgängern nachdenklich wurden; sie gingen langsamer und blieben schließlich zurück. Er sah, wie die großen Buchen anhielten; die Rehe und der Weizen blieben am Grabenrand stehen, und ebenso die Brombeerbüsche, die gelben Dotterblumen, die Kastanienbäume und die Rebhühner.

Kapitel 18

Er schaute zurück, um zu ergründen, warum so viele zurückblieben. Da entdeckte er, dass er sich nicht mehr im südlichen Schweden befand; die Reise war außerordentlich rasch vor sich gegangen, sie befanden sich jetzt schon in Svealand.

Hier oben ging die Eiche mit immer langsameren Schritten. Sie blieb kurz stehen, machte noch einige zögernde Schritte und hielt dann ganz an.

»Warum geht die Eiche nicht mehr mit?« fragte der Junge.

»Sie hat Angst vor dem großen Versteinerer«, sagte eine helle, grüne, junge Birke, die so froh und wohlgemut vorwärtsschritt, dass es eine wahre Lust war.

Obgleich nun schon viele zurückgeblieben waren, wanderte doch noch eine große Schar mit frischem Mut weiter. Und das Sonnenhaupt rollte die ganze Zeit vor ihnen her und rief: »Vorwärts! Vorwärts! Niemand braucht Angst zu haben, solange ich dabei bin!«

Der Zug setzte seine Reise mit derselben Hast fort. Bald war er oben in Norrland; aber jetzt half alles nichts mehr, so viel auch die Sonne bat und flehte. Der Apfelbaum blieb stehen, der Kirschbaum blieb stehen, und die Haferfrucht blieb stehen. Der Junge wandte sich an die Zurückbleibenden.

»Warum wollt ihr nicht mehr mit? Warum verlasst ihr die Sonne?« fragte er.

»Wir wagen es nicht. Wir haben Angst vor dem großen Versteinerer, der oben in Lappland wohnt«, antworteten sie.

Der Junge schloss daraus, dass sie jetzt sehr hoch hinauf nach Lappland gekommen sein müssten, und hier wurde die Schar auch immer dünner. Der Roggen und die Gerste, die Erdbeerstöcke und die Heidelbeerbüsche, die Erbsenranken, die Johannisbeersträucher waren alle bis hierher mitgegangen; der Elch und die Kuh waren Seite an Seite gewandert; aber jetzt blieben sie alle zurück. Die Menschen gingen noch eine Strecke weiter mit, aber dann hielten auch sie an. Die Sonne wäre jetzt beinahe ganz verlassen gewesen, wenn nicht neue Reisegenossen dazugekommen wären. Weidenbüsche und eine Menge anderes Strauchwerk schlossen sich dem Zug an, desgleichen auch Lappen und Rentiere, Bergeulen und Blaufüchse und Schneehühner.

Jetzt hörte der Junge, dass ihnen etwas entgegenkam. Eine Menge Bäche und Flüsse, die mit gewaltigem Rauschen und Brausen daherschäumten.

»Warum haben sie es denn so eilig?« fragte der Junge.

»Sie fliehen vor dem großen Versteinerer, der oben auf dem Gebirge wohnt«, antwortete ein Schneehuhn.

Ganz plötzlich sah Nils Holgersson, dass direkt vor ihnen eine hohe, dunkle, mit Zinnen gekrönte Mauer aufragte. Bei dem Anblick dieser Mauer schienen alle zurückzuweichen;

aber die Sonne wandte rasch ihr strahlendes Gesicht der Mauer zu und goss ihr Licht darüber aus. Und siehe da! Keine Mauer stand ihnen im Weg, nur lauter wunderschöne Berge, die sich einer hinter dem anderen auftürmten. Die Gipfel leuchteten glänzend im Sonnenschein, und die Abhänge schimmerten hellblau mit goldenen Streifen dazwischen.

»Vorwärts! Vorwärts! Es ist keine Gefahr, solange ich dabei bin!« rief die Sonne; und schon rollte sie an den steilen Bergwänden hinauf.

Aber auf diesem Weg den Berg hinauf wurde die Sonne von der tapferen jungen Birke, der starken Fichte und der wetterfesten Tanne verlassen. Hier verließen sie auch das Rentier, die Lappen und das Weidengebüsch. Und schließlich, als die Sonne den Gipfel des Berges erreicht hatte, war keiner mehr bei ihr als der kleine Nils Holgersson.

Die Sonne rollte in eine Schlucht hinein, wo die Wände mit Eis bedeckt waren, und Nils Holgersson wollte ihr in die Schlucht hinein folgen; aber er kam nicht weiter als bis an den Eingang, denn plötzlich sah er etwas Entsetzliches. Ganz drinnen in der Schlucht saß ein alter Troll mit einem Körper aus Eis, mit Haar aus Eiszapfen und einem Mantel aus Schnee. Vor dem Troll lagen mehrere schwarze Wölfe, die, sobald die Sonne sich zeigte, aufstanden und den Rachen weit aufsperrten. Da drang aus dem einen Wolfsrachen bittere Kälte, aus dem zweiten ein beißender Nordwind und aus dem dritten schwarze Finsternis heraus.

›Da haben wir wohl den großen Versteinerer und sein Gefolge‹, dachte der Junge. Er war sich ganz klar darüber, dass es am besten wäre, wenn er sich auf und davon machte; aber er war zu neugierig, zu sehen, wie die Begegnung zwischen der Sonne und dem Troll ablaufen würde, und so blieb er stehen.

Der Troll rührte sich nicht; mit seinem schauderhaften Eisgesicht starrte er der Sonne entgegen, und die Sonne stand auch ganz still und lachte und strahlte ihn nur immer weiter an. So verging eine Weile, und der Junge meinte den Troll seufzen und wimmern zu hören. Der Schneemantel glitt von seiner Schulter herab, und die drei fürchterlichen Wölfe heulten nicht mehr so laut.

Doch da rief die Sonne auf einmal: »Jetzt ist meine Zeit vorbei!« und rollte rückwärts zu der Schlucht hinaus.

Da ließ der Troll seine drei Wölfe los, und plötzlich kamen der Nordwind, die Kälte und die Finsternis aus der Schlucht herausgefahren und jagten hinter der Sonne her. »Weg mit ihr! Jagt sie fort!« schrie der Troll. »Jagt sie so weit fort, dass sie nie mehr wiederkommen kann! Zeigt ihr, dass Lappland mir gehört!«

Als aber Nils Holgersson hörte, dass die Sonne aus Lappland verjagt werden sollte, entsetzte er sich außerordentlich. Mit einem lauten Schrei fuhr er auf und erwachte …

Kapitel 18

Als er ein wenig zu sich gekommen war, sah er verwundert, dass er in einem großen, von Bergen umschlossenen Felsental lag. Aber wo war Gorgo? Und wie sollte er herausfinden, wo er sich befand?

Dann richtete Nils sich auf und schaute sich um. Da fiel sein Blick auf ein sonderbares Bauwerk aus Fichtenzweigen, das auf einem Felsenabsatz stand. »Das ist genau so ein Adlernest, wie Gorgo …«

Nils Holgersson dachte den Gedanken nicht zu Ende. Stattdessen riss er die Mütze vom Kopf, schwang sie lustig und schrie: »Hurra!« Er hatte erraten, wohin Gorgo ihn gebracht hatte! Hier war das Tal, wo oben auf dem Felsenabsatz die Adler und unten im Tal die Wildgänse wohnten. Er war fast am Ziel! Der Junge ging ganz leise umher und suchte nach seinen Freunden.

Kaum hatte er einige Schritte gemacht, als er lächelnd stehen blieb. In einem Strauchwerk sah er Viisi und Kuusi, und nicht weit davon fand er Yksi und Kaksi. Alle vier schliefen, und der Junge ging vorüber, ohne sie zu stören.

Als er in die Nähe des nächsten Gebüsches kam, glaubte er zwischen den Zweigen etwas Weißes hervorschimmern zu sehen, und sogleich begann sein Herz vor lauter Freude laut und rasch zu klopfen. Ja, es war, wie er erwartet hatte! Da drinnen lag Daunenfein und neben ihr der weiße Gänserich. Aber der Junge wollte auch sie nicht wecken und ging wieder leise weiter.

Auf einem kleinen Hügel entdeckte er schließlich etwas, das einem grauen Erdhaufen glich. Und als er am Fuß des Hügels angekommen war, war der Erdhaufen nichts anderes als Akka von Kebenekajse, die ganz hellwach da oben stand und sich umschaute, als bewache sie das ganze Tal.

»Guten Tag, Mutter Akka!« sagte der Junge. »Wie schön, dass Ihr wach seid! Wollt Ihr jetzt nicht noch ein wenig warten, ehe Ihr die anderen weckt? Ich möchte gar zu gerne ein wenig allein mit Euch sprechen.«

Die alte Anführergans stürzte den Hügel herunter und auf den Jungen zu. Zuerst packte sie ihn und schüttelte ihn, dann strich sie ihm mit dem Schnabel am ganzen Körper auf und ab, und dann schüttelte sie ihn noch einmal. Aber sie sagte kein Wort, denn er hatte sie ja gebeten, die anderen nicht zu wecken.

Der Däumling küsste die alte Mutter Akka auf beide Wangen, und dann fing er an zu erzählen, wie er nach Skansen gebracht und dort gefangen gehalten worden war.

»Und nun kann ich Euch noch erzählen, dass Smirre, der Fuchs mit dem abgebissenen Ohr, in dem Fuchsbau auf Skansen gefangen saß,« fuhr der Junge fort, nachdem er seine

Erlebnisse berichtet hatte. »Und obgleich er uns so übel mitgespielt hat, tat er mir doch herzlich leid. Es waren noch viele andere Füchse in dem großen Fuchskäfig, denen es ganz wohl da zu sein schien, nur Smirre saß immer sehr betrübt da und sehnte sich nach der Freiheit. Ich hatte mir nach und nach viele gute Freunde dort erworben, und eines Tages hörte ich von dem Lappenhund, es sei ein Mann nach Skansen gekommen, der Füchse kaufen wolle. Er sei von einer weit draußen im Meer liegenden Insel. Auf dieser Insel seien alle Füchse ausgerottet worden, infolgedessen aber könne man sich jetzt dort der Ratten nicht mehr erwehren, und deshalb wolle man wieder Füchse einführen.

Sobald ich das erfahren hatte, ging ich zum Fuchskäfig und sagte: ›Smirre, morgen kommen Leute hierher, die einige Füchse kaufen wollen. Verstecke dich also nicht, sondern bleibe hier draußen und sorge dafür, dass du gefangen wirst, dann erhältst du deine Freiheit wieder.‹ Er ist dann meinem Rat gefolgt und nun läuft er wohl auf jener Insel frei umher. Was sagt Ihr dazu, Mutter Akka? War das in Eurem Sinn?«

»Wenn ich es selbst gewesen wäre, hätte ich es nicht besser machen können,« antwortete Akka vergnügt.

»Es freut mich, dass Ihr damit einverstanden seid,« sagte der Junge. »Nun will ich nachsehen, ob der Gänserich Martin noch nicht erwacht ist, und wenn Ihr indessen dem ein Wort des Dankes sagen wollt, der mich zu Euch zurückgebracht hat, dann trefft Ihr ihn wahrscheinlich oben auf dem Felsenabsatz, wo Ihr einstmals ein hilfloses Adlerjunges gefunden habt.«

Kapitel 19

Die Sage von Härjedalen

Nils Holgersson saß auf dem Rücken des weißen Gänserichs und ritt hoch oben am Himmel durch die Lüfte. Einunddreißig Wildgänse flogen in wohl geordnetem Zug rasch südwärts. Ihre Federn rauschten, und die vielen Flügel schlugen mit so lautem Sausen durch die Luft, dass man fast sein eigenes Wort nicht verstehen konnte. Akka von Kebenekajse flog an der Spitze, hinter ihr kamen Yksi und Kaksi, gefolgt von Kolme und Neljä, Viisi und Kuusi, und schließlich der Gänserich Martin und Daunenfein. Die sechs jungen Gänse waren nun fortgeflogen, stattdessen hatte Akkas Schar zweiundzwanzig junge Gänse bei sich, die in diesem Sommer im Felsental herangewachsen waren.

Solange sich die Wildgänse noch in Lappland befanden, hatte Nils Holgersson recht schönes Wetter gehabt; aber kaum hatten sie gemeldet, jetzt ginge es nach Jämtland hinein, als die Nebel auch schon um sie herum aufstiegen und sich so verdichteten, dass sie nichts von der Landschaft sahen. Der Junge flog einen ganzen Tag auf dem Rücken des Gänserichs dahin, ohne zu wissen, ob er in einem Gebirgsland oder in einem Flachland war.

Gegen Abend ließen sich die Wildgänse auf einem grünen Platz nieder, der nach allen Seiten hin abfiel. Sie mussten sich also auf dem Gipfel eines Hügels befinden; ob dieser aber groß oder klein war, das konnte der Junge nicht herausfinden. Er dachte jedoch, sie müssten in einer bewohnten Gegend sein, denn er glaubte Menschenstimmen sowie das Rasseln von Fuhrwerken zu hören, die auf einer Straße dahinrollten.

Kapitel 19

Ringsum tropfte alles vor Nässe und Feuchtigkeit; an jedem Grashälmchen und jedem Kräutlein hingen kleine Tropfen, und der Junge bekam einen ordentlichen Regenschauer zu spüren, sobald er sich nur ein wenig bewegte. ›Es ist zwar nicht das beste Wetter‹, dachte er, ›aber ein paar Schritte könnte ich doch machen.‹ Und jetzt konnte er auch in ganz geringer Entfernung vor sich ein Gebäude ausmachen, das zwar nicht umfangreich, aber viele Stockwerke hoch war; der Junge konnte nicht bis zum Dach hinauf sehen. Die Haustür war verschlossen, und das Haus schien ganz unbewohnt zu sein. Ach, es war natürlich nur ein Aussichtsturm, wo es weder etwas zu essen noch ein gewärmtes Zimmer gab! Aber Nils Holgersson lief trotzdem in größter Eile zu den Wildgänsen zurück.

»Lieber Gänserich Martin«, sagte er, »nimm mich auf den Rücken und trage mich auf den Turm dort drüben hinauf. Ich kann hier nicht schlafen, weil es überall zu nass ist; dort oben werde ich schon ein trockenes Plätzchen finden, wo ich mich hinlegen kann.«

Der Gänserich Martin war sofort bereit, seinem guten Freund zu helfen; er trug ihn sogleich hinauf auf das Flachdach des Turmes, und da schlief der Junge, bis ihn die Morgensonne weckte.

Als er seine Augen aufschlug und sich umschaute, konnte er zuerst gar nicht begreifen, was er sah oder wo er sich befand. Doch dann fiel ihm bald wieder ein, dass er auf einem Aussichtsturm stand, mit dem roten Morgenhimmel über sich und einem wirklichen Land ringsumher. Und dieser Turm stand auf einem Berg, der Berg auf einer Insel, und die Insel selbst lag nahe bei dem östlichen Ufer eines großen Sees.

Plötzlich fuhr der Junge heftig zusammen und schaute sich um. Er war ganz in die Aussicht versunken gewesen und hatte deshalb gar nicht gemerkt, dass unten Menschen herangekommen waren. Jetzt liefen diese Besucher eilig die Treppen herauf. Der Junge hatte gerade noch Zeit, sich nach einem Versteck umzusehen und sich dort zu verbergen; da waren sie auch schon oben.

Es war eine Schar junger Leute, die auf einer Fußwanderung waren. Sie hatten Jämtland durchstreift und gaben nun ihrer Freude in lauten Worten Ausdruck, dass sie am vorhergehenden Abend Östersund noch erreicht hätten und nun an diesem schönen Morgen die Aussicht vom Östberg auf die Insel Frösö genießen könnten. Von hier aus könne man mehr als zwanzig Meilen im Umkreis überblicken, nun könnten sie doch noch einen letzten Blick auf ihr liebes Jämtland werfen, ehe sie es verließen.

Dann unterhielten sie sich über die Berge. Die nächstliegenden seien die des Oviksfjällgebirges, sagten die einen, und die anderen stimmten alle damit überein; aber dann waren sie nicht ganz einig darüber, welcher wohl der Klövsjöfjäll und der Anarisfjäll seien.

Während sie noch darüber sprachen, zog ein junges Mädchen eine Landkarte heraus, breitete sie auf ihren Knien aus und studierte darin.

Nils Holgersson wurde bald unruhig, weil die Reisenden gar so lange auf dem Aussichtsturm blieben. Der Gänserich Martin konnte seinen Gefährten nicht abholen, solange die Fremden da waren, und der Junge wusste doch, dass die Wildgänse so rasch wie möglich südwärts reisen wollten. Während der Gespräche der Besucher war es ihm gewesen, als höre er Gänsegeschnatter und laute Flügelschläge; vielleicht waren das die Wildgänse, die weiterflogen. Aber der Junge hatte nicht an die Brüstung zu treten gewagt, um zu sehen, wie es sich verhielt.

Als die Gesellschaft endlich gegangen war und der Junge sich aus seinem Versteck herauswagen konnte, sah er keine Wildgänse unten auf dem Boden, und kein Gänserich Martin kam, um ihn zu holen. Er rief: »Hier bin ich! Wo bist du?«, so laut er konnte; aber die Reisegefährten zeigten sich nicht. Es fiel ihm zwar keinen Augenblick ein, sie könnten ihn verlassen haben; aber er fürchtete, es sei ihnen ein Unglück zugestoßen, und er überlegte gerade, auf welche Weise er sie ausfindig machen könnte, als sich plötzlich der Rabe Bataki neben ihm niederließ.

Der Junge hätte nie gedacht, dass er Bataki jemals mit einem so frohen Willkommen begrüßen würde, wie er es jetzt tat. »Lieber Bataki«, sagte er, »wie herrlich, dass du kommst! Du kannst mir vielleicht sagen, was aus dem Gänserich Martin und aus den Wildgänsen geworden ist.«

»Jawohl, und ich komme gerade in ihrem Auftrag«, antwortete der Rabe. »Akka hat einen Jäger auf dem Gebirge umherstreifen sehen, deshalb wagte sie es nicht, auf dich zu warten, sondern ist vorausgeflogen. Setze dich jetzt auf meinen Rücken, dann wirst du gleich wieder bei deinen Freunden sein.«

Der Junge setzte sich eiligst auf Batakis Rücken, und Bataki hätte die Wildgänse auch bald eingeholt, wenn ihn der Nebel nicht daran gehindert hätte. Aber es war, als hätte die Morgensonne den Nebel wieder geweckt. Kleine, leichte Nebelschleier, die sich verdichteten und mit erstaunlicher Schnelligkeit ausbreiteten, stiegen plötzlich vom See, von den Feldern und aus dem Wald auf, und schon nach ganz kurzer Zeit war die Erde ringsum von weißen, wogenden Nebelmassen verhüllt.

Da oben, wo Bataki flog, war vollständig klare Luft und strahlender Sonnenschein; aber die Wildgänse waren offenbar mitten in den Nebelmassen, da die beiden sie mit keinem Auge entdecken konnten, so sehr sie auch Ausschau hielten und sich bemühten. Der Junge und der Rabe riefen und schrien aus vollem Hals, aber sie erhielten keine Antwort.

 Kapitel 19

»Das ist doch ein rechtes Missgeschick«, sagte der Rabe schließlich. »Aber wir wissen ja, in welcher Richtung sie fliegen, und sobald der Nebel sich verzieht, werde ich sie schon ausfindig machen.«

Der Junge war sehr betrübt, dass er gerade jetzt von dem Gänserich Martin getrennt worden war, denn auf der Reise war der große Weiße allen möglichen Gefahren ausgesetzt. Aber nachdem er sich ein paar Stunden lang gesorgt und geängstigt hatte, sagte er sich, es sei ja doch bisher auch kein Unglück geschehen, und deshalb hätte es keinen Sinn, wenn er jetzt schon den Mut verlöre.

Und wirklich, nach kurzer Zeit verzog sich der Nebel ebenso rasch wieder, wie er aufgetaucht war, und nun sah der Junge, dass Bataki über ein breites Flusstal flog. Es war ein schöner Landstrich mit ebenso hohen Bergen wie im Jämtland, aber am Fuß der Berge war kein fruchtbares, dicht bebautes Land wie dort. Die Ortschaften lagen weit voneinander entfernt, und die Felder waren klein. Bataki flog eine Weile den Fluss entlang und dann weiter in südlicher Richtung, bis er zu dem Kirchspiel Lillhärdal auf der Grenze von Dalarna kam. Hier ließ er sich auf einem bewaldeten Hügel nieder, der ganz oben auf einem Bergrücken aufragte.

»Hast du eine Ahnung, was das für ein Hügel ist, auf dem du jetzt stehst, Däumling?« fragte Bataki.

Nein, der Junge musste einräumen, dass er es nicht wusste.

»Es ist ein Grabhügel«, sagte Bataki mit feierlicher Stimme. »Hier ruht ein Mann namens Härjulf, und er war der Erste, der sich in Härjedalen niedergelassen hat und das Land hier zu bebauen anfing.«

»Vielleicht kannst du mir eine Geschichte von ihm erzählen?« bat der Junge.

»Ich habe nicht viel von ihm gehört, aber meiner Ansicht nach muss er ein Norweger gewesen sein. Er hatte zuerst bei einem norwegischen König im Dienst gestanden, aber es entbrannte ein Streit zwischen ihnen, und so musste er aus dem Land fliehen. Da begab er sich zu dem schwedischen König, der in Uppsala wohnte, und trat bei diesem in Dienst. Aber nach einiger Zeit begehrte er die Schwester des Königs zur Ehefrau, und als ihm der König eine so vornehme Braut nicht geben wollte, entfloh er mit ihr. Jetzt war es so weit gekommen, dass er weder in Norwegen noch in Schweden wohnen konnte, und ins Ausland wollte er nicht ziehen.

›Aber es muss doch noch einen dritten Weg geben‹, dachte er; und so zog er mit seinen Dienern und seinen Schätzen durch Dalarna hindurch immer weiter gen Norden, bis er die großen, wilden Wälder erreichte, die sich nördlich von Dalarna ausbreiteten. Dort siedelte er sich an, baute sich ein Haus und rodete den Wald aus, und so ist er der Erste gewesen, der sich in dieser Einöde niedergelassen hat.«

Als Nils Holgersson diese Geschichte hörte, wurde er nachdenklich. Er wusste, dass Bataki nie eine Geschichte erzählte, ohne eine besondere Absicht dabei zu haben. »Wenn ich nur wüsste, warum du mir all dies erzählst«, sagte er.

Bataki gab lange keine Antwort; er verdrehte nur den Kopf und kniff die Augen zusammen. »Da wir beide jetzt allein hier sind, will ich die Gelegenheit nutzen und dich nach etwas fragen, das mir sehr wichtig ist. Hast du je genauen Bescheid darüber erhalten, unter welchen Bedingungen dir das Wichtelmännchen, das dich verwandelt hat, deine frühere Gestalt wiedergeben will?«

»Ich habe nie von einer anderen Bedingung gehört, als dass ich den weißen Gänserich wohlbehalten nach Lappland und wieder nach Schonen zurückbringen solle.«

»Das habe ich mir doch gedacht«, rief Bataki, »denn als wir uns das letzte Mal sahen, hast du den Mund sehr voll genommen und gesagt, es gäbe nichts Hässlicheres, als einen Freund, der sich auf einen verlässt, im Stich zu lassen. Deshalb solltest du Akka einmal nach der Bedingung fragen. Du weißt, sie ist bei dir zu Hause gewesen und hat mit dem Wichtelmännchen gesprochen.«

»Davon hat mir Akka nichts gesagt«, entgegnete der Junge.

»Sie hielt es wohl für das Beste, dir die Worte des Wichtelmännchens zu verschweigen, denn sie will natürlich lieber dir als dem Gänserich Martin helfen.«

»Es ist doch sonderbar, Bataki, sooft ich mit dir zusammen bin, gelingt es dir, mir das Herz so recht schwer und unruhig zu machen«, sagte der Junge.

»Ja, es mag wohl so aussehen«, versetzte der Rabe, »aber ich glaube, diesmal wirst du mir doch dankbar sein, denn ich will dir die Worte des Wichtelmännchens jetzt mitteilen. Sie lauteten so: Du wirst wieder ein Mensch werden, wenn du den Gänserich Martin zurückbringst, damit ihn deine Mutter schlachten kann.«

Nils Holgersson fuhr auf: »Das ist gewiss nur eine boshafte Erfindung von dir!« rief er.

»Du kannst ja Akka selbst fragen«, sagte Bataki. »Da kommt sie gerade mit ihrer ganzen Schar angeflogen. Vergiss nun nicht, was ich dir heute erzählt habe; es gibt immer einen Ausweg aus allen Schwierigkeiten, es handelt sich nur darum, ihn zu finden. Und ich freue mich schon jetzt darauf, zu erfahren, wie dir das glücken wird.«

Kapitel 20

Ein kleiner Herrenhof

Am nächsten Tag, als die Wildgänse ausruhten und Akka ein wenig abseits von den anderen weidete, nutzte der Junge die Gelegenheit und fragte sie, ob es wahr sei, was Bataki gesagt hatte. Und Akka konnte es nicht leugnen. Da musste Akka dem Jungen hoch und heilig versprechen, das Geheimnis dem Gänserich Martin niemals zu verraten; denn der große Weiße war tapferer, edelmütiger Natur, und der Junge fürchtete, es könnte ein Unglück daraus entstehen, wenn er die Bedingung des Wichtelmännchens erführe.

Jetzt saß der Junge traurig und schweigsam auf dem Rücken des Gänserichs; er ließ den Kopf hängen und hatte gar keine Lust, sich umzuschauen. Die Wildgänse folgten dem Lauf des Klarälven bis zu den großen Fabriken bei Munkfors. Dann wandten sie sich nach Westen dem Fryksdal zu. Aber bevor sie den Frykensee erreicht hatten, wurde es dunkel, und so ließen sie sich auf einem flachen Moor in einem Bergwald nieder. Das Moor war zwar ein ganz gutes Nachtquartier für die Wildgänse; aber Nils Holgersson fand es kalt und unbehaglich, und er hätte gern einen besseren Platz zum Schlafen gehabt. Während sie noch in den Lüften oben gewesen waren, hatte er am Fuß des Berges einige Höfe gesehen, und nun eilte er rasch dorthin, um eines von diesen Häusern zu erreichen. Der Weg war länger, als er geglaubt hatte, und er fühlte sich mehrmals versucht, wieder umzukehren. Aber endlich lichtete sich der Wald, und er gelangte auf eine Landstraße, die am

Waldsaum entlanglief. Von der Straße führte eine schöne Birkenallee zu einem Herrenhof, und als der Junge das sah, richtete er sogleich seine Schritte dahin.

Er gelangte zuerst auf einen von roten Gebäuden umgebenen Platz, der so groß wie ein Marktplatz war. Als der Junge diesen Hof durchschritten hatte, kam er in einen zweiten Hof, und da sah er das Wohnhaus mit seinen Seitenflügeln, mit einem Kiesweg und einem großen Rasenplatz davor und einem großen Garten mit vielen Bäumen dahinter. Das Hauptgebäude selbst war klein und unansehnlich; aber der Rasen war von einer Reihe mächtiger Ebereschen eingefasst, die so dicht standen, dass sie eine ganze Allee bildeten, und dem Jungen war es, als sei er in einen prächtigen, hochgewölbten Saal hineingekommen. Oben darüber schimmerte ein blassblauer Himmel, die Ebereschen hatten gelbe Blätter und große, rote Beerenbüschel; der Rasen war zwar noch grün, aber an jenem Abend goss der Mond einen so strahlend hellen Glanz vom Himmel herab, dass das Gras wie Silber glänzte.

Weit und breit war kein Mensch zu sehen, der Junge konnte also frei umhergehen, wo er wollte, und als er in den Garten kam, entdeckte er etwas, das ihn sofort in gute Laune versetzte. Er war auf eine kleine Eberesche geklettert, um einige Vogelbeeren zu essen; aber ehe er einen von den roten Büscheln abgebrochen hatte, fiel sein Blick auf einen Ahlkirschenbaum, der auch voller Früchte stand. Rasch ließ er sich von der Eberesche hinabgleiten und kletterte auf den Ahlkirschenbaum; aber kaum saß er da oben, als er einen Johannisbeerstrauch erblickte, an dem noch lange, rote Träubchen hingen. Ach, und jetzt sah er, dass der Garten voller Stachelbeeren, Himbeeren und Hagebutten war! Im Gemüsegarten standen Rüben und Kohlrabi, an allen Sträuchern hingen Beeren, alle Pflanzen hatten reife Samen und die Grashalme kleine, dicke Ähren. Und dort auf dem Weg – nein, er täuschte sich doch wohl nicht – da lag wirklich vom Mondschein hell erleuchtet ein prächtiger großer Apfel!

Der Junge setzte sich hinter seinen großen Apfel auf den Wegrand und schnitt sich mit seinem Taschenmesser immer wieder kleine Stückchen davon ab. Wie das schmeckte! ›Ja, wenn man nur immer so leicht zu einer guten Mahlzeit käme wie hier in diesem Hof, dann könnte man auch sein Leben lang ein Wichtelmännchen bleiben‹, dachte der Junge zufrieden.

Während er aß, kamen ihm allerlei Gedanken, und schließlich fragte er sich, ob es nicht vielleicht ebenso gut wäre, wenn er gleich hierbliebe und die Wildgänse allein weiterziehen ließe.

›Ich weiß gar nicht, wie ich dem Gänserich begreiflich machen soll, dass ich nicht heim-

kehren kann‹, dachte er. ›Da wäre es gewiss besser, ich trennte mich vollständig von ihm. Ich könnte es ja dann wie die Eichhörnchen machen: mir einen Wintervorrat sammeln, damit ich nicht verhungern muss; und im Kuh- oder Pferdestall fände sich wohl auch ein warmes Winkelchen für mich, dann bräuchte ich auch nicht zu erfrieren.‹

Während er noch darüber nachdachte, hörte er ein leichtes Rauschen über seinem Kopf; und gleich darauf stand neben ihm auf dem Boden etwas, das einem kleinen Birkenstumpf glich. Der Stumpf wendete und drehte sich, zwei helle Punkte oben auf dem Gipfel glühten wie zwei Kohlen. Es sah wie ein schrecklicher Zauberspuk aus; aber nach ein paar Augenblicken entdeckte der Junge, dass der Stumpf einen gekrümmten Schnabel und um die glühenden Augen einen großen Federkranz hatte, und da beruhigte er sich wieder.

»Ei, wie angenehm, dass ich ein lebendes Wesen hier antreffe«, begann er. »Vielleicht könnt Ihr, Frau Nachteule, mir mitteilen, wie dieses Gut hier heißt, und was für Leute hier wohnen?«

Die Nachteule hatte wie jeden Abend, so auch heute, auf der Stufe einer großen Leiter gesessen, die am Dach lehnte, und von da auf dem Kiesweg und dem Rasen nach Mäusen ausgespäht. Aber zu ihrer großen Verwunderung hatte sie nicht ein einziges langgeschwänztes Mäuschen entdecken können. Stattdessen nahm sie plötzlich wahr, dass sich unten im Garten etwas bewegte, das einem Menschen glich, aber viel kleiner war als jedes menschliche Wesen.

›Da haben wir wohl den, der die Mäuse verscheucht‹, dachte die Nachteule. ›Was mag aber das nur für ein Wesen sein?‹

›Es ist kein Eichhörnchen und auch kein junges Kätzchen und ebenso wenig ein Wiesel‹, dachte die Eule weiter. ›Nun sollte man doch meinen, ein Vogel, der so lange auf einem alten Herrenhof gewohnt hat wie ich, müsste wissen, was für Geschöpfe es auf der Welt gibt, aber dies hier geht über meinen Verstand.‹

Sie hatte das Ding, das sich unten auf dem Kiesweg bewegte, unverwandt angestarrt, mit glühenden Augen. Schließlich aber gewann die Neugierde die Oberhand; sie flog auf den Boden hinunter, um das fremde Geschöpf aus der Nähe zu betrachten.

Als Nils Holgersson zu sprechen anfing, beugte sich die Eule vor und sah ihn genau an. ›Er hat weder Krallen noch einen Stachel‹, dachte sie, ›aber wer weiß, ob er nicht einen Giftzahn oder sonst eine Waffe hat, die gefährlich sein könnte. Es ist gewiss am besten, ich verschaffe mir zuerst etwas nähere Auskunft über ihn, ehe ich mich mit ihm einlasse.‹

»Der Hof heißt Mårbacka«, sagte sie dann mit ihrer krächzenden Stimme, »und in früheren Zeiten haben wunderbare Menschen hier gewohnt. Aber wer bist denn du?«

Kapitel 20

»Ich habe die Absicht, mich hier niederzulassen«, sagte der Junge, ohne eine direkte Antwort auf die Frage der Nachteule zu geben. »Meint Ihr, das ließe sich einrichten?«

»O ja, auch wenn der Hof jetzt nichts Besonderes mehr ist, im Vergleich zu dem, was er früher war«, antwortete die Eule. »Aber man kann immerhin hier leben; es kommt ja auch hauptsächlich darauf an, wovon du hier leben willst. Hast du vor, dich auf die Mäusejagd zu legen?«

»Nein, Gott soll mich davor bewahren!« rief der Junge. »Es ist wohl mehr Gefahr vorhanden, dass die Mäuse mich auffressen, als dass ich ihnen ein Leid antue.«

›Ob er wirklich so wenig gefährlich ist, wie er sagt? Das ist doch wohl nicht möglich‹, dachte die Eule, ›aber ich glaube, ich will doch einen Versuch machen.‹ Sie flog auf, und im nächsten Augenblick hatte sie ihre Krallen in Nils Holgerssons Schultern geschlagen und hackte nun nach seinen Augen. Nils hielt die eine Hand zum Schutz vor die Augen, während er sich mit der anderen zu befreien suchte und zugleich aus Leibeskräften um Hilfe schrie. Er fühlte, dass er in wirklicher Lebensgefahr schwebte, und sagte sich, diesmal werde es ganz gewiss aus mit ihm sein.

Aber nun muss ich erzählen, wie wunderbar es sich traf, dass gerade in diesem Jahr, als Nils Holgersson mit den Wildgänsen umherzog, in Schweden eine Schriftstellerin lebte, die ein Buch über Schweden schreiben sollte, das den Kindern als Lesebuch in der Schule dienen könnte. Von Weihnachten bis zum Herbst hatte sie über ihre Aufgabe nachgedacht; aber bis jetzt war noch nicht eine einzige Zeile an dem Buch geschrieben, und schließlich war sie der ganzen Aufgabe so überdrüssig geworden, dass sie sich sagte: ›Auf diese Weise bringst du nichts zustande, setz dich lieber hin und dichte Geschichten und Märchen wie sonst, und lass jemand anders dieses Buch schreiben, das lehrreich und ernst sein soll und in dem kein unwahres Wort stehen darf.‹

Sie war so gut wie entschlossen, ihr Vorhaben aufzugeben; aber sie hätte eben doch gar zu gern etwas Schönes über Schweden geschrieben, und es wurde ihr sehr schwer, die Arbeit ungetan zu lassen. Schließlich kam ihr der Gedanke, ob sie nicht am Ende deshalb mit dem Buch nicht weiterkam, weil sie in einer Stadt sitze und nichts als Straßen und Mauern vor sich sehe. ›Vielleicht geht es besser, wenn ich aufs Land reise und Felder und Wälder betrachten kann‹, dachte sie.

Sie stammte aus Värmland, und sie war fest entschlossen, das Buch mit dieser Landschaft beginnen zu lassen. Und vor allem wollte sie von dem Hof erzählen, auf dem sie aufgewachsen war. Es war ein kleiner Herrenhof, der ganz einsam und weltabgeschieden dalag und auf dem sich noch viele altertümliche Sitten und Bräuche erhalten hatten. Sie dachte, den Kindern würde es sicher gefallen, wenn sie von all den Beschäftigungen hörten, die im Laufe des Jahres einander ablösten. Sie wollte erzählen, wie bei ihr zu Hause Weihnachten und Neujahr, Ostern und das Johannisfest gefeiert worden waren; was für Möbel und Hausgeräte sie gehabt hatten, wie es in der Küche und in der Vorratskammer, in Kuh- und Pferdestall, in Brauhaus und in der Badestube ausgesehen hatte. Aber als sie sich nun daranmachte, dies zu beschreiben, wollte die Feder gar nicht übers Papier hingleiten. Die Schriftstellerin konnte beim besten Willen nicht begreifen, woher das kam; aber es war so.

Sie sah aber dennoch alles miteinander so deutlich und lebendig vor sich, als ob sie noch immer mitten darin gelebt hätte! Trotzdem kam sie nicht vorwärts, und schließlich dachte sie, da sie nun doch einmal aufs Land reisen wollte, wäre es vielleicht am besten, sie stattete dem alten Hof einen Besuch ab und sähe sich ihn noch einmal genau an, ehe sie an dessen Beschreibung ging. Sie war seit vielen Jahren nicht mehr da gewesen, und der Gedanke, dass sie nun hier einen Grund zum Hinreisen hatte, machte ihr das Herz warm. Eigentlich trug sie immer eine Art Heimweh nach dem alten Hof mit sich herum, egal, wo sie war. Sie sah wohl, dass andere Orte schöner und besser waren; aber nirgends überkam sie jenes Gefühl der Sicherheit und des Wohlbehagens, wie sie es in ihrer Kinderheimat immer gehabt hatte.

Diese Reise in die alte Heimat war jedoch gar nicht so einfach für sie, wie man meinen könnte, denn der Hof war an eine ihr ganz fremde Familie verkauft worden. Sie dachte zwar, man würde sie gewiss freundlich aufnehmen; aber sie wollte ja nicht in die alte Heimat kommen, um mit fremden Menschen zu plaudern, sondern um sich alles möglichst deutlich ins Gedächtnis zurückzurufen, wie es früher da gewesen war. Deshalb richtete sie es so ein, dass sie spät am Abend auf Mårbacka eintraf, zu einer Zeit, wo schon Feierabend gemacht worden war und das Gesinde sich im Haus befand.

Sie hätte nie gedacht, dass es so seltsam sein würde, in die alte Heimat zurückzukehren. Während sie im Wagen saß und zu dem alten Hof fuhr, war es ihr, als werde sie mit jeder Minute jünger und immer jünger, und bald war sie nicht mehr eine, deren Haar sich schon grau zu färben begann, sondern ein kleines Mädchen mit kurzen Röcken und einem langen flachsblonden Zopf. Während sie so dahinfuhr und jeden Hof am Weg wiedererkannte, konnte sie es nicht lassen, sich vorzustellen, dass zu Hause auch alles ganz genau wie in früheren Zeiten sein müsse. Wenn sie ankäme, würden Vater und Mutter und die Geschwister auf der Treppe stehen und sie willkommen heißen. Die alte Haushälterin würde geschwind ans Küchenfenster laufen, um zu sehen, wer käme, und Nero und Freya und noch ein paar andere Hunde kämen angerannt, um fröhlich an ihr hochzuspringen!

 Kapitel 20

Je mehr sie sich dem Hof näherte, desto glücklicher fühlte sie sich. Es war Herbst, und eine emsige Zeit mit einer Menge Arbeit stand bevor. Aber gerade diese verschiedenen Arbeiten waren der Grund, warum ihr das Leben zu Hause nie langweilig und einförmig geworden war. Unterwegs hatte sie gesehen, dass die Leute bei der Kartoffelernte waren, und diese war natürlich jetzt auch hier im Gang. Nun mussten zuerst Kartoffeln gerieben und Kartoffelmehl gemacht werden. Es war ein milder Herbst gewesen, und sie hätte so gern gewusst, ob wohl der Garten schon ganz abgeerntet sei? Nun, der Kohl stand jedenfalls noch draußen; aber ob wohl der Hopfen schon gepflückt und die Äpfel heruntergenommen waren?

Wenn sie nur nicht am Ende gerade Herbstputz hatten, denn es war nicht mehr lang bis zum Herbstmarkt! Zu diesem Jahrmarkt musste das ganze Haus blitzblank sein. Er wurde als ein großes Fest angesehen, vor allem vom Gesinde. Und es war auch wirklich ein Vergnügen, wenn man am Vorabend des Marktes in die Küche kam und sah, wie sauber alles war: der reingewaschene, mit Wacholderzweigen bestreute Fußboden, die frisch geweißten Wände und das blank gescheuerte Kupfergeschirr auf den Wandbrettern.

Aber wenn das Marktfest vorüber war, kehrte doch nicht lange Ruhe ein. Dann musste der Flachs gehechelt werden. Und nach dem Flachshecheln kam das Backen des Hartbrotes, die Schafschur und der Wandertag der Mägde an die Reihe. Im November standen dann die arbeitsreichen Schlachttage bevor; das Fleisch wurde eingepökelt, Würste gestopft, Blutpudding gekocht und Lichter gegossen. In dieser Zeit kam dann wohl auch das Nähmädchen, das die selbst gewobenen wollenen Kleider anfertigte; und das waren einige fröhliche Wochen, wo alle Frauen des Hauses eifrig nähend beisammensaßen. Meistens saß dann auch der Schuhmacher zu derselben Zeit drüben in der Knechtstube an seiner Arbeit; und man wurde es nie müde, immer und immer wieder zuzusehen, wie er Leder zuschnitt, Stiefel besohlte, Absätze aufbaute und die Ringe in die Schnürlöcher einschlug. Aber die größte Geschäftigkeit entfaltete sich doch gegen Weihnachten. Der Lucietag, wo morgens um fünf Uhr das Stubenmädchen in einem weißen Kleid mit brennenden Kerzen im Haar das ganze Haus zum Kaffee einlud, war das Zeichen, dass man in den nächsten Wochen nicht viel Schlaf bekommen würde.

Jetzt mussten das Weihnachtsbier gebraut, die Stockfische gelaugt, das Weihnachtsbackwerk verfertigt und der Weihnachtsputz vorgenommen werden …

Die Schriftstellerin stand im Geiste mitten zwischen Pfeffernüssen und Honigkuchen, als der Kutscher, wie sie ihn gebeten hatte, am Eingang in die Allee seine Pferde anhielt. Sie fuhr jäh aus ihren Träumen auf, und es war ihr ganz unheimlich zumute, als sie nun am späten Abend so ganz allein im Wagen saß, nachdem sie sich eben noch von allen ihren Lieben umgeben geglaubt hatte. Als sie ausstieg und langsam die Allee hinaufwanderte, um unbemerkt in ihre alte Heimat hineinzukommen, fühlte sie mit bitterer Wehmut den Unterschied zwischen früher und jetzt, und sie wäre am liebsten gleich wieder umgekehrt. ›Warum bin ich nur hierhergekommen? Die alten Zeiten kehren ja doch nicht wieder!‹ dachte sie wehmütig.

Aber nachdem sie nun so weit gekommen war, meinte sie, es wäre doch nicht richtig, wenn sie sich den Hof nicht wenigstens ansähe. Und so schritt sie weiter, obgleich ihr das Herz mit jedem Schritt schwerer wurde.

Sie hatte gehört, der Hof sei sehr verfallen und verändert, und das war wohl auch so; aber jetzt am Abend bemerkte sie das nicht. Es war ihr eher, als sei alles ganz wie früher. Dort war der Teich, der in ihren jungen Tagen voller Karauschen gewesen war, die niemand fischen durfte, weil der Vater wollte, dass die Fische hier einen sicheren Zufluchtsort haben sollten. Dort waren die Seitenflügel mit der Gesindestube, der Vorratskammer und dem Stall, mit der Vesperglocke auf dem einen Giebel und der Wetterfahne auf dem anderen. Und der Hofplatz vor dem Wohnhaus war noch immer wie ein eingeschlossener Raum ohne Aussicht nach irgendeiner Seite, ganz wie zu Zeiten des Vaters, weil er es nicht übers Herz brachte, irgendeinen Busch weghauen zu lassen.

Sie war im Schatten eines großen Ahorns bei der Einfahrt stehen geblieben und schaute sich nun aufmerksam um, und während sie so dastand, geschah etwas Merkwürdiges: Eine Schar Tauben kam dahergeflogen und ließ sich neben ihr nieder.

Sie konnte kaum glauben, dass es wirkliche Vögel seien, denn Tauben pflegen sonst nie nach Sonnenuntergang auszufliegen. Der helle Mondschein musste sie geweckt haben, sodass sie geglaubt hatten, es sei schon Tag, und so waren sie aus dem Taubenschlag herausgeflogen. Aber dann waren sie wohl durcheinandergekommen und hatten den Weg nicht mehr zurückgefunden, und als sie einen Menschen erblickten, flogen sie zu ihm, um ihn um seine Hilfe zu bitten.

Zu Lebzeiten ihrer Eltern waren immer eine Menge Tauben auf dem Hof gewesen, denn die Tauben hatten auch zu den Tieren gehört, die der Vater unter seinen besonderen Schutz genommen hatte. Wenn nur jemand davon sprach, dass eine Taube geschlachtet werden sollte, so verdarb ihm das die gute Laune. Jetzt war es ihr eine wahre Herzensfreude, dass die schönen Vögel sie an der Schwelle des alten Hauses begrüßten. Wer konnte wissen, ob nicht die Tauben gerade deshalb zur Nachtzeit ausgeflogen waren, um ihr zu zeigen, dass sie nicht vergessen hatten, welch eine gute Heimat sie einst hier gehabt hatten!

Kapitel 20

Oder war es vielleicht ihr lieber Vater gewesen, der seine Vögel mit einem Gruß zu ihr geschickt hatte, damit sie sich nicht gar so verlassen und einsam fühlen sollte, wenn sie nun wieder in die alte Heimat kam?

Während ihr diese Gedanken durch den Kopf flogen, regte sich eine so heiße Sehnsucht nach den alten Zeiten in ihrem Herzen, dass ihr die Tränen in die Augen traten. Es war ein gutes Leben gewesen, das sie auf dem Hof geführt hatten. Sie hatten saure Wochen gehabt, aber auch frohe Feste; sie hatten den Tag über fleißig sein müssen, aber am Abend hatte man sich um die Lampe versammelt und gelesen. Sie hatten Getreide angebaut, aber auch Rosen und Jasmin gezogen; sie hatten Flachs gesponnen, aber beim Spinnen waren Volkslieder gesungen worden. Sie hatten sich mit der Grammatik und der Weltgeschichte abgequält; aber sie hatten auch Theater gespielt und Verse gedichtet. Sie hatten am Herd gestanden und das Essen gekocht; aber sie hatten auch musizieren dürfen, hatten Klavier, Gitarre und Geige gespielt und Flöte geblasen. Sie hatten in einem Garten Kohl und Rüben, Erbsen und Bohnen gepflanzt; aber es war noch ein zweiter Garten da, wo es Äpfel und Birnen und allerlei Beeren in Hülle und Fülle gab. Sie hatten ein ziemlich einsames Leben geführt, aber gerade deshalb hatten sie sich in eine fantastische Märchen- und Sagenwelt hineingelebt.

›Nirgends auf der weiten Welt verstehen es die Menschen so gut, sich das Leben schön einzurichten, wie sie das zu meiner Zeit auf einem solchen kleinen Herrenhof verstanden haben‹, dachte die Dichterin. ›Da hatte die Arbeit ihre Zeit und das Vergnügen seine Zeit, aber die Freude herrschte jeden Tag. Wie gern möchte ich hierher zurückkehren! Seit ich den Hof wiedergesehen habe, fällt mir das Fortgehen fast zu schwer.‹

Und dann wandte sie sich an die Taubenschar und sagte zu ihr, während sie doch zugleich über sich selbst lächelte: »Fliegt zurück zu meinem Vater und sagt ihm, dass ich Heimweh habe. Nun bin ich lange genug an fremden Orten gewesen; fragt ihn, ob er es nicht einrichten kann, dass ich bald wieder in die Heimat meiner Kindheit zurückkehren darf?«

Kaum hatte sie diese Worte gesprochen, als die ganze Taubenschar auch schon auf und davon flog; sie versuchte, den Vögeln mit den Augen zu folgen, aber sie verschwanden rasch; es war, als habe die ganze weiße Schar sich in der mondhellen Luft aufgelöst.

Aber kaum waren die Tauben verschwunden, als aus dem Garten laute Schreie an ihr Ohr drangen, und als sie rasch dahineilte, woher die Rufe kamen, bot sich ihr ein merkwürdiger Anblick. Ein winzig kleiner Knirps, kaum zwanzig Zentimeter lang, wehrte sich verzweifelt gegen eine Nachteule.

Zuerst war die Schriftstellerin so überrascht, dass sie sich nicht rühren konnte. Aber als

der Kleine immer jämmerlicher schrie, ging sie rasch dazwischen und trennte die beiden Kämpfenden. Die Eule schwang sich auf einen Baum, aber das Männlein blieb auf dem Gartenweg stehen, ohne sich zu verstecken oder davonzulaufen.

»Ich danke Ihnen für Ihre Hilfe«, sagte es, »aber Sie hätten die Eule nicht fortfliegen lassen sollen. Nun kann ich nicht von hier weggehen, denn sie sitzt dort auf dem Baum und lauert mir auf.«

»Ja, es war recht gedankenlos von mir, dass ich sie entwischen ließ. Aber kann ich dich nicht dahin begleiten, wo du zu Hause bist?« fragte sie, die so gern Märchen ersann; und sie war nicht wenig erstaunt, dass sie hier so ganz unvermutet mit einem Wichtelmännchen zusammengetroffen war. Aber eigentlich war sie gar nicht sehr erstaunt; es war, als habe sie, während sie da im Mondschein vor ihrer alten Heimat gestanden hatte, die ganze Zeit darauf gewartet, dass etwas Wunderbares geschah.

»Ich hatte mir eigentlich vorgenommen, hier auf dem Hof zu übernachten«, sagte der Knirps. »Wenn Sie mir einen sicheren Platz zum Schlafen anweisen könnten, würde ich erst morgen früh in den Wald zurückkehren.«

»Ich soll dir ein Nachtlager anweisen? Wohnst du denn nicht hier?«

»Ach, ich verstehe, Sie halten mich für ein Wichtelmännchen«, sagte der Knirps jetzt. »Aber ich bin ein Mensch, gerade wie Sie, und bin nur in ein Wichtelmännchen verwandelt worden.«

»Das ist das Wunderbarste, was ich je gehört habe! Kannst du mir nicht erzählen, wie sich das zugetragen hat?«

Der Junge hatte nichts dagegen, seine Abenteuer zu erzählen, und je weiter er in seinem Bericht kam, desto erstaunter und verwunderter, aber auch desto vergnügter wurde die Zuhörerin.

›Ach, welch ein Glück, dass ich jemanden treffe, der durch ganz Schweden auf einem Gänserücken gereist ist!‹ dachte sie. ›Alles, was er mir da erzählt, kann ich ja in mein Buch schreiben! Jetzt brauche ich mir deswegen keine Sorgen mehr zu machen. Wie gut ist es, dass ich nach Hause gereist bin! Wie merkwürdig, dass die Hilfe gekommen ist, sobald ich den alten Hof betreten habe!‹

In demselben Augenblick zuckte ein Gedanke, den sie kaum auszudenken wagte, durch ihr Gehirn. Sie hatte ihrem Vater durch die Tauben die Botschaft geschickt, dass sie sich nach Hause sehne, und sogleich war ihr bei der Aufgabe, über die sie schon so lange nachgegrübelt hatte, Hilfe zuteilgeworden! Konnte das die Antwort ihres Vaters auf ihre Bitte sein?

Kapitel 21

Das Gold auf der Schäre

Seit die Wildgänse ihre Herbstreise angetreten hatten, waren sie immer weiter südwärts geflogen; aber als sie das Fryksdal verließen, änderten sie die Richtung und flogen über das westliche Värmland und Dalsland nach Bohuslän. Nils Holgersson hatte lange gebraucht, um das Gleichgewicht wiederzuerlangen. Noch immer war er hochbeglückt über das Erlebnis auf dem Hof. Nun hatte er sich einmal mit einem Menschen aussprechen können; und die fremde Dame hatte ihn aufgemuntert und gesagt, er solle nur wie bisher gegen alle, mit denen er zusammentreffe, gut und hilfreich sein, dann werde es ihm gewiss nicht schlecht gehen. Wie er seine rechte Gestalt wiederbekommen würde, das konnte sie ihm zwar nicht sagen; aber sie hatte ihm etwas von seinem alten Mut und Vertrauen wiedergegeben, und das war sicherlich schuld daran, dass er jetzt eine Idee hatte, wie er den großen Weißen von der Rückkehr in die Heimat abbringen könnte.

»Weißt du, Gänserich Martin«, sagte er, während sie hoch oben dahinflogen, »es wird bestimmt ziemlich langweilig für uns, wenn wir den ganzen Winter zu Hause bleiben, jetzt wo wir so eine große Reise mitgemacht haben. Ich überlege mir deshalb gerade, ob wir nicht mit den Wildgänsen ins Ausland reisen sollten.«

»Das kann doch nicht dein Ernst sein!« rief der Gänserich; denn jetzt, nachdem er den Beweis geliefert hatte, dass er mit den Wildgänsen bis nach Lappland hinauf reisen konnte, war er vollständig zufrieden, wieder in Holger Nilssons Gänsestall zurückzukehren.

Kapitel 21

Der Junge schwieg eine Weile und schaute auf das Värmland hinunter, wo alle Birkenwälder und Haine und Gärten in herbstlich bunten Farben prangten, und wo die langen Seen dunkelblau glänzend zwischen ihren Ufern lagen.

»Ich glaube, ich habe die Erde noch nie so schön unter uns daliegen sehen wie heute«, sagte er. »Die Seen sehen aus wie blaue Seide und die Ufer wie breite goldene Bänder. Meinst du nicht auch, es wäre schade, wenn wir jetzt in Westvemmenhög festsäßen und nicht noch mehr von der Welt zu sehen bekämen?«

»Ich dachte, du wolltest zu deinem Vater und deiner Mutter zurückkehren, um ihnen zu zeigen, was für ein guter Junge du geworden bist?« entgegnete der Gänserich.

Den ganzen Sommer hindurch hatte der große Weiße von nichts anderem geträumt als von dem stolzen Augenblick, wo er endlich nach Schonen heimkehren, sich plötzlich auf dem freien Platz vor Holger Nilssons Haus niederlassen und den Gänsen und den Hühnern und den Kühen und der Katze und auch Mutter Nilsson seine hübsche Daunenfein und die sechs Jungen zeigen würde! Deshalb war er über den Vorschlag des Jungen gar nicht besonders erfreut.

An diesem Tag hielten die Wildgänse mehrmals lange Rast, denn überall fanden sie die herrlichsten Stoppelfelder; sie konnten sich kaum entschließen, sie zu verlassen, und so erreichten sie Dalsland erst gegen Sonnenuntergang. Sie flogen über den nordwestlichen Teil dieser Landschaft hin, und da war es noch schöner als in Värmland. Dieser Landstrich ist so voller Seen, dass sich das Land wie kleine spitze Hügelketten hinzieht. Zum Getreideanbau war dieser Boden nicht günstig; umso besser aber gediehen die Bäume, und die steilen Uferhänge der Seen sahen aus wie wunderschöne Gärten. Es musste etwas in der Luft oder im Wasser sein, das den Sonnenschein noch zurückhielt, wenn die Sonne schon längst hinter die Hügel hinabgesunken war; goldene Lichter spielten auf den dunklen, glänzenden Wasserspiegeln, und über der Erde zitterte ein heller, blassroter Schein, aus dem die lichtgelben Birken, die hellroten Eschen und die gelbroten Vogelbeerbäume herausragten.

»Meinst du denn nicht auch, lieber Gänserich Martin, es wäre sehr langweilig, wenn wir nie wieder so etwas Schönes zu sehen bekämen?« fragte der Junge.

»Ich sehe lieber die fruchtbaren flachen Äcker in Schonen als diese mageren Waldhügel hier. Aber du weißt ja, dass ich mich nicht von dir trennen werde, wenn du die Reise unbedingt fortsetzen willst«, antwortete der Gänserich.

»Diese Antwort habe ich von dir erwartet«, erwiderte der Junge erleichtert. Es war ihm ein schwerer Stein vom Herzen gefallen, das war ihm deutlich anzuhören.

Als sie dann über Bohuslän hinflogen, wurden die Hochebenen zusammenhängender; die Täler lagen tief unten wie schmale aus dem Gebirge herausgesprengte Schluchten, und die langen Seen darin waren so schwarz, als wären sie aus der Tiefe der Erde aufgestiegen. Ja, es war wirklich eine wunderschöne Landschaft; und so, wie der Junge sie jetzt unter sich sah, bald von einem Sonnenstrahl erhellt, bald im dunklen Schatten liegend, hatte sie einen ganz eigenartigen Reiz. Der Junge wusste nicht, woher es kam, aber er dachte unwillkürlich, in den alten Zeiten müssten hier gewiss tapfere Krieger gewohnt haben, die in diesen geheimnisvollen Gegenden gefährliche und kühne Abenteuer bestanden hatten. Und der alte Hang zu außergewöhnlichen Erlebnissen regte sich jetzt im Herzen des kleinen Nils Holgersson.

›Es wäre wohl möglich, dass mir etwas fehlen würde, wenn ich künftig nicht alle zwei Tage in Lebensgefahr geriete‹, dachte er. ›Darum ist es gewiss am besten, ich bin damit zufrieden, wie es nun einmal ist.‹

Davon sagte er aber nichts zu dem großen Weißen; denn die Wildgänse flogen mit größter Geschwindigkeit über Bohuslän hin; der Gänserich keuchte heftig und hätte kein Wort erwidern können. Die Sonne stand jetzt tief am Himmel; ab und zu verschwand sie hinter einem Berggipfel; aber die Wildgänse flogen so rasch, dass der große Feuerball immer wieder vor ihnen auftauchte.

Endlich sahen sie im Westen einen hellen Streifen, der sich mit jedem Flügelschlag breiter vor ihnen ausdehnte. Das war das Meer; zwischen milchweiß, rosenrot und himmelblau immer wechselnd lag es da draußen, und als die Gänse an den Strandklippen vorüberflogen, sahen sie erneut die Sonne, die jetzt groß und rot glühend am Himmelsrand stand, eben im Begriff, im Meer zu versinken.

Als aber der Junge das freie, unendliche Meer vor sich sah und die rote Abendsonne, die mit einem gar so milden Glanz leuchtete, dass er ihr direkt ins Gesicht sehen konnte, zogen Freude und Vertrauen in seine Seele ein.

»Es hat keinen Sinn, wenn du so betrübt bist, Nils Holgersson«, sagte die Sonne. »Die Welt ist ein herrlicher Ort, sowohl für Kleine als auch für Große, und es ist auch gut, wenn man frei ist und das ganze Weltall hat, in dem man sich tummeln kann.«

Die Wildgänse hatten sich auf einer kleinen Schäreninsel vor Fjällbacka zum Schlafen niedergelassen. Aber als es kurz vor Mitternacht war und der Mond hoch am Himmel stand, erhob sich die alte Akka plötzlich, rieb sich den Schlaf aus den Augen und weckte Yksi und

Kaksi, Kolme und Neljä, Viisi und Kuusi. Schließlich ging sie zu dem schlafenden Däumling hinüber und stieß ihn vorsichtig mit ihrem Schnabel an, damit er erwachte.

»Was gibt es denn, Mutter Akka?« fragte er, erschrocken auffahrend.

»Nichts Gefährliches«, antwortete die Anführerin. »Nichts weiter, als dass wir sieben Alten von der Schar ein Stück weit aufs Meer hinausfliegen wollen und wissen möchten, ob du Lust hättest, mitzukommen?«

Der Junge erriet sogleich, dass Akka keinen solchen Vorschlag machen würde, wenn es sich nicht um etwas Besonderes handeln würde; er setzte sich ihr also sofort auf den Rücken, und Akka flog in gerader westlicher Richtung davon. Zuerst ging es über eine Reihe großer und kleiner, nahe an der Küste liegender Inseln hin, dann über eine breite Strecke offenes Wasser, und schließlich erreichten sie die Wetterinseln, die ganz draußen dicht am offenen Meer liegen. Es waren lauter niedrige, felsige Inseln, und im Mondschein konnte man deutlich sehen, dass sie an ihrer Westseite von den Wogen ganz glatt geschliffen waren. Einige davon waren ziemlich groß, und auf diesen entdeckte der Junge einige Häuser. Akka suchte eine der kleinsten von diesen Schäreninseln auf und ließ sich darauf nieder. Die Schäre bestand nur aus einer unebenen Felsplatte mit einem breiten Spalt in der Mitte, in den das Meer feinen weißen Sand und Muscheln hineingeschwemmt hatte.

Als der Junge von Akkas Rücken herabsprang, sah er dicht neben sich etwas, das einem hohen, spitzen Stein glich. Aber schon im nächsten Augenblick bemerkte er, dass es ein großer Raubvogel war, der sich diese Schäre als Nachtquartier ausgewählt hatte. Der Junge hatte allerdings kaum Zeit, sich über die Wildgänse zu wundern, die sich so unvorsichtig neben einem gefährlichen Feind niedergelassen hatten, als sich der Vogel auch schon mit einem langen Sprung zu ihnen herüberschwang und Nils Holgersson den Adler Gorgo erkannte.

Nun verstand der Junge: Akka und Gorgo hatten sich hier verabredet!

»Das hast du gut gemacht, Gorgo«, sagte Akka. »Ich hatte eigentlich gedacht, du würdest den Ort unserer Zusammenkunft nicht vor uns erreichen können. Hast du schon lange gewartet?«

»Ich bin am Abend angekommen«, antwortete Gorgo. »Ja, die Zeit habe ich gut getroffen«, fuhr er fort, »aber ich fürchte, das wird leider auch das Einzige sein, wofür du mich loben kannst; mit der Sache, die du mir aufgetragen hast, steht es nicht gut.«

»Du hast gewiss mehr erreicht, als du dir anmerken lassen willst«, sagte Akka. »Doch ehe du erzählst, wie deine Reise abgelaufen ist, möchte ich den Däumling bitten, mir beim Suchen von etwas, das hier auf der Insel versteckt ist, zu helfen.«

Der Junge hatte gerade aufmerksam ein paar große schöne Schneckenhäuser betrachtet, als aber Akka seinen Namen nannte, schaute er auf. »Du hast dich wohl gewundert, Däumling, warum wir nicht den geraden Weg eingehalten haben, sondern hier aufs Kattegat hinausgeflogen sind?« fuhr Akka fort.

»Es ist mir tatsächlich ein wenig sonderbar vorgekommen«, antwortete der Junge, »aber ich weiß ja, dass Ihr für alles, was Ihr tut, stets einen guten Grund habt.«

»Du hast einen guten Glauben an mich«, sagte Akka. »Aber ich fürchte beinahe, diesmal wird er erschüttert werden, denn sehr wahrscheinlich wird diese Reise ohne Erfolg bleiben.«

»Vor vielen Jahren«, fuhr Akka fort, »sind wir, ich und noch einige, die jetzt die Alten in unserer Schar sind, auf einer Frühjahrsreise von einem Sturm überfallen und auf diese Insel verschlagen worden. Als wir sahen, dass wir nur das unendliche offene Meer vor uns hatten, bekamen wir Angst, wir könnten so weit hinausgetrieben werden, dass wir das Land nie wieder erreichen würden, und wir ließen uns deshalb auf die Wogen hinunter. Der Sturm zwang uns, hier zwischen diesen kahlen Klippen mehrere Tage auszuharren. Wir litten großen Hunger, und eines Tages gingen wir hier in diese Rinne hinein, in der Hoffnung, da Futter zu finden. Wir fanden jedoch nicht ein einziges Grashälmchen, dafür aber einige fest zugebundene Säcke, die halb verschüttet im Sand lagen. Da wir hofften, es sei Getreide in den Säcken, rissen und zerrten wir so lange daran, bis der Stoff zerriss; aber keine Körner kamen heraus, sondern lauter glänzende Goldstücke. Dafür hatten wir Wildgänse jedoch keine Verwendung, und wir ließen sie deshalb, wo sie waren. In all diesen Jahren haben wir gar nicht mehr an unseren Fund gedacht; dann hat sich im letzten Herbst etwas ereignet, das es uns wünschenswert macht, Gold zu besitzen. Es ist zwar sehr unwahrscheinlich, dass der Schatz noch da ist, aber wir sind trotzdem hergeflogen, um dich zu bitten, jetzt nachzusehen, wie sich die Sache verhält.«

Der Junge sprang in die Felsspalte hinein, nahm in jede Hand eine Muschel und schaufelte damit eifrig den Sand weg. Säcke fand er keine, aber nachdem er ein ziemlich tiefes Loch gegraben hatte, hörte er ein Klirren wie von Metall, und er merkte, dass er auf eine Münze gestoßen war. Er tastete mit den Händen umher, fühlte, dass viele runde Münzen im Sand lagen, und eilte rasch zu Akka zurück.

»Die Säcke sind schon völlig verfault und zerfallen, wie ich sehe«, sagte er, »aber das Geld liegt noch im Sand verstreut, und ich glaube, es ist noch alles da.«

»Das ist gut«, sagte Akka. »Fülle das Loch wieder zu und mache die Oberfläche wie vorher, damit niemand sehen kann, dass daran gerührt worden ist.«

Kapitel 21

Der Junge tat, wie Akka ihn geheißen hatte; aber als er darauf wieder aus der Felsspalte heraustrat, blieb er überrascht stehen, denn Akka hatte sich an die Spitze der sechs anderen Wildgänse gestellt, und der ganze Zug kam nun höchst feierlich auf ihn zugeschritten. Vor dem Jungen angekommen, hielten sie an, verneigten sich vielmals mit dem Hals und sahen so vornehm aus, dass der Junge unwillkürlich die Mütze abnahm und sich auch verbeugte.

»Wir haben dir etwas zu sagen«, begann Akka. »Wir, die Alten in der Schar, haben zueinander gesagt, wenn du, Däumling, bei Menschen im Dienst gestanden und ihnen so viele und große Hilfe geleistet hättest, wie du uns geleistet hast, dann würden sie sich ganz gewiss nicht von dir trennen, ohne dich reichlich dafür zu belohnen.«

»Ach, Mutter Akka, nicht ich habe euch geholfen«, sagte der Junge, »ihr seid es gewesen, die sich meiner angenommen haben.«

»Und wir meinen auch«, fuhr Akka fort, »wenn uns nun ein Mensch auf der ganzen Reise begleitet hat, sollte er nicht ebenso arm von uns gehen, wie er gekommen ist.«

»O, ich weiß sehr gut, was ich in diesem einen Jahr alles gelernt habe! Das ist mehr wert als Geld und Gut«, sagte der Junge.

»Da diese Goldstücke nach so vielen Jahren noch immer in der Felsspalte liegen, haben sie sicherlich keinen Eigentümer mehr«, fuhr die Anführergans fort, »und ich meine, du solltest sie nun an dich nehmen, Däumling.«

»Habt ihr denn nicht den Schatz für euch selbst haben wollen, Mutter Akka?« fragte der Junge.

»Doch, wir wollen dich damit belohnen, damit dein Vater und deine Mutter sehen können, dass du bei ordentlichen Leuten Gänsejunge gewesen bist.«

Der Junge wandte sich halb um; er warf einen Blick aufs Meer hinaus, und dann sah er Akka in die glänzenden Augen.

»Ich wundere mich doch sehr über euch, Mutter Akka«, sagte er. »Ihr wollt mich verabschieden und gebt mir meinen Lohn, bevor ich beschlossen habe, euch zu verlassen.«

»Solange wir Wildgänse noch in Schweden sind, wirst du ja wohl bei uns bleiben«, sagte Akka. »Aber ich wollte dir zeigen, wo der Schatz liegt, da wir es jetzt ohne einen allzu großen Umweg einrichten konnten.«

»Trotzdem ist es so, wie ich sage«, entgegnete der Junge. »Ihr wollt mich los sein, bevor ich selbst von euch fortwill. Nach einer so langen Zeit, die wir in guter Freundschaft miteinander verbracht haben, wäre es doch wohl nicht zu viel verlangt, wenn ihr mich auch noch ins Ausland mitnehmen würdet.«

Als der Junge dies sagte, streckten Akka und die anderen Wildgänse die Hälse gerade in die Höhe und saugten mit halb geöffnetem Schnabel schweigend die Luft ein.

»Das ist etwas, woran ich noch gar nicht gedacht habe«, sagte Akka, nachdem sie sich wieder gefasst hatte. »Aber bevor du irgendeinen Entschluss fasst, wollen wir hören, was Gorgo zu berichten hat. Ich muss dir nämlich noch etwas sagen. Ehe wir Lappland verließen, sind Gorgo und ich übereingekommen, dass er nach Schonen in deine Heimat fliegen und versuchen solle, bessere Bedingungen für dich auszuhandeln.«

»Ja, so ist es«, fiel Gorgo ein. »Aber wie ich dir schon gesagt habe, habe ich kein Glück dabei gehabt. Holger Nilssons Haus fand ich ganz leicht, und nachdem ich einige Male darüber hingeschwebt war, erblickte ich auch das Wichtelmännchen, das zwischen den Gebäuden umherschlich. Ich flog sogleich hinunter, packte es und flog mit ihm auf ein Feld hinaus, damit wir in aller Ruhe miteinander verhandeln konnten. Nun sagte ich ihm, ich käme im Auftrag von Akka von Kebenekajse, um zu fragen, ob es für Nils Holgersson nicht leichtere Bedingungen stellen würde.

›Ich wünschte, ich könnte es‹, erwiderte das Wichtelmännchen, ›denn ich habe gehört, der Junge habe sich auf der Reise recht gut gemacht; aber es steht nicht in meiner Macht.‹

Da wurde ich zornig, und ich sagte, wenn es nicht nachgäbe, würde ich mich gar nicht scheuen, ihm die Augen auszuhacken.

›Mache mit mir, was du willst‹, erwiderte es, ›aber mit Nils Holgersson bleibt es, wie ich gesagt habe. Du kannst ihn jedoch von mir grüßen und ihm sagen, er solle recht bald mit seinem Gänserich heimkommen, denn es stehe schlecht zu Haus. Holger Nilsson ist leider für einen Bruder, dem er volles Vertrauen schenkte, eine Bürgschaft eingegangen, die er jetzt hat bezahlen müssen. Mit geborgtem Geld hat er sich ein Pferd gekauft; aber das Pferd lahmte vom ersten Mal an, wo Holger Nilsson mit ihm fuhr, und seitdem ist es nicht zu gebrauchen. Ja, erzähle nur Nils Holgersson‹, hat das Wichtelmännchen noch hinzugefügt, ›seine Eltern hätten schon zwei Kühe verkaufen müssen, und sie seien gezwungen, von Haus und Hof zu gehen, wenn ihnen nicht von irgendeiner Seite Hilfe zuteilwürde.‹«

Als der Junge dies hörte, runzelte er die Stirn und ballte die Fäuste.

»Das ist grausam von dem Wichtelmännchen!« rief er. »Unter der Bedingung kann ich nicht zu meinen Eltern zurückkehren, um ihnen zu helfen. Aber es soll ihm nicht gelingen, einen treulosen Freund aus mir zu machen. Meine Eltern sind ehrbare Leute, und ich weiß, sie wollen lieber meine Hilfe entbehren, als dass ich mit einem bösen Gewissen zu ihnen zurückkehre.«

Kapitel 22

Bei Holger Nilssons

Es war ein nebeliger Tag. Die Wildgänse hatten auf den Feldern bei der Skuruper Kirche geweidet und hielten gerade Mittagsrast, da trat Akka zu Nils Holgersson.

»Es sieht aus, als bekämen wir jetzt einige Zeit stilles Wetter«, begann sie, »und deshalb haben wir vor, morgen über die Ostsee zu fliegen.«

»Ach so«, erwiderte der Junge kurz, denn der Hals war ihm wie zugeschnürt, und er konnte nicht sprechen. Er hatte eben doch immer noch gehofft, er werde, solange er in Schonen sei, von seiner Verzauberung befreit werden.

»Wir sind jetzt ziemlich nahe bei Westvemmenhög«, fuhr Akka fort, »und ich dachte, du hättest vielleicht Lust, einen kleinen Besuch zu Hause zu machen. Es wird ja eine gute Weile dauern, bis du wieder jemanden von den Deinen zu sehen bekommst.«

»Es ist bestimmt besser, wenn ich es nicht tue«, sagte der Junge; aber seiner Stimme war wohl anzuhören, wie sehr er sich über den Vorschlag freute.

»Wenn der Gänserich hier bei uns bleibt, kann ihm ja kein Unglück geschehen«, sagte Akka. »Ich meine, du solltest dich genau erkundigen, wie es bei dir zu Hause steht. Vielleicht könntest du deinen Eltern doch auf irgendeine Weise helfen, selbst wenn du nicht wieder ein Mensch wirst.«

»Da habt Ihr recht, Mutter Akka. Daran hätte ich auch selbst denken können!« rief der Junge aufgeregt, und bei dem Gedanken an das Wiedersehen wurde er plötzlich ganz eifrig.

Einen Augenblick später waren er und Akka auf dem Weg zu Holger Nilssons, und schon nach einer kleinen Weile ließ sich die alte Wildgans auf dem Steinmäuerchen nieder, das den Gutshof rings umgab.

»Es ist doch merkwürdig, wie unverändert alles ist!« sagte der Junge. Er kletterte eilig auf das Mäuerchen hinauf und schaute sich um. »Es ist mir, als sei es gestern gewesen, dass ich hier auf dem Steinmäuerchen saß und euch daherfliegen sah.«

»Ob dein Vater wohl eine Flinte hat?« fragte Akka plötzlich.

»Das will ich meinen!« rief der Junge. »Dieser Flinte wegen bin ich ja an jenem Sonntag zu Hause geblieben, anstatt in die Kirche zu gehen.«

»Dann wage ich nicht, hier auf dich zu warten«, sagte Akka besorgt, »und es ist wohl am besten, du schleichst dich morgen früh wieder zu uns zurück, dann kannst du die Nacht über hierbleiben.«

»Ach nein, Mutter Akka, fliegt nicht fort!« rief der Junge und sprang rasch von dem Mäuerchen herab. Er wusste nicht, woher es kam, aber er hatte das Gefühl, als würde ihm oder den Wildgänsen etwas zustoßen, sodass sie einander nie mehr wiedersehen würden. »Ihr seht ja wohl, dass ich betrübt bin, weil ich meine rechte Gestalt nicht wiederbekommen soll, aber ich sage Euch, ich bereue keineswegs, damals mit euch Gänsen fortgeflogen zu sein. Nein, nein, lieber will ich nie wieder ein Mensch werden, als dass ich diese Reise nicht mit euch gemacht hätte.«

Akka sog ein paarmal die Luft durch ihren Schnabel ein, ehe sie antwortete. »Es liegt mir etwas auf dem Herzen, worüber ich schon lange gern mit dir gesprochen hätte; da du jedoch nicht zu den Deinen zurückzukehren gedachtest, hielt ich es nicht für so eilig. Es kann indes nichts schaden, wenn ich es dir mitteile.«

»Ihr wisst, es gibt nichts, was ich nicht gern für Euch täte«, sagte der Junge.

»Wenn du etwas Gutes gelernt hast, mein lieber Däumling, dann bist du vielleicht jetzt nicht mehr der Ansicht, dass die Menschen allein auf der Welt herrschen sollten«, sagte die Anführerin feierlich. »Bedenke, ihr habt ein großes Land für euch, und deshalb könntet ihr uns recht gut ein paar Schären und einige sumpfige Seen und Moore, sowie einige öde Felsen und abgelegene Wälder überlassen, wo wir armen Tiere im Frieden leben könnten. Solange ich lebe, bin ich nun beständig verfolgt und gejagt worden. Es wäre eine wahre Wohltat, wenn sich für solche Geschöpfe, wie wir sind, auch irgendwo ein sicherer Unterschlupf fände.«

»Wie sehr würde ich mich freuen, wenn ich euch in dieser Sache helfen könnte. Aber ich genieße leider nicht so viel Macht und Ansehen bei den Menschen«, seufzte der Junge.

»Aber, Däumling, wir stehen ja hier und sprechen miteinander, als ob wir uns nie wiedersehen sollten!« sagte Akka plötzlich. »Und doch treffen wir wohl schon morgen früh wieder zusammen. Jetzt will ich zu meiner Schar zurückfliegen.« Damit hob Akka die Flügel, ließ sich jedoch sogleich wieder nieder, rieb ihren Schnabel ein paarmal an dem Däumling auf und ab und flog erst dann endgültig davon.

Es war mitten am Tag, aber auf dem Hof war kein Mensch zu sehen, und der Junge konnte ohne Scheu überall herumgehen. Zuerst lief er in den Kuhstall hinein, denn er wusste, bei den Kühen würde er Auskunft erhalten. Im Frühling waren drei prächtige Kühe im Stall gewesen, aber jetzt stand nur noch eine einzige da. Diese eine war Mairose, und man konnte ihr wohl anmerken, dass sie Heimweh nach ihren Kameraden hatte. Sie ließ den Kopf hängen und fraß kaum ein Hälmchen von dem Futter, das vor ihr lag.

»Guten Tag, Mairose!« sagte der Junge und sprang ohne Angst in den Stand zu ihr hinein. »Wie geht es meiner Mutter und meinem Vater? Und was machen die Hühner und Gänse und die Katze? Und wo hast du nur Stern und Goldlilie gelassen?«

Als Mairose die Stimme des Jungen hörte, fuhr sie zusammen, und es sah aus, als wolle sie mit den Hörnern nach ihm stoßen. Aber sie war jetzt nicht mehr so hitzig wie früher, sondern nahm sich Zeit, Nils Holgersson näher zu betrachten, ehe sie zustieß. Er war noch ebenso klein wie bei seiner Abreise und trug auch noch denselben Anzug; aber er sah sich trotzdem gar nicht mehr ähnlich. Der Nils Holgersson, der im Frühjahr fortgezogen war, hatte einen schwerfälligen, langsamen Gang, eine träge Stimme und schläfrige Augen gehabt; der Nils Holgersson, der jetzt zurückgekehrt war, war flink und geschmeidig, sprach rasch und hatte glänzende, leuchtende Augen. Auch hatte er eine so kecke Haltung, dass man unwillkürlich Respekt vor ihm bekam. Trotz seiner Kleidung, und obgleich er nicht gerade glücklich aussah, wurde man froh, wenn man ihn nur ansah.

»Muuh!« brüllte Mairose. »Es hieß, er sei anders geworden, aber ich wollte es nicht glauben. Grüß dich Gott, Nils Holgersson, grüß dich Gott! Dies ist der erste frohe Augenblick, den ich seit langer Zeit gehabt habe.«

»Ich danke dir, Mairose«, erwiderte der Junge, sehr angenehm überrascht über die freundliche Begrüßung. »Erzähl mir nun, wie es meinem Vater und meiner Mutter geht!«

»Seit du fort bist, haben sie nichts als Kummer und Unglück gehabt«, sagte Mairose. »Das Schlimmste aber ist die Sache mit dem teuren Pferd, das nun den ganzen Sommer nichts tun konnte und immer nur gefressen hat. Dein Vater kann es nicht übers Herz bringen, es zu erschießen, und verkaufen kann er es auch nicht. Des Pferdes wegen haben Stern und Goldlilie verkauft werden müssen.«

 Kapitel 22

Der Junge hätte eigentlich etwas ganz anderes sehr gern gewusst, aber er scheute sich, geradeheraus zu fragen. Deshalb sagte er: »Meine Mutter war wohl sehr ärgerlich, als sie entdeckte, dass der Gänserich Martin davongeflogen war?«

»Wenn sie gewusst hätte, wie alles gekommen ist, hätte sie sich über den Verlust des Gänserichs Martin wohl nicht so sehr gegrämt. So aber trauert sie Tag und Nacht darüber, dass ihr eigener Sohn von zu Hause fortgelaufen ist und auch noch den Gänserich mitgenommen hat.«

»Wie, glaubt sie denn, ich habe die Gans gestohlen?« rief der Junge.

»Ja, was soll sie denn sonst glauben?«

»Vater und Mutter meinen wohl, ich hätte mich den Sommer hindurch wie ein gemeiner Landstreicher herumgetrieben?«

»Sie denken, es stehe schlimm mit dir«, sagte Mairose, »und sie haben um dich getrauert, wie man trauert, wenn man sein Liebstes verloren hat.«

Als der Junge dies hörte, verließ er rasch den Kuhstall und ging zu dem Pferd hinein. Der Pferdestall war ein kleiner, aber hübscher Raum. Der Junge sah wohl, der Vater hatte sich alle Mühe gegeben, es dem Pferd bei seiner Ankunft so recht behaglich zu machen. Und es stand auch wirklich ein wunderschönes Pferd im Stall, das von Gesundheit strotzte.

»Guten Tag, guten Tag!« sagte der Junge. »Wie ich höre, soll ein krankes Pferd hier sein. Damit bist du doch wohl nicht gemeint, denn du siehst ja ganz frisch und ganz gesund aus?«

Das Pferd wandte den Kopf und sah den Jungen nachdenklich an.

»Bist du der Sohn des Hauses?« fragte es. »Von dem hab ich sehr viel sprechen hören. Aber du siehst so gut aus, und wenn ich nicht wüsste, dass du in ein Wichtelmännchen verwandelt worden bist, würde ich nicht glauben, dass du der kleine Nils Holgersson bist.«

»Ich weiß wohl, ich habe hier einen schlechten Ruf hinterlassen«, entgegnete der Junge. »Meine Mutter glaubt, ich hätte mich als ein Dieb fortgeschlichen; doch das ist nun wohl einerlei, denn ich bleibe nicht lange hier. Bevor ich wieder gehe, möchte ich aber noch wissen, was dir eigentlich fehlt.«

»Wie schade, dass du nicht hierbleibst!« sagte das Pferd. »Ich bin überzeugt, wir zwei wären sehr gute Freunde geworden. Mir fehlt gar nichts, als dass ich mir etwas in den Fuß hineingetreten habe, eine Messerspitze, oder was es sonst sein mag. Es sitzt so tief drinnen, dass es der Doktor nicht entdeckt; aber es sticht und sticht, und deshalb kann ich nicht mehr auftreten. Wenn du nur Holger Nilsson mitteilen würdest, was mir fehlt, dann würde er mir gewiss helfen können. Ich möchte doch für all das Futter auch etwas leisten und schäme mich wirklich, hier nichts zu tun, als immer nur zu fressen.«

»Wie gut, dass du keine richtige Krankheit hast!« rief der Junge erfreut. »Ich muss dafür sorgen, dass du bald kuriert wirst. Sag, es täte dir doch nicht weh, wenn ich mit meinem Messer ein wenig auf deinen Huf kritzelte?«

Nils Holgersson war mit dem Pferd gerade fertig geworden, als er draußen auf dem Hof Stimmen hörte. Er öffnete vorsichtig einen Spalt an der Stalltür und lugte hinaus: Sein Vater und seine Mutter waren es, die von der Landstraße her auf das Haus zukamen. Ach ja, er sah ihnen wohl an, wie niedergeschlagen sie waren! Seine Mutter hatte mehr Runzeln im Gesicht, als sie im Frühjahr gehabt hatte, und sein Vater war ganz grau geworden. Die Mutter versuchte gerade den Vater zu überreden, von ihrem Schwager Geld zu leihen.

»Nein, ich will nicht noch mehr Geld leihen«, sagte der Vater gerade in dem Augenblick, als die beiden am Stall vorübergingen. »Schulden haben ist das Allerschlimmste, dann lieber noch den Hof verkaufen.«

»Ich hätte gar nicht so sehr viel gegen den Verkauf, wenn es nicht des Jungen wegen wäre«, erwiderte die Mutter betrübt. »Aber wo soll er sich denn hinwenden, wenn er nun, wie man sich denken kann, eines Tages arm und elend zurückkehrt und wir dann nicht mehr da sind?«

»Ja, da hast du recht«, sagte der Vater. »Aber wir müssten eben den neuen Besitzer bitten, ihn freundlich aufzunehmen und ihm zu sagen, dass wir ihn erwarten. Und wir werden kein böses Wort für ihn haben, wie er auch sein mag, nicht wahr, Mutter?«

»Ach nein, nein! Wenn ich ihn nur wiederhätte, dann wüsste ich doch, dass er nicht auf der Landstraße hungern und frieren muss; alles andere wäre dann ganz einerlei.«

Nach diesen Worten gingen die beiden ins Haus hinein, und der Junge hörte nichts mehr von ihrer Unterhaltung. Die Worte der Eltern hatten ihn beglückt und gerührt; er erkannte daraus, wie innig lieb sie ihn hatten, obwohl sie glaubten, er sei ganz verkommen. Er hatte die größte Lust, hinter ihnen herzulaufen. ›Aber ach, wenn sie mich so sähen, wie ich jetzt bin, würden sie vielleicht noch viel betrübter!‹ dachte er.

Nach einer Weile trat der Vater wieder in den Hof hinaus, Nils Holgersson aber versteckte sich rasch in einem Winkel, denn der Vater trat in den Stall, um nach dem Pferd zu sehen. Er ging in den Stand zu ihm hinein und hob wie gewöhnlich dessen kranken Fuß in die Höhe, um zu sehen, ob er denn nicht entdecken könnte, was ihm fehle.

»Aber was ist denn das?« sagte der Vater. Auf dem Huf waren einige Buchstaben eingeritzt. »Nimm das Eisen ab!« las er und sah sich verwundert und überrascht nach allen Seiten um. Schließlich befühlte und betrachtete er die untere Seite des Hufes sehr genau. »Ich glaube wahrhaftig, es sitzt etwas Spitziges drin«, murmelte er nachdenklich.

Kapitel 22

Während der Vater mit dem Pferd beschäftigt war und der Junge in dem Winkel verborgen saß, kamen einige Besucher auf den Hof: Als der Gänserich Martin seiner alten Heimat so nahe war, hatte er der Lust nicht widerstehen können, seine Frau und seine Kinder den früheren Gefährten auf dem Hof vorzustellen; und so hatte er Daunenfein und die jungen Gänse einfach mitgenommen und war mit ihnen hierhergeflogen.

Als nun der Gänserich durch die Luft daherkam, war auf dem ganzen Hof kein Mensch zu sehen; er ließ sich deshalb ruhig nieder und zeigte Daunenfein, wie herrlich er es als zahme Gans gehabt hatte. Nachdem sie sich den Hofplatz angesehen hatten, bemerkte er, dass die Kuhstalltür offen stand.

»Kommt einen Augenblick mit herein«, sagte er, »dann könnt ihr sehen, wo ich früher gewohnt habe. Das war etwas anderes, als sich in Teichen und Sümpfen aufzuhalten, wie wir es jetzt tun.«

Der Gänserich stand auf der Schwelle und schaute in den Kuhstall hinein. »Es ist kein Mensch da«, sagte er. »Komm, Daunenfein, ich zeige dir den Gänsestall. Hab keine Angst, es ist nicht die geringste Gefahr dabei.«

Und so gingen der Gänserich, Daunenfein und alle sechs Jungen in den Gänsestall hinein, um sich anzusehen, in welchem Glanz und Überfluss der große Weiße gelebt hatte, ehe er sich der Schar der Wildgänse anschloss.

»Ja, seht, so hatten wir es. Hier war mein Platz, und dort stand der Fresstrog, der immer mit Hafer und Wasser gefüllt war«, sagte der Gänserich. »Ei der Tausend, es ist wahrhaftig auch jetzt noch etwas drin!« Damit schoss er zum Trog hin und fraß Hafer in sich hinein.

Aber Daunenfein war unruhig. »Lass uns jetzt wieder gehen!« sagte sie.

»Nur noch ein paar Körner!« erwiderte der Gänserich. In demselben Augenblick jedoch stieß er einen lauten Schrei aus und eilte dem Ausgang zu. Aber es war zu spät, die Tür fiel ins Schloss, Holger Nilssons Frau stand draußen und schob den Riegel vor; sie waren eingesperrt.

Holger Nilsson hatte ein spitzes Stück Eisen aus dem Fuß des Rappens herausgezogen und streichelte das Tier nun ganz erfreut, als seine Frau eilig in den Pferdestall hereintrat. »Komm, Vater!« rief sie. »Dann sollst du sehen, was ich für einen Fang gemacht habe!«

»Nein, wart ein wenig, Mutter, und sieh erst hierher!« sagte Holger Nilsson. »Ich hab entdeckt, was dem Pferd gefehlt hat.«

»Ich glaube, das Glück hat sich gewendet und kehrt wieder bei uns ein!« rief die Frau und lachte vor Freude und Erleichterung. »Denk dir nur, der große Gänserich, der im Frühjahr verschwunden ist, muss mit den Wildgänsen davongeflogen sein! Er ist zurückgekommen und hat sieben Wildgänse bei sich. Sie sind in den Gänsestall hineingegangen, und ich habe sie alle miteinander darin eingeschlossen.«

»Das ist doch merkwürdig«, sagte Holger Nilsson. »Aber weißt du, was das Beste an der Sache ist, Mutter? Dass wir nun nicht mehr zu glauben brauchen, unser Junge habe die Gans mitgenommen, als er von zu Hause fortgelaufen ist.«

»Ja, da hast du recht, Vater. Aber ich glaube, wir müssen die Gänse heute Abend noch schlachten. In ein paar Tagen ist Martinstag, und wenn wir die Gänse dazu noch in die Stadt bringen wollen, müssen wir uns beeilen.«

»Es kommt mir geradezu wie ein Unrecht vor, wenn wir den Gänserich schlachten, da er doch mit so einer großen Gesellschaft zu uns zurückgekehrt ist«, sagte Holger Nilsson.

»Wenn die Zeiten besser wären, würde ich ihn gern am Leben lassen, aber wenn wir ohnehin vom Hof fortmüssen, können wir die Gänse ja nicht behalten«, entgegnete die Frau.

»Ja, das ist allerdings wahr.«

»Komm und hilf mir, sie ins Haus hineinzutragen!« sagte die Mutter.

Sie verließen miteinander den Hof, und einen Augenblick später sah der Junge seinen Vater mit Daunenfein unter dem einen Arm und dem Gänserich unter dem anderen in Gesellschaft der Mutter über den Hof kommen. Der Gänserich schrie: »Däumling, komm und hilf mir!« wie immer, wenn ihm eine Gefahr drohte, obgleich er ja nicht wissen konnte, dass der Junge in der Nähe war.

Nils Holgersson hörte ihn wohl schreien, blieb aber trotzdem vor dem Stall stehen, nicht weil er wusste, dass es für ihn selbst gut wäre, wenn der Gänserich geschlachtet würde – daran dachte er in diesem Augenblick nicht einmal –, sondern weil er sich, wenn er die Gans retten wollte, vor seinen Eltern sehen lassen musste, und dazu konnte er sich nicht entschließen. ›Sie haben es ohnedies schon schwer genug‹, dachte er. ›Sollte ich wirklich dazu verurteilt sein, ihnen auch noch diesen Kummer zu bereiten?‹

Aber als sich die Tür hinter dem Gänserich geschlossen hatte, kam Leben in den Jungen. Schnell wie der Blitz lief er über den Hofplatz, sprang auf die Eichenholzschwelle vor der Haustür und von da in den Flur hinein. Aus alter Gewohnheit zog er die Holzschuhe aus, bevor er sich der Stubentür näherte. Aber er empfand noch immer den größten Widerwillen, sich so vor seinen Eltern sehen zu lassen, und hatte nicht die Kraft, die Hand zu heben und anzuklopfen.

›Aber es handelt sich doch um den Gänserich Martin‹, dachte er. ›Seit du zum letzten Mal hier gestanden hast, ist er immer dein bester Freund gewesen.‹

In einem Atemzug durchlebte Nils Holgersson in Gedanken alles wieder, was er und der weiße Gänserich auf gefrorenen Seen und stürmischen Meeren und zwischen gefährlichen Raubtieren miteinander durchgemacht hatten. Sein Herz floss über vor Dankbarkeit und Liebe, und schließlich überwand er sich und klopfte an die Tür.

»Ist jemand da?« fragte der Vater und öffnete die Tür.

»Mutter, du darfst der Gans nichts tun!« rief der Junge; und zugleich stießen der Gänserich Martin und Daunenfein einen Freudenschrei aus; sie lagen gebunden auf einer Bank, und an dem Schreien hörte man, dass sie noch am Leben waren.

Wer aber auch einen Freudenschrei ausstieß, das war die Mutter. »Nein, wie groß und schön du geworden bist!« rief sie.

Der Junge war nicht eingetreten, sondern auf der Schwelle stehen geblieben, wie jemand, der seines Empfangs nicht ganz sicher ist.

»Gott sei Lob und Dank, dass ich dich endlich wiederhabe!« rief die Mutter. »Komm herein! Komm herein!«

»Ja, Gott sei Lob und Dank!« sagte auch der Vater; mehr konnte er nicht herausbringen.

Aber der Junge zögerte noch immer auf der Schwelle. Wie war es nur möglich, dass sich die Eltern über das Wiedersehen freuten, wo er doch so aussah! Aber da kam die Mutter herbei, schlang ihre Arme um ihn und zog ihn in die Stube herein; und nun merkte der Junge, was geschehen war.

»Vater! Mutter! Ich bin groß! Ich bin wieder ein Mensch!« rief er.

Kapitel 23

Der Abschied von den Wildgänsen

Am nächsten Morgen war Nils Holgersson schon lange vor Tagesanbruch auf den Beinen und wanderte gemütlich an den Strand hinunter. Ehe es richtig hell war, stand er eine kleine Strecke östlich von dem hübschen Fischerdorf Smyge am Meer. Er war ganz allein. Vor dem Weggehen war er im Gänsestall bei dem Gänserich Martin gewesen und hatte versucht, ihn zu wecken, aber der große Weiße hatte sich nicht von der Stelle gerührt. Ohne ein Wort zu sagen, steckte er den Kopf wieder unter den Flügel und schlief weiter.

Der Tag versprach wunderschön zu werden, fast so schön wie jener Frühlingstag, als die Wildgänse nach Schonen gekommen waren. Still und unbeweglich breitete sich das Meer aus; kein Lüftchen rührte sich, und der Junge dachte daran, welch eine schöne Reise übers Meer die Wildgänse haben würden!

Er selbst ging noch immer wie im Traum umher. Bald fühlte er sich als Wichtelmännchen, bald als Mensch. Wenn er ein Steinmäuerchen am Weg sah, wagte er kaum weiterzugehen, ehe er sich überzeugt hatte, dass kein Raubtier dahinter auf der Lauer lag. Und gleich darauf fiel ihm alles wieder ein, und er lachte laut über sich selbst und freute sich

Kapitel 23

unbändig, dass er nun wieder genauso groß und stark war wie früher und sich vor nichts und niemandem mehr zu fürchten brauchte.

Als er am Meer angekommen war, stellte er sich in seiner ganzen Größe weit draußen auf den Strand, damit ihn die Wildgänse gut sehen konnten.

Heute war großer Reisetag! Unaufhörlich tönten die Lockrufe durch die Luft. Der Junge lächelte vor sich hin: Er war ja der Einzige, der verstand, was die Vögel einander zuriefen.

Jetzt kamen auch Wildgänse dahergeflogen, eine große Schar hinter der anderen. ›Wenn das nur nicht meine Gänse sind, die da davonfliegen, ohne mir Lebewohl gesagt zu haben!‹ dachte er. Er hätte ihnen doch gar zu gern erzählt, wie alles zugegangen war, und sich ihnen nun auch als Mensch gezeigt.

Jetzt kam eine Schar, die schneller flog und lauter schrie als alle anderen, und etwas in seinem Herzen sagte Nils Holgersson, dass es seine Schar sei; aber er war seiner Sache doch nicht so sicher, wie er es am vorhergehenden Tag gewesen wäre.

Die Schar flog jetzt langsamer und schwebte über dem Strand hin und her. Da wusste der Junge, dass seine Ahnung ihn nicht betrogen hatte. Er konnte nur nicht begreifen, warum sich die Wildgänse nicht neben ihm niederließen. Da, wo er stand, mussten sie ihn sehen, es war nicht anders möglich.

Er versuchte, einen Lockton auszustoßen, der sie zu ihm herrufen würde. Aber was war denn das? Seine Zunge wollte nicht; er konnte den rechten Ton nicht herausbringen.

Jetzt hörte er Akka in der Luft oben rufen; aber er verstand nicht, was sie sagte. ›Was ist denn das? Haben die Wildgänse ihre Sprache verändert?‹ dachte er.

Er winkte ihnen mit seiner Mütze, lief am Strand hin und her und rief: »Hier bin ich! Wo bist du?«

Aber es schien, als erschrecke er die Gänse. Sie flogen auf und aufs Meer hinaus. Da begriff der Junge endlich: Sie wussten nicht, dass er wieder ein Mensch war, und erkannten ihn nicht wieder.

Und er konnte sie nicht zu sich rufen, weil ein Mensch die Sprache der Vögel nicht sprechen kann. Er konnte sie nicht nur nicht sprechen, nein, er konnte sie auch nicht verstehen.

Obgleich Nils Holgersson über seine Befreiung von der Verzauberung hochbeglückt war, tat es ihm doch sehr weh, dass er nun von seinen guten Kameraden ganz getrennt sein sollte. Er legte sich in den Sand und vergrub das Gesicht in den Händen. Was hatte es für einen Sinn, den Gänsen nachzuschauen?

Aber gleich darauf hörte er Flügelrauschen. Der alten Mutter Akka war es schwergefallen, von dem Däumling wegzureisen, der ihr so ans Herz gewachsen war, und so war sie noch einmal umgekehrt. Und jetzt, wo der Junge still dasaß, wagte sie sich näher an ihn heran. Und da fiel es ihr plötzlich wie Schuppen von den Augen, sie erkannte den Dasitzenden und ließ sich am Strand neben ihm nieder.

Der Junge stieß einen Freudenschrei aus und umschlang die alte Akka mit beiden Armen. Die anderen Wildgänse rieben ihre Schnäbel an ihm auf und ab und drängten sich um ihn zusammen. Sie schnatterten und plauderten und wünschten ihm auf alle mögliche Weise Glück; und er sprach auch mit ihnen und dankte ihnen für die herrliche Reise, die er in ihrer Gesellschaft gemacht hatte. Aber plötzlich wurden die Wildgänse merkwürdig still, so als wollten sie sagen: »Ach, er ist ja ein Mensch! Er versteht uns nicht, und wir verstehen ihn nicht.«

Da stand der Junge auf und trat dicht an Akka heran. Er liebkoste und streichelte sie. Dasselbe tat er mit Yksi und Kaksi, Kolme und Neljä, Viisi und Kuusi, allen den alten Gänsen, die von Anfang an dabei gewesen waren.

Dann ging er vom Strand weg landeinwärts. Er wusste, der Schmerz der Tiere dauerte nie lange, und so wollte er lieber von ihnen scheiden, solange sie noch betrübt darüber waren, dass sie ihn verloren hatten.

Als er den Waldrand erreicht hatte, wandte er sich um und sah den vielen Vogelscharen nach, die übers Meer hinflogen. Alle stießen ihre Locktöne aus, nur eine Schar Wildgänse zog schweigend ihres Weges, solange er ihnen mit den Augen folgen konnte.

Aber die Schar zog in regelmäßiger, schöner Ordnung mit starken und kräftigen Flügelschlägen übers Meer. Da ergriff den Jungen eine schmerzliche Sehnsucht nach den Davonziehenden, und es hätte nicht viel gefehlt, so hätte er sich gewünscht, wieder der Däumling zu sein, um mit einer Schar Wildgänse über Land und Meer hinfliegen zu können.

Friedrich Hechelmann

wurde 1948 in Isny im Allgäu geboren. Er studierte an der Akademie der bildenden Künste in Wien und zählt seither zu den bedeutendsten Malern des Realismus. Friedrich Hechelmann ist international als Buchillustrator erfolgreich.

Deutsche Originalausgabe
Zweite Auflage 2015
Copyright © 2013 von dem Knesebeck GmbH & Co. Verlag KG, München
Ein Unternehmen der La Martinière Groupe
Copyright © 2013 für die Bilder Friedrich Hechelmann (www.hechelmann.de)

Friedrich Hechelmann wird vertreten von
AVA International GmbH Autoren- und Verlagsagentur
www.ava-international.de

Der Text dieser Ausgabe ist eine komplett überarbeitete und modernisierte Fassung, die auf der Basis der Übersetzung von Pauline Klaiber-Gottschau entstand.

Redaktion und Lektorat: Christina Neiske
Gestaltung, Satz, Umschlag: Gudrun Bürgin Gestaltung, München
Herstellung und Druck: Lösch MedienManufaktur GmbH & Co. KG
Reproduktion: Rohwein MediaServices, Isny

Printed in Germany

ISBN 978-3-86873-601-4 (Normalausgabe)
ISBN 978-3-86873-647-2 (Limitierte Sonderausgabe im Leinenschuber)

Alle Rechte vorbehalten, auch auszugsweise.

www.knesebeck-verlag.de